서중석의 현대사 이야기 ❿

서중석의
현대사
이야기

서중석 답하다
김덕련 묻고 정리하다

10

유신 쿠데타 Ⅱ
왜 못 막았나

오월의봄

일러두기

본문의 추가 보충 설명은 모두 김덕련이 정리했다.

책머리에

1

우리는 21세기에 들어와 극렬한 '역사 전쟁'을 겪고 있다. 역사 전쟁은 한국과 일본 사이에, 또 한국과 중국 사이에 벌어지는 것으로 알고 있는 사람들이 많겠지만, 오히려 한국 사회 내부에서 더 치열하다.

사실 최근에 와서야 비로소 역사 교육이 정상적인 길로 들어서는가 싶었다. 박정희 한 사람만을 위한 1인 유신 체제의 망령인 국정 역사 교과서가 21세기 들어 사라졌고, 가장 중요한데도 공백이나 다름없었던 근현대사 교육이 이루어지면서 한국사 교육이 조금씩 자리를 잡아가고 있었다. 이런 흐름을 따라 이제 극우 반공 체제나 권력의 손아귀에서 벗어나 역사 교육이 학문과 교육 본연의 자세로 조심스럽게 나아가는 듯싶었다.

우리 현대사에는 조금 잘될 듯하다가 물거품이 된 경우가 종종 있다. 역사 교육도 그렇다. 교육의 현장이 순식간에 전쟁터가 된 것이다.

2008년 이명박 정권이 들어서자마자 수구 세력은 오염된 현대사를 재교육하겠다고 나섰다. 과거 중앙정보부 간부, 수구 언론 논설위원 등이 포함된 강사들이 서울을 비롯해 전국 각지로 보내져 학생과 교육계, '사회 지도층'을 상대로 현대사 재교육에 나섰다. 강사라기보다 유세객遊說客이라는 표현이 맞겠지만, 이들 중 현대사 전공자라고 볼 만한 사람은 없었다. 현대사 전공자가 아니면 역사학자도 잘 모를 수밖에 없는 한국 현대사, 특히 해방 전후사를 수구 세력 이데올로기 대변자들한테 맡긴 것이다. 얼마나 다급했으면 그렇게 했을까 싶지만 해프닝이나 다름없었다.

거기까지는 그나마 양호했다. 그해 8월 15일은 공교롭게도 정부 수립 60주년이 되는 날이었는데, 특히 이날을 벼르고 벼르던 세력들이 광복절을 건국절로 명칭을 변경해 기념해야 한다고 나섰다. 일부는 뭐가 뭔지 모르고 가담했겠지만, 그것은 역사 교육의 목표, 국가 기강이나 민족정기를 한순간 뒤집어엎고 혼란에 빠트릴 수 있는 위험천만한 행동이었다. 친일파를 건국 공로자로 만들 수 있는 건국절 행사장에는 참석하지 않겠다고 독립 운동 단체가 단호히 선언하고, 독립 운동가들이 자신들이 받은 서훈을 반납하겠다고 강경히 주장해서 간신히 광복절 기념식을 치를 수 있었다.

가을이 되자 일선 역사 교사들에게 날벼락이 떨어졌다. 지금 쓰는 교과서를 바꾸라고 난리를 친 것이다. 모든 권력을 총동원해서 압력을 가해왔다. 그 전쟁터 한가운데에 서서 교사들은 어떤 사념에 잠겼을까. 역사 교사로서 올바르게 산다는 것이 무엇이라고 생각했을까. 그렇지 않으면 기구한 우리 현대사를 되돌아보았을까.

그로부터 5년 후 박근혜 정권이 등장하자 또다시 역사 전쟁이 벌어졌다. 이번에는 역사 교과서를 둘러싼 전쟁이었다. 2004~2005년부터 구체적인 본색을 드러내고 조직적으로 활동하며 수구 세력 내에서 역사 문제에 대해 강력한 발언권을 확보해온 뉴라이트 계열이 역사 교과서를 만든 것이다.

　　뉴라이트 계열 역사 교과서는 어이없이 참패했다. 일본 극우들이 2001년에 만든 후쇼샤 교과서보다 더한 참패였다. 일제 침략, 친일파와 독재를 옹호했다고 그 교과서를 맹렬히 비판하던 쪽도 전혀 상상치 못한 결과였다. 그 교과서가 등장하기 몇 달 전부터 수구 언론이 여러 차례 크게 보도해 분위기를 띄우고, 권력이 여러 방법으로 지원을 하는 등 나름대로 총력전을 폈으며, 수구 세력이 지배하는 학교 재단도 있었기 때문에 어느 정도는 채택될지도 모른다고 크게 우려했는데 결과는 딴판이었다.

　　2

　　왜 역사 전쟁에서 이승만을 띄우는가. 박정희의 경제 발전 공로는 진보 세력 일부도 인정하기 때문에 이제 이승만만 살리면 다 된다고 보기 때문일까. 그렇지 않다. 근현대 역사에서 너무나 중요한 '비결 아닌 비결'이 거기 내장되어 있기 때문이다.

우리에게는 '역사의 죄인'이 있다. 우리 역사에서 제일 큰 죄인은 누구일까. 우선 친일파, 분단 세력, 독재 협력 세력이 쉽게 떠오를 것이다. 이승만을 존경하는 사람들에는 여러 유형이 있다. 친일파, 분단 세력, 독재 협력 세력이 거기 포함된다. 이들은 이승만을 살리고 나아가 그를 '건국의 아버지' '국부'로 만들어놓을 수만 있으면 '역사의 죄인'에서 벗어날 수 있다고 믿는 것 같다. 나아가 이승만이 국부가 되면 권력이나 사회적 지위, 기득권을 계속 움켜쥘 수 있다고 확신하고 있는 것 같다.

역사 전쟁은 수구 세력이 일으키는 불장난이라는 생각이 들 때가 있다. 60~70년 전 역사를 가지고 지금 아무에게도 득이 되지 않는 소모적인 전쟁을 일으킬 필요가 없기 때문이다. 사실을 왜곡하는 일 없이, 개방 시대에 맞게 그 시대를 폭넓게 이해하도록 가르치면 되는 것이다. 문제는 친일파, 분단 세력, 독재 협력 세력은 그렇게 생각하지 않는다는 데 있다. 자연인으로서 친일파는 생명이 다했지만, 정치적·사회적 친일파는 여전히 강성하다. 그러니 자꾸 문제를 일으킨다. 어두운 과거를 떨치고 새 출발을 할 때 보수주의가 자리 잡을 수 있는데, 비판자들을 마구잡이로 '종북'으로 몰아세우고 대통령 선거에서 NLL로 황당무계한 공격을 하는 데서 알 수 있듯이, 그들은 과거를 떨치지 못하고 독재 권력이 행했던 과거의 수법에 의존하고 있다. 이렇듯 수구 세력이 정치적 생명을 연장하려고 하기 때문에 역사 전쟁이 지겹게도 반복되고 있는 것이다.

우리에게는 '역사의 힘'이 있다. 항일 독립 운동과 반독재 민주화 운동이 줄기차게 계속된 것도, 우리 제헌 헌법에 자유·평등의 독립 운동 정신이 담겨 있는 것도 역사의 힘이다. 우리 국민이 친일파, 분단, 독재를 있어선 안 되는 잘못된 것으로 보는 것도 역사의 힘이다. 막강한 힘의 지원을 받은 역사 교과서가 참패한 것도 그렇다. 2014년에 국무총리 후보가 역사의식 때문에 순식간에 추락한 것도 역사의 힘이 아니고서는 설명하기 어렵다. 그런데도 해방-광복 70주년이 되는 2015년에 들어서자마자 역사 교과서를 국정화하겠다는 소리가 들리고, 수구 언론은 과거처럼 '이승만 위인 만들기'에 노력하고 있다.

진보 세력은 역사의 죄인 혐의에서 자유로울까. 현대사 진실 찾기, 역사 바로 세우기를 방기한 것은 어떻게 설명할 수 있을까. 1980년대에 운동권은 극우 반공 세력의 역사관을 산산조각 냈다고 생각하기도 했지만, 그것은 자만이었다. 현대사 진실 찾기를 방기할 때, 그것은 또 하나의 이데올로기이자 도그마로 경직될 수 있었다. 진보 세력은 수구 세력이 뉴라이트의 도움을 받아 근현대사 쟁점에 나름대로 논리를 세워놨는데도 더 이상 자신을 채찍질하지 않았다.

1980년대에 그렇게 현대사에 열을 올리던 사람들 가운데 몇이나 해방과 광복, 광복절과 건국절의 차이를 설명할 수 있을까. 그들은 단정 운동에 대해서 어느 정도 지식을 가지고 있을까. 이승만이 대한민국을 건국한 국부가 아니고 제헌 국회에서 표결에 의해 선출된 초대 대통령에 지나지 않는다는 것은 또 얼마나 알고 있을까. 한마디로 이승만 건국론이 잘못된 주장이라는 것을 일반 사람들에게 구체적인 사실을 들어 조리 있게 설명해줄 수 있을까. 현대사의 이런저런 문제를 가지고 생각이 다른 사람들과 논전을 벌일 경우 상대방을 얼마나 설득할 수 있을까.

3

나는 역사 전쟁이 싫다. 특히 요즘은 이제 제발 그만두었으면 싶은 마음이 간절하다. 내가 현대사에 관심을 가진 것이 1960년대 중반부터이니, 반세기라는 긴 세월 동안 극우 세력의 억지 주장이나 견강부회와 맞닥트리며 살아온 셈이다. 하지만 어떡하겠나. 숙명이려니

하고 받아들이지 않을 수 없다.

2013년 6월 제자와 지인들 앞에서 퇴임사를 하면서 이런 이야기들을 전했고, 젊은이들이 발분하여 현대사를 공부해줄 것을 거듭 당부했다. 그러고 나서 얼마 후 프레시안 김덕련 기자에게서 현대사 주제들을 여러 차례에 걸쳐 인터뷰하고 싶다는 요청이 왔다. 그다지 부담이 없을 것 같아 응했다. 한국전쟁부터 시작했다.

김덕련 기자는 뉴라이트가 제기한 문제들을 포함해 여러 가지를 예리하게 추궁했다. 당연히 쟁점 중심으로 얘기가 진행됐다. 그런데 곧 출판 제의가 들어왔다. 출판을 한다면 좀 더 체계적으로 인터뷰를 이끌어가야 할 것 같았다. 그래서 이승만 건국 문제, 친일파 문제, 한국전쟁과 이승만 문제, 집단 학살 문제, 5·16쿠데타 평가, 3선 개헌과 유신 체제, 박정희와 경제 발전 문제, 부마항쟁과 10·26과 광주항쟁, 6월항쟁 등 중요 쟁점을 한층 더 깊이 파고들어가기로 했다.

욕심도 생겼다. 이승만에 대해서는 직간접적으로 다룬 여러 저작과 논문이 있지만, 박정희에 대해서는 두세 편의 논문과 일반적인 글이 있을 뿐이었다. 그렇지만 현대사에서 박정희는 18년이라는 커다란 몫을 가지고 있고, 1960~1970년대의 대부분이 포함된 그 18년은 정치적으로나 경제적으로나 대단히 중요한 시기였다. 그 중요한 시기 동안 박정희가 집권했으니, 그 시기를 통사로 한번 써야

11

하지 않겠느냐는 의무감 비슷한 것이 있었다. 그러던 차에 인터뷰가 책으로 나오게 된다니, 박정희 집권 18년의 전체 상을 박정희 중심으로 살펴보고 싶은 의욕이 생겼다.

해방 직후의 역사도 1980년대에 와서야 연구되었지만, 박정희 시기도 마찬가지였다. 그 당시 한국인의 대다수가 박정희의 창씨 명을 알지 못했고, 심지어 그가 남로당의 프락치였다는 사실조차 모르고 있었다. 적지 않은 사람들이 막 보급되던 TV 화면에 빠지지 않고 등장하는 박정희의 모습을 그의 참모습으로 알고 있었다. 더욱이 1990년대 중반, 특히 IMF사태 이후 박정희 신드롬이 일어나면서 그는 대단한 능력자로 신비화되기도 했다.

나는 박정희가 쿠데타를 일으켰던 그때부터 이미 박정희의 모습을 지켜보았다. 덧칠하지 않은 있는 그대로의 박정희를 볼 수 있었다. 그는 그렇게 특별한 능력이나 지식을 가진 사람이 아니었다. 다만 권력에 대한 집착이 생사를 초월하도록 강했고, 상황을 판단하는 총기가 있었으며, 콤플렉스도 있었고, 색욕이 과했다.

그런데 나는 박정희의 저작, 연설문집, 그에 관한 여러 연구와 글을 들여다보면서 의외로 일제 때의 군인 경험이 그의 일생에 지대한 영향을 미쳤음을 알게 되었다. 유신 체제, 민족적 민주주의-한국적 민주주의, 민족과 주체성 강조 등 '정치 이념'이 해방 이전의 세계관에서 먼 거리에 있지 않았다. 일제 때 군인 정신으로 민족, 주체를 강조하게 되었다는 것이 아주 이상하게 들릴지 모르겠지만, 거기에 박정희의 박정희다운 특성이 있고, 한국 현대사의 일그러진 자화상이 담겨 있다.

　　김덕련 기자와 인터뷰를 하게 된 것은 행운이다. 그는 대학 시절 국사학과에 재학 중일 때 내 현대사 강의를 들었다고 하는데, 현대사 지식이 풍부하고 문제의식이 날카로웠다. 중요 쟁점도 놓치지 않았고 미묘한 표현도 잘 처리했다. 거기다 금상첨화 격으로 꼼꼼하며 자상하기까지 하다. 김덕련 기자와 나는 이러한 작업에 잘 어울리는 좋은 팀이라고 생각한다. 출판에 대해 자신의 철학을 가지고 있고 공들여 편집하느라 애쓴 오월의봄 박재영 대표에게도 감사드린다.

　　서중석

차례

격동의 1971년

저 항 세 력 의 무 력 화

연표

1971년

1월	대구고등법원 산하 판사 100여 명, 권력으로부터 독립 요구
2월 9일	제3차 경제 개발 5개년 계획 확정 발표
3월 17일	공화당, 대통령 후보로 박정희 지명
4월 2일부터	대학가에서 교련 강화 반대 시위 확산
4월 15일	동아일보 기자들, 언론 자유 수호 선언 발표
4월 18일	김대중 후보, 서울 장충단 유세
4월 20일	보안사, 재일 교포 유학생 간첩단 사건 발표
4월 25일	박정희 후보, 서울 장충단 유세
4월 27일	제7대 대통령 선거(박정희, 경상도 몰표로 김대중 누르고 당선)
5월 25일	제8대 국회의원 선거(신민당, 개헌 저지선 확보)
6월과 9월	인턴 및 레지던트 파동
7월 28일	검찰, 이범열 부장판사 등 3명에 대해 구속 영장 신청(사법부 파동)
8월 10일	광주 대단지 사건
8월	서울대 문리대 교수들(18일)을 시작으로 국공립대 교수들 '대학 자주' 선언
8월 23일	실미도 사건
9월 15일	칼KAL 빌딩 방화 사건
10월 2일	10·2 항명 파동(공화당 4인 체제 붕괴, 박정희 친정 체제 구축)
10월 5일	수경사 군인들, 고려대 난입
10월 5~7일	지학순 주교를 중심으로 원주에서 부정부패 규탄 대회
10월 15일	박정희 정권, 서울시 일원에 위수령 발동
12월 6일	박정희, 국가 비상사태 선언
12월 27일	공화당 단독으로 국가보위법 변칙 통과, 당일 공포

1972년

2월	닉슨 미국 대통령, 중국 방문
5월 2~5일	이후락 중앙정보부장, 극비리에 평양 방문
7월 4일	7·4남북공동성명 발표
10월 17일	박정희, 비상 계엄 선포(유신 쿠데타)

1973년

3월	박정희, 강창성 보안사령관에게 윤필용 조사 지시(윤필용 사건)
8월 8일	김대중 납치 사건 발생

1975년

2월 28일	야당 정치인들, 유신 쿠데타 후 자행된 고문 실상 폭로

격동의 1971년

언론 자유 운동에서
사법부 파동까지

격동의 1971년, 첫 번째 마당

김 덕 련 박정희가 왜 유신 쿠데타를 일으켰는가 하는 문제와 관련해 그동안 데탕트 위기론, 1968년 무렵 고조된 전쟁 위기에 주목한 견해, 경제 문제에 초점을 맞춘 의견들을 살펴봤다. 이와 달리 1970년과 1971년, 그중에서도 특히 1971년에 그간 쌓인 사회적 갈등에서 비롯된 일련의 사건이 발생해 위기 상황이 조성되자 박정희 정권이 유신 쿠데타로 대응했다는 시각도 있다. 이런 주장, 어떻게 보나.

서 중 석 한국 근현대사를 돌아보면 대략 10년마다 사회적으로 큰 변화가 있었다. 언제부터냐 하면, 대원군이 집권한 게 1863년인데 1873년에 쫓겨나지 않나. 뒤이어 1876년 강화도조약을 맺는다. 딱 10년이 아니긴 하지만 1884년에는 갑신정변이 일어난다. 그리고 1894년에는 갑오농민전쟁이 일어난다.

대개 10년 안팎으로 그런 큰 사건이 있었는데, 현대사에 들어와서도 이 점은 비슷하다. 1950년에 한국전쟁이 일어났고 1960년에 4월혁명, 1961년에는 5·16쿠데타가 일어나지 않았나. 1971년에도 여러 가지 사회적, 정치적, 경제적 변화가 일어났다. 그러고는 1979년, 1980년에 큰 변화가 일어난다. 그다음에는 1987년에 6월항쟁이 일어나고 그로부터 10년 후인 1997년에 IMF 위기를 맞고 정권 교체가 일어난다.

이렇게 한국 근현대사를 보면 대략 10년 안팎으로 큰 변화가 일어났다. 1971년의 경우 대선과 총선이 우리 역사상 보기 드문 형태로 치러졌다. 특정 지역에서 몰표가 나오는 일만 없었다면 정말 평화적 정권 교체도 있을 뻔했고, 사회적으로도 그해에 큰 사건이 많이 일어났다. 그해 12월에 가면 국가 비상사태 선언이 있게 된다.

6월항쟁을 전후해 학술 운동이 활발하게 일어났는데, 학술 운동에 참여한 당시 젊은 연구자들, 이젠 젊지 않지만 어쨌건 이 연구자들을 중심으로 우리 현대사를 보는 시각과 관련된 문제가 여러 쟁점을 가지고 논쟁적으로 제기됐다. 그중 하나가 유신 체제의 성립 배경이라고 할까 요인으로 1971년 위기론이 적잖게 거론된 것이다. 1971년에 큰 사회적 사건들이 일어났고 그런 사건들이 결국 유신 체제로 가게 하는 데 하나의 요인 또는 중요한 요인이 됐다는 설명이다. 이 부분에 관해 살펴보려면 먼저 그해에 어떤 중요한 일이 일어났는지를 짚어볼 필요가 있다.

학생들에게 '화형'당한 언론인들, "정보 요원 상주·출입 거부" 결의

— 1971년에 어떤 일들이 일어났나.

여기서는 학생들의 교련 반대 투쟁, 곧 학원 병영화 반대 투쟁과 총선, 대선을 제외하고 사회적인 중요 사건들을 우선 살펴보자. 이 무렵 언론은 옥죄일 대로 옥죄임을 당하고 있었는데, 그러한 언론의 자유를 수호하자는 운동이 이 시기에 상당히 일어난다. 나중에 자유 언론 운동으로 많이 불리게 되는 언론 자유 운동이 이때 일어나게 된 데에는 학원 병영화 반대 투쟁을 벌이던 학생들이 '언론이 해도 해도 너무하지 않느냐'며 성토한 게 크게 작용했다. 다시 말해 너무나도 제대로 보도하지 않는다고 하면서 언론을 강하게 비판한 것이 촉발 요인이 됐다.

1971년 서울대 교련 반대 시위를 진압하기 위해 전경들이 정문 앞에서 방독면을 쓴 채 최루탄을 쏘고 있다. 사진 출처: 오픈아카이브

1971년 3월 24일 서울대 법대생들이, 그다음 날에는 문리대 학생들이 언론인을 규탄하는 성토대회를 열고, 26일에는 서울대의 여러 단과대 학생회장단 30여 명이 모여 〈언론인에게 보내는 경고장〉을 발표하고 심지어 〈언론 화형 선언문〉까지 낭독하면서 시위를 벌였다. 유인물 같은 것을 통해 학생들은 언론이 지도적 기능은 차치하고 사실 보도도 제대로 하지 않아 언론이 해야 할 최소한의 보도적 기능조차 상실했고, 대학 병영화를 외면하면서 "민주주의를 암장시키고 있다"고 지적했다. 그러면서 언론인들이 권력과 금력의 시녀로 전락해 조국에 대한 배신자가 된 것 아니냐고 아주 강렬하게 비판했다.

이런 비판에 큰 충격을 받은 사람들이 적지 않았다. 동아투위

사람들이 나중에 쓴 글 같은 걸 보면 이때 큰 충격을 받았다는 내용이 나온다.°

—— 언론인들은 어떤 반응을 보였나.

이처럼 학생들로부터 강한 비판을 받게 되자 언론 내부에서 자성의 소리가 나왔다. 먼저 동아일보 기자들이 4월 15일 언론 자유 수호 선언을 발표했다. "외부로부터 직접, 간접으로 가해지는 부당한 압력을 일치단결하여 배격한다", "명예를 걸고 정보 요원의 사내 상주 또는 출입을 거부한다"고 선언했다. 그러니까 중앙정보부의 압력에서 벗어나겠다고 결의한 것이다. 그다음 날에는 한국일보 기자들이, 17일에는 조선일보와 지방에 있던 여러 신문에서, 19일에는 동양방송과 문화방송을 비롯한 방송사에서, 20일에는 합동통신, 동화통신 같은 통신사에서까지 언론 자유 수호 의지를 밝혔다.

이렇게 중앙과 지방, 그리고 신문사는 물론 방송사, 통신사에서까지 많은 기자가 참여했다. 5월 15일에는 한국기자협회에서 "기자들은 진실은 진실대로 기사화하고 관계 기관의 불법적인 기자 연행을 일체 거부하며, 정부는 지금까지 언론에 대한 유형, 무형의 불법 부당한 간섭과 압력을 즉각 중지하고 신문, 방송, 통신의 제작은

●　동아투위 막내 세대로서 1975년 해직되는 정연주 전 KBS 사장의 증언은 1970년대 초반 언론이 어떤 상황이었는지를 잘 보여준다. 유신 쿠데타 후 서울대 시위 현장을 취재하러 간 정연주 기자는 학생들의 농성장 쪽에 갔다가 이런 팻말과 마주친다. "개와 기자는 접근 금지." 노동자들의 억울한 죽음이나 시위 등에 관한 기사는 찾아볼 수 없던 언론에 대한 분노의 표현이자 통렬한 조롱이었다. 정연주 기자는 그때 너무나 부끄러워 하늘을 쳐다볼 수 없었다고 한다. 부끄러움은 분노로 바뀌어갔다. 정 기자만이 아니라 언론인으로서 양심을 지키고자 한 많은 사람이 느낀 그러한 부끄러움과 분노는 1974년 자유언론실천선언의 밑거름이 된다.

언론인의 양심과 자율에 맡길 것", 이렇게 요구했다. 여기서 관계 기관은 중앙정보부를 가리킨다.

— 언론 내부에서 자성의 목소리가 나온 것을 계기로 보도의 질
　　적인 변화가 있었나.

이렇게 4월과 5월에 언론인들이 애를 많이 썼는데도 언론 활동의 기본, 즉 최소한의 보도 기능이라도 제대로 하라고 학생들이 강도 높게 비판했던 그것조차 지킬 수가 없었다. '염라대왕부部'처럼 무서운 중앙정보부로 기자들을 연행하거나 협박하는 등 유형, 무형으로 워낙 심했던 억압과 감시, 즉 중앙정보부를 중심으로 한 그것도 작용했지만 이미 발행인, 편집인 같은 언론사 상층부가 권력 쪽에 예속됐다고 할까, 꼼짝 못하는 상태였기 때문이다.

그런 속에서 1971년 12월 6일 국가 비상사태 선언이 선포됐고 그로부터 11일 후인 12월 17일에 한국신문협회에서 프레스카드제 실시를 발표했다. 프레스카드를 발급받은 언론인만이 취재를 할 수 있게 된 건데, 이는 언론인의 신분과 취재 기자 수를 제약하기 위한 조치로 사실상 정부가 강제한 것이었다.

**국공립대 교수들의 대학 자주 선언과
인턴, 레지던트 파업**

— 이해에 대학에서도 이전과는 다른 목소리가 나오지 않나.

언론 자유 운동에 이어 국립대 교수 선언이 나온다. 여름방학 때인 1971년 8월 18일 서울대 문리대 교수들이 시작했다. 교수 회의를 열고 대학의 자율성 및 연구 여건 보장, 교수들의 처우 개선을 요구하는 건의문을 한심석 총장에게 전달했다. 이 회의에 교수 114명 중 70여 명이 참석했다. 일반적으로 교수들이 방학 때 학교에 잘 안 나오는 걸 감안하면, 이건 사실상 거의 대부분이 참여한 것이나 다름없었다. 교수들 중 참여할 수 있는 사람은 거의 다 참여했다고 봐도 과언이 아니다.

당시에는 교수들의 월급이 적었다. 문리대의 한 교수는 월급이 적을 때에는 그래도 학문의 자유, 대학의 자유가 있었으나, 이건 1960년대를 가리키지 않았나 싶은데, 월급이 오르면서 대학이 더욱 옥죄였다고 나중에 말했지만, 이 당시에는 교수들의 생활이 빠듯했다.

바로 며칠 후에는 공대, 상대, 농대에서도 교수들의 선언이 뒤따랐다. 서울대 상대에서는 문교부로부터 독립한 '서울대 운영에 관한 자치 의결 기관'을 법제화해야 한다고 요구했고, 공대에서는 교수 평의회를 두어야 하며 총·학장을 임명할 때 교수 회의의 인준을 받아야 한다는 주장이 나왔다. 8월 23일에는 서울대 전체 교수 998명 중 513명이나 대학 강당에 모여 교수 협의회 긴급 임시 총회를 열고, 대학 자치를 촉구하는 대정부 건의안을 채택하기에 이르렀다.

대단한 일이었다. 이렇게 국립대 교수들이 대거 나온 건 전무후무하다고 할 수 있다. 물론 6월항쟁 때 그와 유사한 모습이 나타나기도 하지만, 그때 나온 건 조금 다른 면이 있다. 이러한 대학 교수들의 학원 자주화 요구는 지방 국공립대로 퍼졌다. 경북대, 부산대 교수들이 8월 23일 대학 자주화를 천명했다. 그 뒤를 이어 전남대, 전북대, 충남대, 충북대, 강원대, 부산수산대, 진주농대, 제주대, 이렇게 국공립대 교수들이 연이어 자주 선언을 발표했다. 9월 13일에는 지방 국립대학 교수 협의회에서 자주 선언을 발표하기에 이르렀다. 이러한 분위기에서 대한교련(대한교육연합회, 오늘날 한국교원단체총연합회)은 8월 27일 교원의 처우 개선과 함께 교육 자치제 개선, 사학私學의 자율성 강화 등을 정부에 강력히 촉구했다.

—— 지적한 대로 학생들이 아니라 교수들이 이렇게 한꺼번에 목소리를 내는 건 흔치 않은 일이다. 왜 이런 일이 생긴 것인가.

이렇게까지 된 건 교수 사회가 큰 위기감을 느꼈기 때문이다. 특히 1965년 한일협정 비준 파동 여파로 20명 안팎의 명망 있는 교수들이 대학에서 쫓겨났고, 그 후에도 권력은 대학을 계속 옥죄지 않았나. 그것에 대한 반발과 위기감이 작용했다.

예컨대 1965, 66, 67, 69년에 대학 측 의사와 상관없이 휴업령, 휴교령, 조기 방학 같은 것이 내려져 수업을 중단해야 하는 사태가 많지 않았나. 서울대 상대 정영일 교수에 의하면, 대학 교수들은 그런 사태를 보며 대학의 자치권이 완전히 소멸됐다고 인식하게 됐다고 한다. 또한 교수들은 정보 사찰의 대상이 돼 학문의 자유를 상실하고 심지어는 항시 이뤄지는 '보이지 않는 감시'로부터 위협을 느낄 정도였다. 교수가 연구실에서 제자와 나눈 사적인 대화조차 감시 대상이 됐다고 정 교수는 지적했다. 그리고 예컨대 국민윤리, 교련 같은 것을 교육하라고 권력이 대학에 지침을 내렸을 때 학생들이 반대 투쟁을 하지 않나. 그럴 때 대학 당국이나 교수들은 이 문

1971년 8월 23일 자 동아일보. 〈서울대 교수들 메아리 없는 '선언' 외로운 외침〉이라는 제목으로 서울대 교수들의 '자주 선언'을 보도하고 있다. 국공립대를 중심으로 나온 대학 교수들의 자주 선언은 우리 역사에서 드문 일이긴 하지만, 어떤 열매를 맺는 결과를 가져오지는 못했다.

제를 논의할 용기라고 할까, 자신이 없었기 때문에 외면할 수밖에 없었는데, 이런 것도 자괴감으로 작용할 수밖에 없었다.

8월에 국공립대를 중심으로 나온 대학 교수들의 자주 선언은 우리 역사에서 드문 일이긴 한데, 더 이상 어떤 영향이나 파급 효과를 불러일으키거나 어떤 열매를 맺는 결과를 가져오지는 못했다. 선언으로 끝나고 말았고, 그 후 철권통치 아래에서 대학의 자율성은 현저히 약화됐으며 학원 병영화는 심화됐다.

── 국공립대 교수 선언을 주도한 교수들도 한일협정 비준 파동과 관련해 쫓겨난 교수들처럼 처벌을 받았나?

1971년 7월 7일 자 동아일보. "서울·경북·부산·전남대 레지던트 48시간 시한부 파업"이라는 제목으로 국공립 병원 레지던트들의 파업 소식을 전하고 있다.

그런 건 없었다. 박정희 정권이 내버려뒀다. 교수 처벌은 일절 없었다. 사법부 파동에 대처하는 것 때문에도 그랬고, 잘못 건드리면 일파만파로 번져 큰 사건이 될 수 있다는 점 때문에도 그랬을 것이다. 사법부 파동이 일어나고 나서 얼마 후 교수들의 자주 선언이 나오지 않았나. 그러한 교수들의 자주 선언에 이어 이번에는 인턴, 레지던트들의 파업이 일어났다.

─── 인턴과 레지던트들은 왜 들고일어난 것인가.

이것도 국공립 병원에서 먼저 일어나는데, 그건 국공립 병원 수련의들이 공무원 보수 규정에 얽매여 사립 병원 수련의들보다 더

열악한 상황에 놓여 있었기 때문이다. 6월 중순 국립의료원 인턴 32명이 처우 개선을 요구하며 집단 사표를 내고 파업에 들어갔다. 이들의 집단 사표를 수리했던 국립의료원은 6월 29일, 사표를 수리한 32명을 새로 모집하는 형식으로 복귀시키기로 했다고 발표했다. 그러다가 9월에 들어와 다시 인턴, 레지던트가 집단으로 투쟁하게 된다. 9월 4일 서울대 부속 병원 인턴 40명이 집단 이탈하고 여기에 레지던트들이 동조했다. 그러면서 병원의 일부 기능이 마비됐다. 이어서 부산대, 전남대의 대학 병원으로 퍼졌고 그게 다시 국립의료원으로 가고 세브란스 병원과 가톨릭대 부속 병원으로까지 파급됐다.

이것에 대해 정부 당국은 징집으로 맞섰다. 그런데 그것에 굴복하지 않고 이화여대 부속 병원, 경찰병원, 서울대 치대까지 합세했다. 이런 상황에서 서울대 의대 교수들이 민관식 문교부 장관을 방문했다. 이들은 '사태를 수습해야 한다. 수련의들의 요구 조건이 관철되지 않으면 우리 교수들도 같이 사퇴하겠다', 이렇게 나오면서 수련의들을 설득했다. 결국 서울대 의대 인턴, 레지던트들이 복귀하면서 일단락됐는데, 다른 데도 대개 그런 식으로 복귀했다.

이건 자유 선언과는 좀 달랐다고 볼 수 있다. 국공립대 교수들의 자주 선언이나 언론 자유 운동은 자유를 위한 투쟁이라고 볼 수 있는데, 국공립 병원의 경우는 그와 좀 다르다. 그러나 그 당시 비슷한 시기에 일어났고, 정부에 대한 항거의 일환으로 국공립 병원에서 먼저 일어난 건 공무원 보수 규정 문제와 연관돼 있었기 때문에 사람들이 이 사건까지 같이 이야기한다. 그러나 당시 운동권이나 진보적 지식인들이 관심을 아주 크게 가진 건 광주 대단지 사건이었다. 아울러 파월 기술자들의 칼KAL 빌딩 방화 사건, 이것에도 관심을 가졌다.

검찰의 판사 구속영장 신청을 계기로
불붙은 사법부 파동

── 1971년에는 법조계도 요동치지 않았나.

바로 이해에 사법부 파동이 일어났다. 이렇게 큰 규모의 사법부 파동이 일어난 건 전무후무하다고도 볼 수 있는데, 1971년에 일어난 사건 중 박정희 정권이나 일반 시민들한테 제일 큰 영향을 준 게 바로 이 사법부 파동이었다. 언론이 아주 상세히 보도한 것도 영향을 주었다.

사법부도 언론계, 대학가와 똑같이 보이지 않는 손으로부터 또는 보이는 손으로부터 계속 압력, 감시를 받아왔다. 그러던 중 1971년 초에 이미 자체 정화 운동을 추진하는 형태로 사법부 독립을 모색하는 모습이 나타난다. 이 운동은 1월 11일 대구고등법원 판사들과 부산지방법원 판사들의 간담회에서 비롯됐다. 이를 계기로 대구고등법원, 대구지방법원, 부산지방법원, 12개 지원 판사 등 100여 명이 권력으로부터 독립, 청탁 배제, 자세 쇄신을 구호로 내걸고 자체 정화 운동을 벌였다. 운동이 전개된 첫날인 13일에는 대구고등법원의 모든 판사가 구내식당을 이용하고 청사에 커피 배달이 중지되는 등 이전과는 다른 모습이 나타났다. 이것은 서울 법조계로 바로 파급됐다. 1월 16일 대한변호사협회 변호사들은 법률에 의한 판결 이외에 어떤 형태의 외부 압력이나 권력의 청탁으로부터도 사법

1971년 7월 28일 서울형사지법 판사들이 형사 8부 판사실에 모여 일괄 사퇴를 결의하고, 사표를 쓰고 있다. 이렇게 되면서 사법부와 박정희 권력 간의 갈등이 드디어 표면화됐다.

권을 독립시켜야 한다고 대법원장에게 건의하는 한편 검찰도 호응해줄 것을 검찰총장에게 요청하며 외부로부터 사법권 독립을 지킬 것을 촉구했다. 여기서 외부라는 게 어딘지는 뻔하지 않나.

—— 사법부 파동, 어떻게 시작됐나.

큰 규모의 사법부 파동이 일어나는 건 7월 하순의 사건 때문이다. 7월 28일 서울지검 공안부가 서울지법 형사부에서 평판이 좋은 법조인으로 알려졌던 이범열 부장판사 그리고 최공웅 판사와 서기, 이렇게 3명에 대해 구속 영장을 신청했다. 이범열 부장판사 일행이 출장을 가서 뇌물을 받았다며 구속 영장을 신청한 것이다. 이게 간첩 사건도 아닌데 왜 공안부에 해당하는 것인지도 알 수가 없었으나, 어쨌건 검찰에서 그렇게 조치했다.

여기부터 싸움이 붙은 것이다. 서울형사지법은 구속 영장 신청을 당일로 기각해버렸다. 또한 서울형사지법 판사 42명 중 39명(28일 당일 37명, 29일 2명)이 두 판사에 대한 영장 신청은 공안 사건 무죄 판결에 대한 보복 조치라고 보고 "이런 분위기에서는 공정한 재판을 할 수 없다"고 하면서 집단으로 사표를 제출했다. 42명 중 39명이라는 건 대단한 것이다. 사실상 모두 했다고 해도 지나치지 않다. 이렇게 되면서 사법부와 박정희 권력 간의 갈등이 드디어 표면화된 것이다.

—— 검찰이 그런 조치를 단행한 속내는 무엇인가.

서울지검 공안부가 두 판사에 대한 구속 영장을 신청한 데에는, 그리고 그것이 보복 조치로 비친 데에는 이유가 있었다. 그 경위를 살펴보면, 우선 1971년 6월 대법원은 국가배상법이 위헌이라는 판결을 내리고 수백 억 원이 걸려 있던 소송에서 국가 패소 결

이 부장판사 일행은 국가보안법 위반 등의 혐의로 1심에서 유죄 판결을 받은 피고인의 항소심 심리를 위해 현지에서 증인을 신문하고자 제주도에 내려갔다. 검찰은 이 과정에서 피고인 측 변호사가 이 부장판사 일행의 항공료 및 술값 등을 냈다며 이 부장판사 일행에게 뇌물 수수 혐의로 구속영장을 청구했다. 출장 체재비를 문제 삼아 검찰이 현직 판사에게 구속영장을 신청한 건 이때 처음 있는 일이었다.

오늘날 기준으로 보면 논란이 있을 수 있는 사안이지만, 피고인 측 요구로 법원에서 지방에 내려갈 경우 그에 필요한 비용을 피고인 측에서 부담하는 건 그 시절 오랜 관행이었다. 이는 당시 법원 쪽 출장비가 그리 넉넉지 않았던 사정과 관련 있다. 박천식 법원행정처 조사국장은 문제가 된 출장비에 대해 1971년 8월 6일 자 경향신문에 이렇게 밝혔다. "판사 3명, 서기 1명 기준의 5일분 출장비가 총 2만 6,000원인데 이것으로 판사들은 관광호 아닌 1등차, 서기는 2등차 정도로 갈라 타고 여관도 각각 들어야 하며 비행기 출장이란 어림없는 얘기지요." 박 국장은 사법부 전체 예산이 행정부 1개 부처 예산에도 못 미친다며 "이 같은 사법부의 적자 예산 전통은 초대 김병로 대법원장이 세워놓았다"고 밝혔다. "꼬장꼬장하고 결백하기로 이름 높았던 김 대법원장은 올린 예산을 일일이 따져 최소한의 것마저 필요 없다고 스스로 깎아버리기가 일쑤였다"고 박 국장은 덧붙였다.

1968년 박정희가 민복기 신임 대법원장에게 임명장을 수여하고 있다. 민복기는 거물 친일파인 민병석의 아들로 민복기 본인도 일제 때 친일 행위를 했다고 볼 수 있다. 민복기는 이승만 정권 때 검찰총장을 맡았고, 박정희 정권 때에는 법무부 장관에 이어 대법원장까지 지냈다. 사진 출처: 국가기록원

정을 내렸다. 또 법원의 위헌심권違憲審權을 제한한 법원조직법 중 일부를 위헌이라고 판결했다. 이때는 대법원이 위헌 판결권을 갖고 있었지만 유신 쿠데타 때 그걸 뺏겼다고 전에 이야기하지 않았나. 하여튼 대법원은 이때 이렇게 판결해, 입법부와 행정부가 사법부에 가했던 제약 요소를 제거하는 조치를 취했다.

또 1971년 대통령 선거가 끝난 직후 총선을 하려고 할 때 서울 대생들의 신민당사 농성 사건이 일어난다. 총선에 참여하지 말라고 신민당에 요구하며 농성한 것이었는데, 정부는 이 사건에 강경하게 대처했다. 신민당사에 진입한 서울대생을 다 구속하고, 최종적

으로 관련자 10명한테 실형을 구형했다. 강경 일변도로 나간 건데, 6월 29일 서울형사지법은 전원 무죄를 선고했다. 또 검찰이 반공법과 국가보안법을 적용한 《다리》라는 월간지 필화 사건이 있었는데, 서울지법은 이 사건 관련자들에게도 전원 무죄 판결을 내렸다. 이 필화 사건에 관련된 사람들은 김대중 대통령 후보하고 관련이 있던 사람들이었는데, 그런 판결이 나온 것이다. 그뿐 아니라 서울고법 특별부는 잡지 《씨알의 소리》 발행인 함석헌이 문공부 장관을 상대로 낸 '《씨알의 소리》 간행물 등록 취소 처분 취소 청구 소송 상고심'에서 등록 취소 처분을 취소하라는 원심을 확정했다. 《씨알의 소리》 쪽 손을 들어준 것이다.

사법부가 1950~1960년대에 그래도 조금은 살아 있다는 이야기를 들었는데, 1971년에 용기 있는 판결을 연이어 한 것이다. 물론 그 당시 사회적 분위기도 작용했을 것으로 보이는데, 그런 판결을 내린 것이다. 이렇게 되니까 평판이 좋은 이범열 판사 등 2명을 검찰 공안부에서 표적으로 삼은 것이다.* 구속 영장이 신청되자 서울형사지법 판사 42명 중 39명이 이걸 보복 조치로 판단하고 일제히 사표를 냈다. 이들은 이번 사태가 어느 한 개인에 대한 비위 수사가 아니라 최근 검찰이 기소한 사건에 대해 법원이 무죄 판결을 내린 것에 대한 보복적인 처사로, 사법권 전체에 대한 검찰의 도전이라고 주장했다. 그것에 이어 서울민사지법에서도 검찰의 조치에 항의하는 성명을 냈으며, 대구지법에서도 호응했다.

• 경향신문 1971년 7월 28일 자에 따르면, 이범열 부장판사가 맡은 서울형사지법 항소 3부는 1971년에 19건을 무죄 판결했고 검찰 공안부가 기소한 반공법 위반 등의 사건에 대해서도 5건이나 무죄를 선고했다. 이 부장판사 일행이 사법부 길들이기를 시도한 세력의 표적이 된 이유를 짐작할 수 있는 대목이다.

— 검찰은 오늘날에도 정치 검찰이라는 비판에서 자유롭지 못하다. 검찰이 자초한 면이 많은 그러한 오욕의 역사는 그 뿌리가 깊다. 사법부 파동에서 검찰이 보인 모습 역시 그와 무관치 않다고 볼 수밖에 없다. 다시 돌아오면, 판사들의 반발에 검찰은 어떤 태도를 취했나.

7월 28일 그날 바로 서울형사지법에서 구속영장을 기각하자, 검찰은 그다음 날인 29일 내용을 '보강'해 영장을 재신청했다. 보강한 내용이 뭐냐 하면 두 판사가 변호사와 술을 마시고 접대부와 동침했다는 것이었다. 이런 내용을 보강해 영장을 다시 신청했다.

그러한 정보는 정보 기관이 뒤를 밟고 있었다는 것을 말해준다. 이뿐만 아니라 부장판사 구속 문제는 공안 검찰 차원에서 결정할 수 없는 일이었다. 이 사건에 최상층부가 개입돼 있다는 증표였다. 그러면서 이 사건은 국회로까지 비화됐다.

— 판사들은 어떻게 대응했나.

검찰에서 그렇게 나오자, 28일 항의 성명을 냈던 서울민사지법 판사 44명은 '동료 판사들에 대한 동정 시위가 아니라 사법권을 침해하는 갖가지 사례가 가중되는 분위기 아래에서 자신 있는 재판을 할 수 없다고 판단, 사법권을 수호하기 위한 자위 행위'라고 밝히고 7월 30일 집단으로 사표를 냈다. 그러면서 용공분자로 오해받는 등 7가지 사례를 구체적으로 적시한 사법권 수호 건의문을 서울형사지법과 서울민사지법 판사들의 이름으로 발표했다. 아울러 서울뿐만 아니라 다른 지방의 판사들도 사표를 내게 된다. 이때 전체 법관의 3분의 1에 이르는 153명이나 사표를 냈다.

　　대한변협에서는 이봉성 검찰총장과 더불어 민복기 대법원장, 신직수 법무부 장관의 인책 사퇴를 요구했다. 민복기나 신직수는 박정희 정권에서 정말 잘나갔다고 볼 수 있는 사람들이다. 계속 고위직으로 올라가면서 박정희 정권이 요구한 활동을 했던 사람들이다. 민복기는 친일파의 거물인 민병석의 아들이다. 민복기 본인도 일제 때 경성복심법원 판사까지 했으니 친일 행위를 했다고 볼 수 있다. 그런데 이승만 정권 때에는 검찰총장을 하고, 박정희 정권에 들어와서는 법무부 장관에 이어 드디어 최장수 대법원장까지 된 사람이다. 신직수는 전에도 이야기한 것처럼 군대에 있을 때 박정희 밑에서 법무 참모 같은 것으로 일했는데 5·16쿠데타 후 검찰총장, 중앙정보부 차장 같은 요직을 지내다가 이때는 법무부 장관으로 있었다. 이런 사람들이니까 문제가 있다고 해서 대한변협에서 사퇴를 요구한 것이다.[•]

── 사법부 파동, 어떻게 마무리됐나.

　　사건이 커져 사회적으로 큰 물의를 일으키니까 8월 1일 박정희 대통령은 판사 독직 사건을 전부 백지화하라는 지시를 내렸다.[••] 그렇지만 사태는 쉽게 가라앉지 않았다. 서울고등법원과 대구고등

[•] 물론 박정희는 이때 민복기도, 신직수도 경질하지 않았다. 민복기는 1978년 정년 퇴임할 때까지 대법원장으로 계속 있었고, 신직수는 1973년 중앙정보부장으로 자리를 옮겨 더 막강한 권한을 행사한다. 중앙정보부를 중심으로 정권 차원에서 사건을 조작해 1975년 8명을 처형한 '사법 살인'인 제2차 인혁당 사건 당시 신직수는 중앙정보부장, 민복기는 대법원장이었다.

[••] 대통령의 지시에 따라 검찰은 곧 사건을 불기소 처분했다.

1971년에 그간 쌓인 사회적 갈등에서 비롯된 많은 사건이 발생해 위기 상황이 조성됐다. 박정희가 이 위기 상황을 극복하기 위해 유신 쿠데타로 대응했다는 시각도 있다. 동아일보는 1971년 '국내 10대 뉴스'(1971년 12월 29일 자)로 다음과 같은 사건들을 뽑았다. 1) 비상사태 선포 2) 남북 가족 찾기 3) 위수령 발동과 학생 제적 4) 물가 파동 5) 양대 선거(대선과 국회의원 선거) 6) 대연각 호텔 대화재 7) 실미도 특수군 난동 8) 광주 단지 난동 9) 사법부 파동 10) 무령왕릉 발견.

법원 판사들은 사법권 침해에 대해 항의했다. 긴급 소집된 법원 행정 회의에서도 최근 검찰의 처사는 유감스러운 일이라고 밝혔다. 대법원 판사 전원은 사법권 수호를 위해 최선을 다하겠다는 결의를 했다. 그러나 민복기 대법원장의 대통령 면담은 실현되지 않았다. 8월 9일 서울형사지법, 서울민사지법 판사들은 관계 검찰관들의 인책 사퇴를 요구했고 서울고등법원 판사들은 대법원장이 비상한 각오로 대책을 빨리 세울 것을 촉구했다.

　8월 27일에 가서 이 사건은 일단락된다. 민복기 대법원장이 재경 법관 전체 회의를 소집하고 '내외 정세를 감안해 사표를 철회하라'고 호소했다. 사표를 냈던 판사들이 그 후 법정에 복귀하면서 사건은 일단락된다. 그런데 이 파동의 경우 유심히 봐야 할 것이 있다.

사법부 파동을 계기로
사실상 박정희 권력에 예속된 사법부

── 그게 무엇인가.

뭐냐 하면 지금까지 살펴본 것처럼 서울형사지법과 서울민사지법을 비롯한 여러 법원에 속한 많은 판사들이 호응해 잘 싸운 사건이지만, 그리고 박정희가 판사 독직 사건 백지화 지시를 내려 얼핏 보기에는 판사들이 이긴 것처럼 비치는 면도 있지만, 그러나 사법부 독립을 모색한 사법부 파동을 계기로 사법부가 사실상 박정희 권력에 예속되는 사태가 일어났다는 점이다. 그게 우리 역사의 아이러니라면 큰 아니러니인데, 왜 그런 일이 일어났느냐.

전체적으로 보면 대학 교수들의 자주화 선언이나 언론 자유 운동과 유사한 부분이 있다. 교수들의 자주화 선언이나 언론 자유 운동은 당시 별 효과를 못 보지 않았나. 언론은 권력에 예속되고 대학도 자주적인 활동을 더 하지 못하고 병영화되며, 유신 쿠데타 이후에는 철통같은 감시 아래 놓이게 된다. 이미 이 시기에 박정희의 권력이 위험한 선을 넘어서 통제 불능 상태에 이르고 있었는데, 그것이 얼마나 위험한 일인가를 지식인, 언론인, 법조인, 정치인, 일반 시민들이 충분히 자각하지 못하고 있었다. 사법부 파동도 그렇다. 당시 사용된 파동이라는 말 자체가 이상한 징후를 말해주지만, 이

'파동'으로 법관들의 권익이 커진 것이 아니라 사법부가 계속 위축되는 상황에 놓이게 된다.

직접적으로는 이범열 판사와 최공웅 판사가 사표를 냈다.[*] 그리고 서울형사지법에서건 서울민사지법에서건 앞장서서 싸웠던 판사들, 제일 똑똑하고 사법부 독립을 강렬하게 주장했던 그분들이 있어서 그렇게 잘 싸울 수 있었던 건데 이 양반들 중 여러 명이 얼마 지나지 않아 사표를 낼 수밖에 없었다. 직간접적인 여러 압력을 8월 27일 이후에 받은 것이다. 1973년에 들어서면 법조계에서 인정받는 판사들이 법관 재임용에서 탈락하게 된다.

그러니까 유신 체제가 성립될 때쯤 되면 이미 사법부는 더 이상 독립성을 가졌다고 하기가 어려운 상태가 된다. 그리고 사법부가 독립성을 갖기 어렵게 돼 있는 유신 헌법이 만들어지면서 실제로 완연히 그런 상태에 빠져들게 된다.

---

[*] 1971년 9월 대법원은 이범열 판사의 사표를 수리하고 최공웅 판사의 사표는 반려했다. 결국 이범열 판사는 그렇게 법복을 벗게 된다.

광주 대단지 사건에서
실미도 사건까지

격동의 1971년, 두 번째 마당

김 덕 련 1970년에 일어난 일이긴 하지만 노동자 전태일의 분신 역시 1971년 위기론을 짚을 때 빼놓을 수 없는 사안 아닌가.

서 중 석 1960년 4월혁명 이후 학생 사회에서 민중 문제에 대한 관심이 있었는데 특히 1960년대 후반에 들어 커져간다. 그런 것이 학생 운동으로도 나타나지만 농활로도 나타나는 걸 볼 수 있다.

1960년대 전반기에만 해도 농촌 봉사라고 했다. 물론 그 이후에도 농촌 봉사라는 말을 여전히 쓰긴 했지만, 일부 서울대 학생들이 1960년대 후반 들어 농활이라는 말을 쓰기 시작했다. '우리가 농촌에 가는 건 농촌 봉사가 아니다. 농촌에 봉사하러 간다는 건 말이 안 된다. 우리는 농촌에 배우러 간다'고 하면서 그렇게 했다. 농촌에 들어가서 농민들과 같이 땀을 흘리고, 농민들에게 봉사하는 것이 아니라 농민들로부터 배운다는 것이었다. 그걸 통해 농민과 일체가 돼서 농민들이 소외되지 않는 민중 세상을 만들자는 것이었다. 이걸 나중에는 의식화라고 부르던데, 그러한 마음 자세로 1960년대 후반에 서울대 법대, 문리대, 상대 등에서 들어갔고 그러면서 다른 대학에서도 그걸 따라서 하고 그랬다.

그런 가운데 1970년 11월에 일어난 전태일 분신 사건이 학생들한테 아주 큰 영향을 끼쳤다. 1971년에 일어난 사건은 아니지만 매우 중요한 사건이었다. 전태일의 분신 투쟁은 정말 어려운 여건에서 운동을 펼쳤던 1970년대 노동 운동에 굉장한 영향을 줬다. 1980년대와 1990년대의 노동 운동에도 그랬고 앞으로도 계속 영향을 주게 될 것이다.

전태일의 분신 투쟁 직후부터 학생들은 이 투쟁에 큰 관심을 가졌고 그것이 노동자, 노동 운동에 대한 깊은 관심으로 전환되는

평화시장 화장실 옆에 재단 보조와 함께 있는
전태일(왼쪽). 1970년 11월에 일어난 전태일
분신 사건은 1970년대 학생 운동과 노동 운동에
지대한 영향을 끼쳤다. 1980년대와 1990년대의
노동 운동에도 그랬고 앞으로도 계속 영향을 주게
될 것이다. 사진 출처: 전태일재단

걸 볼 수 있다. 1970년대 말부터 노동 야학 같은 형태로 노학 연대의 원초적 현상이 나타나는데, 이때도 항상 전태일의 분신 투쟁에 관한 이야기 같은 것들이 바이블과 같은 역할을 한다. 아울러 이소선 어머니는 노동 운동, 양심수 운동, 민주화 운동을 지켜주고 타오르게 한 거목과 같은 존재로 이 시대의 양심을 대표했다. 그리고 1983년 《어느 청년 노동자의 삶과 죽음》이라는 제목으로 처음 출간됐던 《전태일 평전》은, 이 책의 저자가 조영래 변호사라는 것은 훗날 밝혀지지만, 참으로 많은 사람의 가슴을 울리며 민주화 운동과 노동 운동에 큰 영향을 끼치지 않았나.

그런데 이러한 1970년 11월 사건에 큰 관심을 가졌던 학생들이 광주 대단지 사건, 이걸 그 당시엔 사회에서 광주 난동 사건이라고 더 많이 불렀는데 이 사건과 칼KAL 빌딩 방화 사건 같은 것을 보면서 또 충격과 영향을 받았다.

파월 기술자들은 왜
한진상사 칼 빌딩에 불을 질렀나

— 하나씩 살폈으면 한다. 칼 빌딩 방화 사건은 어떤 사건이었나.

칼 빌딩 방화 사건은 그렇게 규모가 큰 사건은 아니었다. 1971년의 주요 사건들은 대선 이전에 시작된 언론 자유 수호 운동을 빼놓고는 거의 다 4월 대선과 5월 총선 이후에 일어나는데, 이 사건도 그랬다.

간단히 살펴보면, 9월 15일 한진상사에서 과거에 베트남에 보냈던 파월 기술자 및 그 가족 400여 명이 한진상사 대표 조중훈에게 밀린 노임을 지불할 것을 요구하면서 한진상사 본사가 있는 칼빌딩에 진입, 국제선 항공 예약 데스크에 불을 지르고 직원들에게 폭행을 가하며 집기를 부쉈다. 한진상사 측은 계약에 따라 임금을 모두 지불했고 법정 투쟁에서 자신들이 이겼다고 주장했다. 이와 달리 기술자들은 노임의 상당 부분을, 예컨대 연장 근로 수당이나 위험 수당 같은 걸 못 받았다고 주장했다.

이 사건으로 주동자 66명이 구속됐다. 이 문제와 관련해 10월 14일 재판이 열렸는데 이때 서울민사지법 합의 5부는 그때까지의 판결을 뒤엎었다. 파월 기술자 11명이 낸 소송이었는데, 재판부는 한진상사가 이들에게 수당 1,197만여 원을 지급해야 한다며 원고 승소 판결을 내렸다.*

이때 서울민사지법 합의 5부는 "한진상사와 파월 기술자들이 맺은 근로 계약서상에 기재된 임금 합계가 각종 수당을 포함한 것처럼 돼 있으나 이를 인정할 수 없다"고 밝혔다. 재판부는 현지에 가기도 전에 연장, 휴일, 야간 근로 수당액을 미리 책정한다는 것은 모순이라고 지적했다. 기술자들이 베트남으로 떠나기 전 계약서에 서명할 때 한진상사 측이 기술자들에게 월급이 얼마라고만 말했을 뿐 수당 이야기는 하지 않았다는 증언 등도 원고 승소 판결의 근거 중 하나였다.
1969년 11월 '미지불 임금 청산 투쟁 위원회'를 결성하고 임금 소송도 여러 건 제기했지만 별다른 성과를 거두지 못하고 있던 파월 기술자들에게는 반가운 판결이었다. 그러나 수당 1,197만여 원은 애초에 기대했던 것에는 많이 못 미치는 금액이었다. 그리고 이 판결 이후 법원이 파월 기술자들의 호소를 계속 수용한 것도 아니었다. 이 판결 바로 다음 날인 10월 15일, 서울민사지법 합의 12부는 또 다른 파월 기술자 11명이 한진상사를 상대로 제기한 같은 내용의 소송에서 이번에는 한진상사 손을 들어줬다.

도시로, 도시로 대규모 이농
너나없이 정든 땅을 떠난 사람들

── 광주 대단지 사건은 칼 빌딩 방화 사건보다 훨씬 큰 충격을 사
회에 줬다. 당시 상황이 어떠했나.

광주 대단지 사건은 아주 큰 사건이었다. 그런데 이 사건을 보
려면 광주 대단지가 어떻게 생겨난 것인가를 봐야 하고, 그걸 보려
면 이농 현상에서 시작해야 한다. 이농 현상은 한국전쟁 이후 많이
나타나지만, 특히 1960년대 후반에 대규모로 발생하면서 1970년대
까지 엄청난 물결을 이루게 된다.

사실 1960년대 후반과 더불어 제일 큰 이농 현상이 일어난 때
는 새마을운동이 전개된 유신 체제 시기다. 이것은 살기 좋은 농촌
을 목표로 내걸고 시작된 새마을운동이 실제로는 어떤 것인가를 묻
게 하는 큰 사태였다.

한국은 같은 지역에서 하나의 국가를 오랫동안 유지했다는 점
에서도 참 특이한 나라다. 다른 말로 하면 고려가 어느 정도 안정적
인 사회로 들어간 이후에는 다른 지역하고 교류가 별로 없었던 지
역이기도 하다. 고려 군사들이 일본 원정을 간다든가 하는 몇 가지
를 빼놓고는 거의 대부분 자기 지역을 떠나지 않고 거기서 많이 살
았다.

그런데 1930년대에 들어서면서 남부여대해서 만주로 가는 사
람이 부쩍 늘었다. 일본으로 품 팔러 가는 사람도 엄청나게 늘어나
고, 그게 또한 강제 노역으로 이어지게 되고, 그러면서 강제 노역
등에 의해 국내에서도 대규모 인구 이동이 일어나게 된다. 그래서

1965년 서울시 양동 일대 무허가 판자촌 철거 현장.
1966년 김현옥이 서울시장에 부임하면서 성장이나
발전을 위해 불도저식으로 사람들을 내쫓았다.
그러면서 철거민들을 집단으로 이주시키는 정책을
펼쳤다. 사진 출처: 서울사진아카이브

1930년에서 1945년 사이에 엄청난 규모의 인구 이동이 있었다. 이 시기에 이스라엘의 유대인 못지않은 인구 이동이 있었다고 표현하는 사람도 있다. 그런데 큰 규모의 인구 이동이 1960년대에서 1970년대에 걸쳐 또 한 번 일어난 것이다.

— 1960~1970년대 인구 이동 규모, 구체적으로 어느 정도였나.

한 통계를 보면 1960년에서 1965년 사이에 전국에서 95만 3,000명이 자기 지역을 떠났다. 이 시기에 67만 2,000명이 서울에 온 것으로 돼 있다. 전체 이동 인구의 70퍼센트가 넘었고 그만큼 서울로 집중된 것이다. 그다음 시기인 1960년대 후반기 이때 엄청난 인구 이동이 이뤄졌는데, 이때는 무려 249만 2,000명이나 된다. 그 이전 5년의 2.5배 정도에 이르렀다. 그중 61.6퍼센트에 해당하는 153만 4,000명이 서울로 왔다.

이렇게 큰 규모의 인구 이동이 이뤄지는 건 1970년대에도 비슷했다. 1971년에서 1975년 사이에 전국적으로 187만 3,000명의 인구 이동이 이뤄졌는데, 그중 서울로 간 비중은 전체의 40퍼센트 이내로 팍 줄었다. 서울의 절대 인구는 계속 크게 늘었지만 상대적으로 서울이 찰 만큼 찼고 부산, 그리고 울산을 비롯해 공업과 관련된 새로운 지역이 많이 생겼기 때문이다. 1976년에서 1980년 사이에는 1966년에서 1970년 사이보다 더 많은 인구 이동이 이뤄졌다. 257만 3,000명에 이르렀다. 새마을운동이 열띤 분위기 속에서 이뤄지다가 이때쯤 약간 하강 국면에 들어갔는데, 그 시기에 농민들은 더 이상 농촌에서 살 수 없다며 대규모로 농촌을 떠난 것이다.

1966년에서 1970년 사이의 인구 이동은 굉장한 한해와 홍수,

그중에서도 특히 한해가 심했던 것과도 연관이 있었다. 당시 전라
도 호남선, 전라선 역전마다 보통이를 들고 이고 한 남녀들이 많이
헤매던 풍경 사진이 지금도 내 기억 속에서 자주 떠오른다. 정처 없
이, 크지도 않은 보따리를 들고 서울로 가는 사람들이 대부분이었
는데, 특히 전라도 쪽에서 무척 많이 떠났다. 1970년대에는 전라도
에서 경상도 쪽으로도 많이 갔는데, 그건 앞에서 이야기한 것처럼
그쪽에 공업과 관련된 지역이 많이 생겼기 때문이다.

"높은 데 지어야 '청와대'에서 잘 보일 것 아냐"
고지대에 세운 시민 아파트, 끝내 무너진 와우아파트

— 정처 없이 서울로 떠나는 사람들 이야기를 했는데, 그건 말 그
    대로 번듯한 집과 일자리를 구해놓고 이주하는 이들이 그리
    많지 않았다는 뜻 아닌가.

그러니까 이러한 대규모 인구 이동은 판잣집이라든가 불량
주택에서 살거나 집 없이 셋방살이하는 인구를 대량으로 산출했다
는 것을 얘기한다. 한 통계에 따르면 1970년 4월 현재 도시의 무주
택자가 48.5퍼센트나 됐다. 대구가 제일 높아서 59퍼센트였고 부산
은 56퍼센트였으며 원주, 서울, 인천, 의정부도 각각 50퍼센트를 넘
었다.

이런 무주택자나 아주 형편없는 집에 사는 사람들이 이렇게
많았는데, 이 사람들의 대다수는 빈민층을 형성하고 있었다. 이 사
람들을 어떻게 처리할 것인가, 이게 박정희 정권의 주요 관심사였

다. 서울의 경우 무허가 불량 주택이 1961년에 8만 4,440호였는데 1964년에는 11만 6,200호, 1970년에는 18만 7,500호였던 것으로 통계가 나와 있다. 1966년 말 서울 시내 판자촌 인구가 약 127만 명이나 됐다. 당시 서울시 인구의 3분의 1 정도나 되는 상태에 이른 것이다.

그런 상태에서 1966년 김현옥이 서울시장에 부임했다. 김현옥은 박정희의 특별한 사랑을 받았다고 할까, 박정희가 제일 좋아하는 유형이었다. 그야말로 성장이나 발전을 위해 막 밀어붙이는 불도저 스타일을 대표하는 사람이었다. 부산시장으로 있을 때 불도저 시장의 면모를 보여줬고 그래서 서울시장으로 발탁된 사람 아닌가. 이 사람은 1967년 대선과 총선을 앞두고 무허가 주택 양성화 사업이라는 것을 발표했다. 이건 사실상 선거용 공약에 불과했기 때문에 제대로 지켜지지는 않았다. 지속성을 갖지 못한 채 중단되고 말았다. 무허가 주택 양성화 사업은 제대로 되지 않았지만, 두 가지 다른 정책이 있었다.

─ 어떤 정책들이었나.

하나는 철거민들을 집단으로 이주시키는 정책이었고 다른 하나는 서민 아파트(시민 아파트)를 건립하는 정책이었다. 그중에서 서민 아파트 건립 정책이 서울시내의 경우 우선 눈에 띄었는데, 그 문제점을 단번에 싹 드러낸 것이 유명한 와우아파트 도괴 사건이었다.

1970년 4월에 아파트 한 동이 성냥갑 무너지듯 폭삭 주저앉아 그 거주자 가운데 33명이 사망하는 큰 사고가 일어나서, 바로 전달(1970년 3월)에 발생한 정인숙 피살 사건과 함께 큰 사회 문제로 등

1969년 4월 21일 박정희가 서울시 서대문구 금화 시민아파트 준공식에 참석하고 있다. 당시 서울의 시민 아파트는 대부분 고지대에 건립됐는데, 높은 데 지어야 청와대에서 잘 보이기 때문이라는 일화가 전해지고 있다. 사진 출처: e영상역사관

장했다. 이게 광주 대단지 사건을 이해하는 데에도 도움이 되기 때문에 시민 아파트 건립 정책에서 보여준 김현옥 시장의 밀어붙이기 정책을 조금 살펴볼 필요가 있다.

시민 아파트 도괴 사건 또는 붕괴 사건이 일어난 건 한마디로 엉터리로 지었기 때문이다. 우선 실제로 투입된 공사비가 너무나 적었고, 업자는 거기에 맞춰 날림 공사를 했다. 공사 기간도 문제였다. 예컨대 시멘트를 양생하는 데 4주가 걸리는 것 등을 충분히 감안해야 하는 것 아닌가. 그래야 안전하고 튼튼하게 지을 수 있는 건데, 서울시는 처음부터 빨리 완공할 것을 요구했다. 그래서 착공한

1970년 4월 성냥갑 무너지듯 폭삭 주저앉은
와우아파트 붕괴 현장. 33명이 사망하고 40명이
다친 큰 사고였다. 사진 출처: 국가기록원

지 불과 6개월 만에 와우아파트를 준공했다. 이런 것들 외에도 문제점이 한두 가지가 아니었다. 그야말로 총체적 부실이었다. 그러니까 준공한 지 넉 달 만에 와르르 무너진 것 아니겠나.

불도저식, '빨리빨리'의 대표적인 사례가 와우아파트지만 다른 데에도 이것과 비슷하게 지은 경우가 많지 않았겠나. 그런데 와우아파트가 건립된 입지는 70도나 되는 경사진 산비탈이었다. 이럴 때에는 그런 경사로 인해 가중되는 힘에 저항할 수 있는 구조로 설계, 시공했어야 하는데 그런 고려가 전혀 돼 있지 않았다.

문제는 당시 서울의 시민 아파트가 다 이런 고지대에 건립됐다는 것이다. 1960년대 후반 내가 대학 다닐 때 이처럼 고지대에 지은 시민 아파트를 아주 많이 봤다. 고지대 건립은 저지대 건립에 비해 자재 운반, 공사 진척 등 모든 것에서 힘이 더 들고 건립 비용도 더 들 수밖에 없었다. 그런데도 그랬다.

—— 왜 그런 곳에다 지은 건가.

정부는 싼 가격으로 빨리빨리 지으려고 했는데 왜 이렇게 산비탈이나 산등성이에 지어놓았느냐. 여기에는 유명한 일화가 있

공사 계약을 따낸 업체는 부실기업이었다. 이 업체는 커미션을 챙기고 무자격 업자에게 하청을 줬다. 현장을 감독해야 할 공무원은 업자로부터 뇌물을 받고 부실 공사를 눈감아 줬다. 그렇잖아도 충분치 않게 책정됐던 공사비는 이런 과정을 거치면서 점점 줄어들었다. 그 결과 택지 조성비 등을 제외하면 실제 건축비는 평당 1만 원도 채 안됐다고 한다. 업자는 제대로 된 지질 검사 같은 건 실시하지도 않았고, 기둥 하나에 70개씩 넣어야 할 철근을 고작 5개씩 넣는 식으로 날림 공사를 했다.
그렇게 부실 공사가 이뤄진 와우아파트는 완공 후 얼마 지나지 않아 붕괴 조짐을 드러냈다. 벽체에 금이 가는 등의 심각한 문제를 발견한 주민들은 관공서에 이를 신고했다. 그러나 관청은 이를 묵살했다. 결국 와우아파트는 정상 하중의 3배를 견디다 무너졌다.

다. 당시 서울시 간부로 있었던 손정목 교수가 이 부분에 대해 쓴 게 있다. 그걸 보면 한 간부가 '왜 이렇게 높은 데다가 아파트를 지어야 하느냐. 공사하기도 힘들고 입주자들이 출퇴근하기도 힘들 것 아니냐'고 물었다고 한다. 당연한 것을 물어본 것이다. 그러자 김현옥 시장이 "야 이 돌대가리야, 높은 데 지어야 '청와대'에서 잘 보일 것 아냐", 이렇게 얘기했다고 한다. 박정희 눈에 잘 띄게끔 고지대에 지은 것이다. 김현옥은 아부에도 불도저였다. 박정희 시기 경제 정책의 한 단면을 단적으로 이야기해주는 장면이다.

하여튼 와우아파트 사건이 나자, 박정희는 할 수 없이 김현옥을 서울시장 자리에서 물러나게 했다. 그 뒤를 이어 양택식이 서울시장이 됐다. 그러면서 이해 시민 아파트 건립 계획이 전면 백지화됐다. 그런데 서울시장에서 쫓겨난 김현옥은 바로 다음 해(1971년)에 내무부 장관으로 영전한다. 박정희가 밀어붙이기식 성과주의 경제 건설을 얼마나 좋아했는지, 서민들의 어려움이나 희생에 대해서는 어떤 생각을 가지고 있었는지를 보여주는 장면이다.

하루에 시신 3~4구 나오는데도 방치한 정부
무작정 이주 정책이 초래한 광주 대단지 사건

— 와우아파트 붕괴 사건이 난 지 1년여 만에 이번에는 광주 대단지 사건이 일어난다. 광주 대단지 이주자들은 당시 어떤 상황에 놓여 있었나.

시민 아파트 건립 정책이 그렇게 되면서 남은 것은 철거민 집단 이주 정책이었다. 이건 부분적으로 이미 시행하고 있었던 것인데, 가장 큰 규모의 철거민 집단 이주가 이뤄진 데가 바로 광주 대단지라고 불리는 지금의 성남시 일대였다. 서울시는 불량 주택 거주자 중 35만 명을 광주 대단지로 이주시킨다는 계획을 세웠다. 그 계획에 따라 당시 경기도 광주군에 속한 이 지역에 양택식 시장 취임 이전에 이미 택지 정지 작업을 2개월 동안 하고, 철거민들이 1969년 5월부터 들어와서 살도록 청소차, 공용차를 이용해 광주 대단지로 이들을 실어 날랐다.

서울에 외국인 관광객이 찾아온 건 1968년경부터라고 한다. 박 대통령은 외국인 관광객을 맞기 위해 우선 주요 철도역 주변을 정리하라는 지시를 내렸다. 그래서 광주 대단지에 최초로 입주한 주민은, 손정목 교수에 따르면 용산역 주변 철거민 3,301가구였다. 뒤이어 서울시 다른 지역의 철거민들도 들어왔는데, 이들은 서울시에서 지급한 천막을 치거나 움막 같은 것을 지어 살았다.

그러면 이 사람들은 어떻게 생활했느냐. 1970년 6월 현재, 그렇게 해서 이주한 사람들 가운데 2,655세대는 집이 있었고 1,700세대는 천막을 치고 생활하고 있었다고 신문에 보도됐다. 이 사람들은 상하수도나 전기 시설이 없어 냇물을 길어다 쌀을 씻었고, 뒷산에서 생나무를 베어다 밥을 지어 생활했다. 전기가 없으니까 호롱불로 불을 밝혀야 했다. 수천 가구가 살았는데도 공동 화장실이 너무나 부족했다. 12개밖에 안 됐다고 그런다. 그래서 인근 야산이 온통 인분으로 뒤덮이기도 했고, 그러면서 이질, 콜레라 같은 전염병이 창궐하고 수인성 전염병도 심했다고 한다. 사람들이 이런 환경에 놓여 있었기 때문에, 1970년 초여름만 해도 하루에 서너 구의 시신이 실려 나오는 실정이었다고 그런다.

—— 정부 정책으로 옮겨 가게 했으면 최소한의 생활 여건은 마련
　　해줘야 하는 것 아닌가.

　　정부가 무작정 이주만 시켜놓은 다음에 적절한 생활 환경 같
은 건 마련해주지 않은 채 이주민들을 방치한 것이다. 이주민들은
일자리도 찾을 수 없었다. 1971년 6월 현재 취업 대상자의 5퍼센트
만이 단지 내에서 일자리를 얻을 수 있었다고 한다. 그것도 단순노
동이 대부분이었다. 그래서 대다수는 노점상이나 행상, 날품팔이로
간신히 목숨을 이어가고 있었다.

　　또 서울시가 개발 붐을 조성하려고 광주 대단지를 '신천지'나
되는 것처럼 크게 홍보한 결과 부동산 투기가 성행했다. 그 때문에
분양권을 전매하는 경우가 많았다. 1971년 대선, 총선에서 살포된
선거 자금도 밀려들면서 땅값이 무섭게 뛰었고, 그러면서 갖가지
소송이 벌어졌다. 땅값은 천정부지로 치솟았다가 떨어지기도 했다.

　　그런 속에서 1971년 7월 13~14일에 광주 대단지 사업소장이
분양 토지 20평을 평당 8,000원(C급)에서 1만 6,000원(A급)에 불하한
다는 고지서를 발부했다. 주민들은 충격을 받았고 분노가 끓어올랐
다. 토지 불하 가격을 내려달라고 서울시 당국에 건의했지만, 그때
마다 묵살을 당했다. 그러다가 8월 9일 오후 늦게 서울시에서는 서
울시장이 10일 오전 11시까지 광주 대단지에 나와 대책을 말하겠다
고 약속했다.

—— 사건이 발생할 무렵 광주 대단지에 이주한 사람은 어느 정도
　　나 됐나.

1970년경 광주 대단지 풍경. 정부는 서울에서
쫓겨난 철거민들을 광주 대단지라고 불리는
지금의 성남시 일대로 이주시켰다. 이 중
1,700세대는 집이 없어서 천막을 치고 생활했고,
이들은 상하수도나 전기 시설이 없어 냇물을
길어다 쌀을 씻어 밥을 지어 먹었다.

두 번째 마당

광주 대단지 사이를 가로지르는 시영 버스.
사진 출처: 오픈아카이브

격동의 1971년

1971년 8월 경찰과 대치 중인 광주 대단지 주민들. 광주 대단지 주민들이 내건 플래카드에 "우리의 대변자 국회는 잠자는가?"라고 쓰여 있다.

　　뜨내기도 워낙 많고 해서 당시 인구는 정확히 알기가 어려운데, 1971년 8월경 15~17만 명으로 추계한다고 그런다. 당시 웬만한 도청 소재지보다도 인구가 많았다. 그러나 일자리는 턱없이 부족했다. 대단지에 서울시가 공장을 100여 개 유치하기로 하고, 선거 때 주민들에게 곧 공장을 건설해 실업자를 구제하고 각종 세금을 면제해주겠다고 공약했지만, 사건이 일어났을 때 가동되고 있는 공장은 3개뿐이었다.

　　1971년 5월 총선 때 공화당 차지철 후보는 "토지 무상 양여, 5년간 면세"라는 전혀 현실성 없는, 말도 안 되는 공약을 하고 다니며 땅값이 솟구치게 했다. 그렇지만 선거가 끝나자마자 땅값은 얼어붙었다. 그런 상황에서 서울시가 분양지를 터무니없이 비싼 가격에 불하하겠다고 고지서를 발부한 것이다.

주민들이 버스 위에 올라 구호를 외치고 있다. 흥분한 군중은 "죽여라", "부숴라", "밟아버려라" 등 구호를 외치면서 광주 대단지 거리를 질주했다.

— 광주 대단지 사건, 어떻게 전개됐나.

광주 대단지 사건 부분은 장세훈 교수가 쓴 글을 많이 참조했다. 그 글에 의하면 1971년 8월 10일 광주군 중부면 성남출장소 뒷산에 3만여 명의 군중이 모였다. 벌거벗은 산자락을 가득 메운 이들은 가슴에 "살인적 불하 가격 결사반대"라는 리본을 달고 손에는 "배가 고파 못 살겠다", "일자리를 달라", "영세민을 착취하지 말라", "토지 불하 가격을 내려달라", "100원에 산 땅 10,000원에 파는 폭리를 중단하라" 같은 피켓을 치켜들었다. 그러면서 양택식 서울시장이 오기를 기다리고 있었다.

그렇지만 양 시장은 약속 시간을 훨씬 넘긴 오전 11시 30분경에도 나타나지 않았다. 그때 내리던 빗줄기가 더 굵어지면서 군중

2,000여 명의 주민들이 10여 대의 시영 버스에 나눠 타고 "이제 서울로 가자"고 하면서 수진리 고개를 넘어 서울시 경계에 이르렀지만, 결국 서울 진입에는 실패했다.

사이에서 고함, 욕설 같은 게 터져 나왔고 피켓과 플래카드의 버팀목들이 어느새 각목으로 바뀌면서 사달이 나게 된다.

11시 45분경 성난 군중이 광주 대단지 사업소로 우르르 몰려가기 시작했다. 기물을 부수고 서류에 불을 지르자 출장소가 아수라장이 됐고, 그러면서 건물 전체가 불길에 휩싸였다. 흥분한 군중은 "죽여라", "부숴라", "밟아버려라" 등 구호를 외치면서 관공서 기물, 관용 차량을 파괴하고 불을 질렀다. 이 사람들 중 일부는 차량 10여 대를 탈취해 플래카드를 치켜든 채 허름한 가건물과 천막이 빽빽이 들어찬 광주 대단지 거리를 질주했다.

오후 들어서 서울시경, 경기도경의 기동 경찰 700여 명이 나타났는데 오히려 군중의 흥분이 더 가열됐다. 2,000여 명의 주민들이 10여 대의 시영 버스에 나눠 타고 "이제 서울로 가자"고 하면서 수

진리 고개를 넘어 서울시 경계에 이르렀다. 그때 출동한 기동 경찰하고 맞부딪쳤다. 경찰의 최루탄 세례에 투석전으로 맞서지만, "서울로 가자"는 건 결국 실패했다. 그래서 오후 2시 30분경 격분한 데모대가 광주경찰서 성남지서를 부수고 순찰차 1대에 불을 질렀다. 그러자 5,000여 명의 주민이 "잘한다"고 하면서 고함을 지르고 그랬다.

이게 우리가 아는 광주 대단지 사건이다. 이 사건과 관련해 9월 9일 서울지검은 21명을 구속 기소했다. 그렇지만 9월 13일 주민들 가운데 토지 사기 사건 같은 것으로 아직 땅을 분배받지 못한 8,000여 가구의 주민 대표 100여 명이 데모를 하고 200여 명은 단식 연좌 농성을 벌이는 등 그 후에도 사건이 일어났다.

학생들과 진보적 지식인들이
광주 대단지 사건을 주목한 이유

── 전태일 분신에 많은 관심을 보인 학생들이 광주 대단지 사건과 칼 빌딩 방화 사건에도 관심을 보이고 영향을 받았다고 앞에서 이야기했다. 그 이유는 무엇인가.

광주 대단지 사건이라고도 이야기하고 광주 단지 사건이라고도 이야기하고 광주 단지 폭동 사건이라고도 이야기하는 이 사건하고 칼 빌딩 사건은 산업 노동자와 관련 있는 사건은 아니었다. 이 시기는 규모가 큰 산업 노동자가 형성되는 과정에 있었던 때이지 않았나. 그래서 규모가 큰 산업 노동자들이 노동 운동 같은 걸 통해 전면에 등장하는 경우는 아직 없었다. 1970년대 초의 대표적 노동 소설이라고 하는 황석영의 《객지》에도 산업 노동자가 아니라 막일 꾼이 등장하는 것을 볼 수 있다.

그렇지만 휴전 협정 후 처음으로 빈민 봉기나 민란 비슷하게 이런 큰 사건이 일어난 것이다. 그렇기 때문에 운동권을 중심으로 한 학생들과 진보적 지식인들이 광주 대단지 사건을 매우 주목했다. 일각에서는 민중이 역사의 전면에 등장한 것으로 파악하기도 했다. 그런 가운데 칼 빌딩 방화 사건이 또 일어났다. 그와 더불어 8월과 9월에는 서울과 대구의 시장 상인들이 시위를 벌였다. 그전엔 없던 사건들이 이렇게 일어나니까 학생들이 이런 것들에 대해 상당히 큰 감명을 받았다고 할까, 즉 '사회의 낮은 곳에서 어렵게 사는 서민들이 이렇게 들고일어나는데 우리가 가만있을 수 있느냐', 이런 분위기가 있고 그랬다. 광주 대단지 사건과 관련해 개인적으로 기억나는 게 한 가지 있다.

── 무엇인가.

성남시로 승격한 이후인 1975년으로 기억하는데, 어떤 출판사 일 때문에 광주 단지에 가서 1월 그 추울 때에 상당히 여러 날 여관에 머문 적이 있다. 그 여관의 세 가지 특징이라고 내가 강의할 때도 많이 이야기한 것인데, 당시 광주 단지의 모습을 보여주는 것을 거기서 봤다.

그때 큰 여관을 찾아다녔는데, 따뜻한 물이 나오는 데는 거의 보지 못했다. 내가 묵은 곳이 작은 여관이 아니었는데도, 나처럼 별로 크지도 않은 사람도 일직선으로 발을 뻗고 자기가 만만치 않을 정도로 방도 좁았다. 그리고 이불을 몇 겹 뒤집어써도 추울 정도로 아주 추웠는데, 그 추운 겨울에 창이 전부 단창으로 돼 있었다. 그래서 마치 구멍이 숭숭 뚫린 것처럼 추운 공기가 매섭게 들어왔다. 그것만이 아니었다. 추워서 잠도 안 오는데, 방 사이를 판자로 막아 놓은 것인지 예닐곱 개 정도 되는 방들 사이의 이야기가 다 들렸다. 벽을 두껍게 하지 않은 것이다. 괜찮다는 여관조차 이 정도였으니, 당시 20만 명 가까이 살았던 그 단지의 일반 사람들 대다수가 그 추운 겨울에 어떻게 살았겠는가 하는 생각이 들더라.

서울에 무장 공비 출현?
무책임한 정부가 자초한 비극, 실미도 사건

—— 광주 대단지 사건 후 몇 년이 지난 때인데도 그런 상태였으니 사건 당시에는 어땠을까 싶다.

이제 1971년에 일어난 큰 사건 중 마지막으로, 이제까지 살펴본 사건들과는 또 다르게 아주 특이하고, 일반 시민들에게 큰 충격을 준 실미도 사건을 간단히 살펴보자. 처음에는 '공비' 사건으로 돼 있었는데, 이 사건은 박정희 정권의 성격을 이해하는 데 중요하다.

그런데 이 사건의 전모는 장기간에 걸쳐 제대로 알려졌다고 보기가 어렵다. 2003년에 안성기, 설경구가 주연을 맡은 영화 〈실미도〉가 나오면서 이 사건의 진상이 상당 부분 알려지게 된다. 그 영화를 아주 많은 사람이 보지 않았나. 사실 그전에는 실미도 사건을 일으킨 이들이 북파 공작을 위한 특수 훈련을 받은 사람들이었다는 것을 비롯해 이 사건의 진상을 잘 모르는 사람이 많았다.

1968년 1·21사태 후 이 사람들을 모아 훈련을 시키는데, 그 후 남북 관계가 변하면서 북파를 할 수 없게 됐다. 그러면서 이 사람들이 '처리' 대상이 되고, 처우가 아주 나빠졌다. 그러자 분개한 이 사람들이 들고일어난 것이 바로 실미도 사건이다.

─ 실미도 사건, 어떻게 전개됐나.

이 사건도 1971년 8월에 일어났다. 8월 23일 이 사건의 내막을 알고 있었을 대간첩대책본부장 김재명 중장이 놀라운 소식을 발표했다. 서울 침투를 기도한 북괴 무장 공비 21명이 인천 남쪽 송도 부근에 나타나 군경 및 예비군과 교전을 벌였고, 그 후 무장 공비들은 민간 버스를 탈취해 부평 소사를 거쳐 서울 영등포구 노량진 유한양행 앞까지 진출했다가 저지됐다는 설명이었다. 이 무장 공비들이 예비군 군복과 비슷한 차림을 하고 권총, 카빈 소총 등으로 무장했는데 이날 오후 2시 40분 그중 일부가 버스 안에서 자폭했고 잔당들은 분산돼 유한양행 부근 일대에 잠입해 있다고 김 본부장은 발표했다.

21명이나 되는 무장 공비가 노량진, 대방동 일대까지 진출했다고 했으니 사람들은 대경실색할 수밖에 없었다. 노량진, 대방동 일대면 그때는 꼭 중심가라고는 볼 수 없지만 그래도 서울 중심가와 아주 가까운 지역이었다. 거기까지 무장 공비가 21명이나 진출했다는 충격적인 소식을 들었으니 시민들이 얼마나 놀랐겠나.

그런데 이날 동아일보는 〈무장 괴한 21명 경인가도 총질 난동〉으로 기사 제목을 달고, 김 본부장의 발표와 함께 자체 취재한 내용을 보도했다. '무장 공비'라고 제목을 달지 않은 것이다.

—— '무장 공비'와는 거리가 멀지 않았나.

김 본부장 발표 몇 시간 후 국방부에서 정정 발표를 했다. 무장 공비가 아니라 인천 앞바다 실미도라는 데에서 공군이 수용·관리하던 군 특수범들이 벌인 사건이라는 것이었다.

'무장 괴한'들은 일반 버스를 빼앗아 타지 않았나. 그러면서 민간인 사상자가 발생했고 또 이 사건으로 다친 민간인들이 '무장 괴한'들로부터 들은 얘기가 있었다. 기자들이건 정치인들이건 일반 시민이건 이 버스를 탈취한 사람들이 어떤 사람들인가를 알 수 있게 돼 있었다. 정부에서 더 이상 무장 공비라고 얘기할 수 없는 상황이 됐던 것이다. 이 사건이 무장 공비의 소행이라고 발표한 것은 두고두고 논란이 됐다. 박정희 정권이 밀어붙인 반공 정책의 한 단면을 엿볼 수 있게 했기 때문이다.

이렇게 정부 발표가 오락가락했으니, 그렇잖아도 놀란 시민들은 혼란 속에서 불안감을 느낄 수밖에 없었다. 이 사건이 나기 불과 6일 전에도 서울에서 총기 난사 사건이 벌어졌기 때문에 더 그랬다.

—— 어떤 사건이었나.

강원도의 10대 청소년 두 명이 예비군 무기고에서 M₂ 카빈총과 실탄을 훔쳐 벌인 사건이었다. 이들은 훔친 실탄 1,000여 발 중 400발을 몸에 감고 서울에 올라와 17일 밤 10시 30분경부터 3시간

여 동안 영등포의 한 다방에서 인질극을 벌였다. 그 과정에서 100여 발을 난사해 2명(경관 1명, 민간인 1명)을 사살하고 민간인 4명에게 중경상을 입혔다. 그 후 며칠 지나지도 않아서 실미도 사건이 발생했기 때문에 시민들은 더욱 불안해 할 수밖에 없었다.

실미도 사건 다음 날인 8월 24일, 신문은 약간은 사실에 가까운 기사를 내보냈다. 이른바 무장 괴한들은 북한에서 남파한 무장 공비가 아니라 공군이 관리하는, 인천 앞바다 실미도에 수용 중인 군 특수범들이라고 보도했다. 그리고 숫자도 21명이 아니라 24명으로 이들은 경비병들을 사살하거나 감금했고 그중 22명이 무장하고 탈출, 인천 송도 유원지로 와서 버스를 빼앗아 타고 서울로 왔다고 전했다. 이때도 이들이 북파 공작을 위한 특수 요원이라는 것은 밝혀지지 않았다.

국회 내무·국방위원회는 '8·23 난동 사건 진상 조사 소위원회'를 구성했다. 조사위원 중 군 출신으로 신민당 소속이던 이세규 의원은 '난동자 가운데 2명을 왜 권총으로 사살했느냐'고 물었는데, 이 질문은 매우 중요하다.* 그 후 9월 16일에 가서 김종필 총리가 국회에서 이 사람들이 군 특수범이 아니라 군 특수 부대 요원이었다는 것까지 밝히기는 했다.

---

* 사건 다음 날인 8월 24일 이세규는 "내가 (사건 당일) 3시 30분에 자체 소식통으로 공비 소행이 아닌 것을 알고 군에 이를 알렸음에도 공비 소행이라고 우긴 이유가 무엇인가", "수경사 소속 김모 대위가 (사건 관계자들이) 자폭한 버스에 올라가 버둥거리는 난동자 가운데 2명을 권총으로 사살했다는데 이것은 이들을 공비로 만들기 위한 것 아닌가"라고 정부에 따져 물었다. 그로부터 1년 2개월이 지나 1972년 10월 유신 쿠데타가 일어난 직후 여러 야당 의원이 끌려가 고문을 당하는데, 이세규도 그중 한 명이었다. 고문을 자행한 박정희의 하수인들이 이세규에게 캐물은 것 중 하나가 실미도 사건 관련 활동 및 발언이었다고 한다.

'우리에 대한 진실을 밝혀라'
수십 년간 묻혀 있어야 했던 실미도의 진실

—— 그 후 오랫동안 이 사건의 진실은 어둠 속에 묻혀 있어야 하지
않았나.

8월 23일 무장한 특수 요원들이 민간 버스를 타고 서울에 들어
올 때 요구 조건이 있었다. '우리에 대한 진실을 밝혀라', 이게 핵심
이었는데 군경 수색대와 모두 네 차례의 교전을 했다. 결국 수류탄
이 폭발해 특수 부대 요원 14명과 민간인 3명이 폭사했는데, 이것도
왜 이렇게 됐는지 논란이 많았다. 교전 과정까지 포함하면 민간인 6
명과 경관, 공군 경비병 등 수십 명이 죽거나 다쳤다.

'우리에 대한 진실을 밝혀라'라고 군 특수 부대 요원들은 주장
했지만, 수십 년 동안 이들에 대한 진실은 밝혀지지 않았다. 1970

당시 경향신문 기사에 따르면, 사건 발생 후 서울과 경기 등에는 비상령이 내려졌고 공항
은 임시 폐쇄됐다. 또한 한강 인도교에 군 장갑차가 출동해 다리를 차단했으며, 정부종합
청사는 출입증을 바꾸고 법원은 재판을 연기하는 등 일대 소동이 벌어졌다. 아울러 영등
포 일대에서는 집 밖에서 놀던 아이들을 찾는 엄마들의 목소리가 울려 퍼졌다고 한다.
영화 〈실미도〉를 통해 많은 사람이 이 사건에 관심을 갖게 됐지만, 영화의 설정이 사건
의 실제와 일부 다른 점 때문에 잘못 알려진 부분도 있다. 대표적인 사례 중 하나가 실미
도 부대원들의 출신 및 신분 문제다. 영화에서는 사형수를 비롯한 중범죄자들이었던 것
으로 그렸지만, 실제로는 그렇지 않았다. 실미도 사건의 진상을 조사한 국방부 과거사
진상 규명 위원회는 2006년 7월 이들이 군 특수범이나 사형수를 비롯한 중범죄자가 아
니라 민간인이었다고 발표했다. 현역병 입영 또는 장교·부사관 임용 처분이 없었고
사건 후 진행된 군사 재판에서도 이들을 민간인으로 간주했던 점 등으로 볼 때 군인이
아닌 민간인 신분으로 봐야 한다는 것이었다.
당시 모집관들은 장교 임관, 미군 부대 취직 등을 내걸고 이들을 모아 실미도로 데려갔
다. 그러나 정부는 약속을 지키기는커녕 정책 변경 후 이들을 방치했다. 그에 더해 사건
발생 후에는 이들의 신분을 왜곡하고 진상을 은폐하려 했다. 실미도 부대 창설을 주도한
중앙정보부는 사건 발생 후에도 아무런 책임을 지지 않았다.

년대에 들어와 남북 관계가 변화하면서 이들에게 애초에 부여됐던 '특수 임무'가 필요 없게 됐고, 그러면서 이들에 대한 '처리'랄까 처우가 당국의 골칫거리가 되면서 일어난 사건이었다. 남북 데탕트(해빙)의 희생자였다는 점에서, 또 다른 의미에서 두고두고 생각하게 하는 한국 현대사의 어처구니없는 아이러니다.

이게 당시 사회를 떠들썩하게 만든 실미도 사건이다. 이처럼 실미도 사건에 이르기까지 1971년에 큰 사건이 많이 일어난 건 사실이다.

유신 쿠데타 계기는 1971년 대형 사건?
박정희는 심각하게 여기지 않았다

격동의 1971년, 세 번째 마당

김 덕 련 그간 1971년에 발생한 큰 사건들을 살펴봤다. 한 가지 덧붙이면, 163명이나 사망해 당시 세계 최악의 호텔 화재 사고로 꼽힌 대연각 호텔 화재도 이해에 일어났다. 크리스마스에 발생한 이 사건은 단순히 사고로만 치부할 수 없는 면을 갖고 있었다. 압축 성장에 발맞춰 고층 빌딩은 빠르게 늘었지만, 그에 걸맞은 안전 대책 및 재난 대비 시설은 마련하지 않아 피해를 더 키웠다는 점에서 그렇다.

그렇지만 앞에서 살펴본 여러 사건과는 성격이 다른 면이 많은 만큼 이 사건을 제외하고 생각하더라도 1971년에는 언론 자유 운동, 국공립대 교수들의 자주 선언, 인턴 및 레지던트 파업, 사법부 파동, 광주 대단지 사건, 실미도 사건, 칼 빌딩 방화 사건 등 굵직한 사건이 연이어 일어났다. 이러한 일련의 사건으로 인한 위기 상황에 박정희 정권이 유신 쿠데타로 대응했다는 주장, 어떻게 평가하나.

서 중 석 1971년에 큰 사건이 많이 일어난 건 사실이다. 그런데 그런 큰 사건들이 유신 쿠데타를 낳을 만큼의 위기를 불러온 것이었느냐, 이게 논란의 대상이 된다.

일부 진보적 연구자들은 1970년 11월에 발생한 전태일 분신 사건을 필두로 한 1970년과 1971년의 노동 운동과 노동 분규, 그리고 여러 사회적 갈등과 민주화 운동, 도시 빈민 운동이 심각한 사회 위기였다고 진단하고, 이러한 위기가 1960년대 방식의 경제 개발을 강행한 데에서 빚어진 사회적 불평등과 갈등의 심화에서 비롯된 것으로서 유신 체제 성립의 국내적인 원인으로 작용했다고 주장했다. 이런 주장은 1990년대는 물론이고 2000년대에도 나타났다.

문제는 이런 사건들이 박정희 정권이나 당시 사회가 수습하거나 대처하기가 어려울 만큼 위기적이었느냐, 더 나아가서 유신 체제와 같은 변란을 일으킬 만한 큰 사건이었느냐에 있다고 볼 수 있다. 일부 운동권에서는 이런 사건들을 아주 중요하고 의미가 있는 것으로, 특히 광주 대단지에서 민중이 들고일어난 것을 의미가 큰 것으로 생각했고 칼 빌딩 방화 사건도 그런 의미를 갖고 있는 것으로 봤다. 그런데 김영명 교수가 좀 다른 이야기를 하는 걸 볼 수 있다.

─　김영명 교수는 어떻게 진단했나.

　　김 교수는 적어도 표면상 심각한 정치적, 사회적 불안이 없을 때 유신 헌법이 선포됐다고 전제하면서 1971년의 항의와 시위, 이 것은 군사 정부 아래에서 당시까지 진행됐던 근대화 작업의 모순과 정치적 권위주의화 및 장기 집권에 대한 반발로 나온 것으로 파악했다. 그런데 이러한 정치적, 사회적 저항이 집권 세력에게 얼마나 큰 위협이 됐는가에 대해서는 의문이라고 평가했다.

　　왜냐하면 노동 계급과 신중간 계급의 요구는 순수하게 경제적인 것이었고, 철거민의 집단 행위는 생존권 확보를 위한 것이었으며, 학생들의 시위는 정치적 독재와 사회적 불평등에 대한 집단 항의였지만 어떤 세력도 정권을 직접적으로 위협할 만큼 조직화됐거나 광범위한 대규모 행동을 보이지 못했다는 것이다. 더욱 중요한 문제는 이들의 저항이 국가의 강압적 방법에 의해 손쉽게 억압되고 말았다는 사실이라고 김 교수는 지적했다.

유신 쿠데타 낳은 건 1971년에 불거진 사회적 갈등?
박정희 정권은 그걸 심각하게 여기지 않았다

— 김 교수의 주장, 어떻게 보나.

난 김 교수의 이런 주장에 대체로 동의한다. 김 교수는 남미의 관료적 권위주의 정권 탄생 전야에 보이던 민중 연합과 군부-자본가 계급 동맹 사이의 본격적인 정치 투쟁이 한국에는 존재하지 않았으며 그럴 수 있는 대규모 혹은 조직적인 계급 갈등이 없었다고 지적했다. 그리고 남미의 권위주의 정권 탄생이 더 방어적이고 예방적인 것, 즉 민중 세력의 집권을 방지하기 위한 것이었다면 유신 체제의 탄생은 이미 확립된 권위주의 통치를 강화하기 위한 것으로 가장 중요한 이유는 자신의 집권을 연장하기 위한 것이었다고 평가하면서 1971년 사건을 설명했다.

내 생각을 말하면, 운동권과 달리 박정희 정권은 1971년을 전후해 있었던 사회적 갈등이나 민주화 요구를 그다지 심각하게 여기지 않았다. 전태일 분신 사건에 대해서는 노동청장이 처리할 일로 치부했고, 광주 대단지 사건에 대해서는 관련 부처 차관 몇 사람이 대책을 협의한 것만 자료에 나온다. 일반 시민들도 전태일 분신 사건은 잘 몰랐고, 광주 대단지 사건은 '일회성 난동' 정도로 생각하고 있었다. 당시 기개가 있고 유능한 기자들이 많았던 동아일보는 1971년 연말에 '1971년 국내 10대 뉴스'를 선정했다. 그것에는 광주 대단지 사건도 들어 있었는데, '광주 단지 난동'이라는 명칭으로 8위였다. 김지하 '비어'의 소재가 되기도 한 '대연각 호텔 대화재'는 6위였고, '실미도 특수군 난동'은 7위였으며, '사법부 파동'은 9위였다. 물론 1위는 '비상사태 선포'였고, '남북 가족 찾기'가 그다음 순위에 올랐으며, '위수령 발동과 학생 제적'은 3위였다.

사법부 파동이 일어났을 때 박정희가 파동의 계기가 된 이범열 부장판사 독직 사건을 백지화하라고 지시하기는 했다. 사법부의 항의가 더 확대되는 것을 막고자 그렇게 한 것이었다. 그렇지만 검찰관 인책 요구는 받아들이지 않았다. 결국 서울민·형사지법 판사 85명은 정상 집무를 통해 사법권을 수호하기로 하고 사표를 전원 철회했다. 이 파동으로 이범열 부장판사의 사표가 수리됐다. 사법권 수호에 앞장섰던 송명관 서울형사지법원장, 검찰관 인책 요구에 앞장섰던 홍성우, 김공식 판사도 사표를 냈다. 그 후 대법원 판사 9명을 비롯해 고법, 지법 판사들이 1973년 법관 재임용 직전에 사표를 내거나 재임용에서 탈락하는 보복을 당했다. 지난번에 이야기한 것처럼 사법부 파동을 계기로 사법부의 독립성은 심각하게 훼손됐다.

사법부 파동 당시 법관들은 신직수 법무부 장관, 그리고 이봉성 검찰총장을 비롯한 검사 5명 등 모두 6명의 인책을 요구했다. 그러나 신직수 장관과 이봉성 검찰총장은 그대로 자리를 지켰다. 나머지 검사 4명의 경우 1971년 8월 24일 대규모 검찰 인사 때 자리를 옮기기는 하지만, 그 내용을 살펴보면 문책과는 거리가 멀었다.
사법부 파동이 발생한 지 1년이 되던 1972년 7월 28일 자 동아일보 기사에서도 이 점은 잘 드러난다. 이날 동아일보는 파동 당시 주역들이 그 후 어떻게 됐는지를 짚었다. 이에 따르면, 서울지검 공안부장이던 최대현 부장검사는 서울고검으로 차출됐다가 청와대 사정보좌관실로 이동했다. 이규명 검사는 천안지청으로 전출됐다가 8개월 만에 서울지검 영등포지청 발령을 받은 후 청와대로 파견됐다. 김종건 검사는 전주지검을 거쳐 서울지검 성동지청으로 올라왔다. 서울지검 검사장이던 김용제는 대검 검사로 재직 중 1972년 3월 사망했다.
이처럼 4명 중 2명이 지방 근무를 하긴 했지만 이를 문책으로 보긴 어렵다. 당시 서울에서 2년 근무한 검사는 지방 근무를 해야 했던 점, 2명이 내려간 곳이 자신의 고향이거나 서울과 가까운 지역이었던 점, 그리고 2명 모두 1년도 안 지나서 서울로 다시 돌아왔다는 점에서 그러하다. 아울러 4명 중 2명이 청와대에서 근무하게 됐다는 점도 파동 당시 문제가 됐던 검사들에 대한 인사가 문책과는 거리가 멀었음을 보여준다.

— 박정희가 1971년 말 국가 비상사태를 선언한 건 그해에 일어난 일련의 사건들에 위기의식을 느꼈기 때문이라고 볼 수도 있지 않을까?

　박정희가 사회적 갈등이나 민주화 요구를 조금이라도 심각하게 받아들였다면 1971년 12월 6일 국가 비상사태 선언을 할 때 그런 부분을 포함했을 것이다. 정말 그렇게 느꼈다면 박정희처럼 이런 문제를 예민하게, 잘 이용하던 사람이 그 부분을 포함해 활용하지 않고 가만있었을 리가 만무하다.

　국가 비상사태 선언을 하게 된 이유로 박정희는 국제 정세의 급변, 북괴의 남침 준비 광분 같은 것을 제시했는데 그건 당시 실정과는 큰 차이가 있어서 국민이 납득할 만한 게 될 수 없지 않았나. 만일 국민이 납득할 만한 다른 이유를 제시할 수 있었다면, 박 대통령이 그 기회를 놓쳤을 리가 없다. 1971년에 국민이 보기에 '이건 국가적인 비상 조치를 필요로 할 만큼 정말 큰 사건이다', 이렇게 할 만한 게 있었다면 그해 12월에 국가 비상사태 선언을 할 때 박정희가 그 부분을 넣었을 텐데, 직접적으로 언급한 게 한마디도 없다.

　다만 그 선언에서 이 정도 말은 한다. "안보상 취약점이 될 일체의 사회적 불안을 용납하지 않으며 또 불안 요소를 배제한다." 그런데 이게 정확히 뭘 말하는 것인지 잘 알 수가 없게 돼 있었다. 이 부분과 관련해 박정희 정권은 1970년과 1971년의 사회적 갈등이나 민주화 요구가 사회 불안 요소라고 어느 곳에서도 직접적으로 이야기하지 않았다.

　'불안 요소'가 무엇인지 박 대통령이 설명하지 않아서 정확히 알 수는 없는데, 그 당시 신문 가운데 그래도 조금 비판적이었던 동

1974년 지학순 주교가 서울 명동성당에서 유신
정권을 비판하는 양심선언을 하고 있다. 1970년대
유신 체제에서 학생들과 더불어 박정희 유신
정권을 제일 적극적으로 비판한 세력이 천주교
정의구현전국사제단이었다.

아일보가 국가 비상사태 선언에 관해 사설을 쓰면서 이 부분을 설명한 게 나온다.

— 동아일보는 사설에서 어떤 주장을 폈나.

이때 동아일보는 1970년과 1971년의 사회적 갈등이나 민주화 요구를 불안 요인으로 제시하지 않고, "사회 불안의 근원적 요인이 부정부패에 있다"고 하면서 부정부패 문제를 들고나왔다. "사회 정의가 무너지고 퇴폐 사회 풍조가 번지며 국민 간에 일체감이 깨어지는 가장 큰 요인"이 부정부패라면서 동아일보는 그렇게 주장했다.

동아일보가 이렇게 주장한 데에는 충분한 근거가 있었다. 1971년에 있었던 일련의 사건들이 아니라 부정부패가 이 시기에 이렇게 크게 안중에 들어온 이유는 박정희 집권기에 치러진 대선과 총선만 살펴봐도 잘 알 수 있다. 박정희 정권의 부정부패가 너무 심하다는 주장처럼 잘 먹혀드는 게 없었다. 이걸 야당이 그야말로 전가의 보도처럼 사용할 수 있었고, 그만큼 국민들한테 설득력이 있었다. 1963년에도 그랬고 1967년에도 그랬고 1978년 12·12선거 때도 마찬가지였다. 1971년에도 대선과 총선이 있지 않았나. 나중에 학생 운동과 관련해서도 언급하게 될 텐데, 이해에도 이와 관련된 사건들이 있었다.

어쨌건 "안보상 취약점이 될 일체의 사회적 불안을 용납하지 않으며 또 불안 요소를 배제한다"고 박정희 대통령이 이야기한 것에 대해 동아일보는 그 뜻이 "부정부패를 용납하지 않으며 부정부패 요소를 배제하는 것이라고 믿어 의심치 않고자 한다", 이렇게 썼다. 그렇게 설명한 것이다.

부정부패는 어쩔 수 없다?
천주교 횃불 시위 부른 박정희 정권의 부정부패

── 예전에 경제 개발을 다룰 때 이후락의 떡고물론을 이야기했던 것이 떠오른다. 박정희 집권기에 실력자 중 하나였고 박 대통령의 금고 대행 역할을 오랫동안 한 인물로 꼽히는 이후락은 그 시기에 194억 3,000여만 원을 치부한 것으로 훗날 드러난다. 그런데 엄청난 부정 축재가 문제가 되자 이후락은 "떡고물 안 흘리고 떡을 만들 수는 없는 일", "떡을 만지다 보니 고물이 묻기 마련"이라고 변명했다.

얼토당토않은 궤변으로 볼 수밖에 없는데, 더 큰 문제는 이런 생각이 이후락 한 사람만의 것이 아니라는 점이다. 4대 의혹 사건을 비롯해 박정희 집권 18년 동안 벌어진 일을 쭉 살펴보면, 부정부패는 부끄러운 짓이고 해서는 안 되는 일이라는 인식 자체가 당시 집권 세력에게 없었던 것 아닌가 하는 생각도 든다.

부정부패는 어쩔 수 없다고 박정희는 생각하고 있었다. 1971년 선거에도 그런 태도로 임했고, 내가 본 박정희 연설문집에도 그와 비슷하게 얘기하는 것이 나온다. 부정부패는 혁명적 방법으로만 척결되는 것인데 그렇게까지 할 필요는 없다고 주장하면서, 어쩔 수 없는 것이라고 얘기하더라.

1971년 선거에서도 박정희 정권의 부정부패가 쟁점이 되고 하반기에는 부정부패를 규탄하는 운동이 곳곳에서 벌어진 것도 그런 사정과 관계가 있었다. 이때 종교계에서도 특히 강원도 원주에서 부정부패 척결 캠페인을 크게 벌인다. 10월 5일부터 3일간 지학순 주교가 중심이 돼 원주에서 부정부패 규탄 대회를 여는데, 여기에 천주교 신자를 비롯한 많은 시민이 동참했다. 이때 횃불 데모까지 벌이고 그랬다. 그 후 부정부패 규탄 운동은 다른 곳으로 퍼지는데, 여기에 학생들이 가담했다.

이처럼 부정부패가 1971년 대선, 총선에서 주요 이슈가 되고 10월에는 부정부패 규탄 대회가 원주에서 크게 일어났다. 그러면서 학생들이 시위를 벌일 때 군 실력자를 비롯한 권력층 내부의 부정부패를 공격했다. 그러자 박정희 정권은 10월 15일 위수령을 발동했다. 군인들을 동원해 힘으로 진압하는 강경책을 쓴 것이다. 10월 5일부터 3일간 원주에서 지학순 주교가 중심이 돼서 이처럼 부정부패 규탄 대회를 열었다는 것은 큰 의미가 있다.

— 어떤 점에서 그러한가.

1970년대 유신 체제에서 학생들과 더불어 박정희 유신 정권을 제일 적극적으로 비판하고 반대한 세력이 어디냐 하면 천주교 정의구현전국사제단이었다. 천주교 쪽이었다, 이 말이다. 학생들과 함께 당시 가장 적극적으로 맞선 양대 세력이었다고 이야기할 수 있다.

그러면 천주교가 사회 문제, 정치 문제에 대해 이렇게 적극적으로 발언하게 된 계기가 뭐였느냐. 그게 바로 지 주교가 중심이 됐던 이 부정부패 규탄 시위였다. 그와 더불어 지 주교는 민청학련 사건과 관련해 돈을 상당히 줬다. 당시 그 돈을 김지하를 통해 주로 내가 받아서 넘겼는데, 하여튼 이처럼 박 정권의 부정부패와 유신 체제에 맞서던 지 주교가 1974년 민청학련 사건으로 구속되자 정의

구현사제단이 만들어졌다. 그 후 정의구현사제단은 1987년 박종철 고문치사 은폐 사실을 폭로하는 등 민주화 운동에서 아주 큰 역할을 하지 않나. 이런 점들을 쭉 살펴보면 알 수 있듯이 지 주교가 우리 민주화 운동사에서 차지하는 위상이 큰데, 그러한 지 주교가 주도한 첫 번째 운동이었다는 점에서도 1971년 10월 원주에서 전개된 부정부패 규탄 운동은 큰 의미가 있다.

대통령 선거 (1)
'40대 기수론'이 준 신선한 충격

격동의 1971년, 네 번째 마당

김 덕 련 유신 쿠데타의 주요 계기 중 하나로 많은 사람이 1971년 대선을 거론한다. 1971년 대선이 그처럼 주목을 받은 이유는 무엇인가.

서 중 석 1970~1980년대를 살았던 언론인이라든가 정치학자를 비롯한 지식인들 중에서 적지 않은 사람들이 유신 쿠데타가 일어난 직접적인 이유는 1971년 대선이라고 인식하고 있었다. 1971년 대선에서 박정희 후보가 얼마나 몰렸고, 어떻게 당선됐는지 그 과정을 아는 사람이라면 그렇게 말할 수 있었다.

박정희가 1969년 3선 개헌 직후부터 장기 집권을 위한 차비를 하고 그러면서 총통제를 구상하고 모모 인사들을 대만이나 스페인에 파견해 그걸 연구하게 했지만 1971년 대선 맛을 보고서 '이제는 안 되겠다', 이런 생각을 갖게 된 건 분명하다고 볼 수 있다. 그만큼 1971년 대선이, 그해 총선도 부분적으로는 박정희한테 상당히 큰 영향을 끼쳤지만, 박정희가 유신 체제로 가는 데 중요한 길목이었다.

1971년 대선은 1956년 정부통령 선거, 2002년 대통령 선거와 함께 아주 대단한 선거, 열띤 선거였다고 볼 수 있다. 2002년 대선에서 야당이 국민 경선이라는 초유의 후보 결정 방식을 선보이며 대단한 반향을 불러일으킨 것에서 '바람'이 불기 시작한 것처럼, 1971년 대선은 40대 기수론이라는 걸 야당의 40대들이 들고나와 대단한 반향을 불러일으킨 것에서 시작됐다.

40대 기수론, 혼미 상태에 빠져 있던
야당에 새바람을 불어넣다

── 40대 기수론이 등장할 무렵 야당은 어떤 상태였나.

3선 개헌 때 야당은 무척 힘든 상황에 놓여 있었다. 3선 개헌이 있기 몇 달 전인 1969년 5월에 열린 신민당 전당 대회에서 유진오가 다시 총재가 됐다. 그런데 얼마 안 지나서 유진오가 갑자기 쓰러졌다. 뇌동맥 경련증이었다. 유진오 총재는 치료를 받으러 11월 일본에 건너갔고, 총재직 사의를 표명했다.

유진오가 병을 앓지 않았다 하더라도 야당은 계속 혼미 상태에 빠질 수밖에 없었다. 사실 신민당 총재를 맡기 전에는 주로 대학에 몸담았던 유진오의 이 병도 무엇 때문에 났겠나. 이런 상태의 야당에 기대할 게 뭐가 있었겠나. 더더군다나 실권을 쥐고 있던 건 수석 부총재인 유진산이었다. 사쿠라, 그것도 왕사쿠라라는 얘기나 듣는 유진산 체제의 야당에 뭘 기대할 수 있었겠나. 1965년부터 1967년 대선에 이르기까지 야당은 국민한테 거듭 실망을 줄 수밖에 없는 상태였는데, 그와 마찬가지로 이때도 야당은 국민에게 실망을 주는 혼미 상태에 계속 빠져 있었다.

── 40대 기수론 바람, 어떻게 불어왔나.

그런 상황에서 1969년 11월 8일, 42세이던 김영삼이 40대 기수론을 들고나왔다. 27세에 국회의원에 당선된 이 사람이 이제는 40대가 대통령 후보로 나서자고 한 것이다. 40대 기수론은 3선 개헌

1969년 11월 8일 자 동아일보. 당시 42세이던 김영삼이 '40대 기수론'을 들고 대통령 후보로 나서겠다고 선언했다.

으로 좌절감에 빠져 있었고, 박정희 대통령에게 실망해 무언가를 기대하고 있었던 국민한테 아주 참신한 인상을 줬다. 또한 좌절, 무기력과 허탈 상태에 빠진 신민당에 커다란 새바람을 불어넣었다. '정권 교체가 도저히 불가능하다'는 패배 의식이 가득했던 야당에 '우리도 희망을 품을 수 있다'는 신선한 바람을 김영삼이 불러일으킨 것이다. 40대 기수론으로 당에 청신한 기풍을 불어넣어야 한다는 분위기를 돋운 것이다.

40대 기수론이 나오자 이어서 1970년 1월 24일 김대중이 '나도 40대 기수론의 한몫을 담당하겠다'고 하면서 나섰다. 1924년생인 김대중은 이때 46세였다. 김영삼과 김대중은 한국 정치사에서 장기

1970년 1월 24일 자 경향신문.
당시 46세였던 김대중이 '나도
40대 기수론의 한몫을 담당하
겠다'고 하면서 신민당 '대통령
후보 지명전'에 출마하겠다고
선언했다.

간 호적수라고 할까, 영원한 라이벌이었다. 성격을 포함한 여러 면
에서 두 사람은 많이 다른데, 여러 차례 격돌했다. 1960년대에는 김
영삼이 일방적인 승리를 많이 했다. 예컨대 통합 야당에서 원내총
무를 뽑을 때 대개 김영삼이 됐고 김대중은 한 번도 되지 못했다.
1968년에도 유진오 총재가 원내총무로 김대중을 지명했지만, 다수
파인 유진산계의 반대로 의원 총회에서 부결됐다. 김대중은 당내에
서 비주류였다.

　　김대중이 가세하면서 분위기가 더 떴다. '김대중과 김영삼, 이
두 사람에겐 뭔가 있다', 이런 생각을 많은 사람이 하고 있었는데
거기에 48세인 이철승까지 가세했다. 정치계에 뛰어들어 명망가로

1973년 6월 21일 박정희 대통령과 유진산 신민당
당수(왼쪽). 1970년 당시 박정희와 중앙정보부는
유진산이 당권을 장악하고 대통령 후보로
부각되도록 물심양면으로 지원했다.
사진 출처: e영상역사관

활동하기로는 이철승이 김영삼이나 김대중보다 훨씬 선배 격이었다. 1950년대부터 활동이 많았고 장면 정부 때에는 민주당 소장파의 리더 격이었던 이철승은 5·16쿠데타 후 정치활동정화법에 묶여 있다가 1968년 8·15 이후 그 제약이 풀렸는데, '나도 40대다'라고 하면서 대선에 출마하겠다고 나섰다.

— 야당 지도부는 40대 기수론에 어떤 반응을 보였나.

그런 속에서 1970년 1월 26일 신민당 임시 전당 대회가 열렸는데 여기서 유진산이 정식으로 당수로 선출됐다. 그러자 이 대회에서 고문이 된 윤보선이 바로 탈당을 해버렸다. 그런데 유진산은 사쿠라 이미지가 너무나 강했다. 유진산이 당수가 됐을 때도 '중앙정보부 간부가 심야에 출입한다'는 소문이 퍼져 있었다.

유진산은 40대 기수론에 대해 "구상유취口尙乳臭", 즉 입에서 젖비린내 나는 자들이고 "정치적 미성년자"라고 질타했다. 그래서 한때 구상유취라는 말이 유행어가 됐고, 거리의 화제가 됐다. 그러나 40대 기수론을 들고나온 사람들의 '만년 들러리 야당을 뒤쫓아 다닐 수는 없다'는 주장이 훨씬 광범위한 호응을 얻었고 유진산은 인기를 얻을 수가 없었다.

그런 속에서 박정희 대통령은 김형욱을 대신해 중앙정보부장이 된 김계원에게 일을 맡겼다. 40대 기수들을 꺾고 어떻게 해서든지 유진산을 신민당 대통령 후보로 올려놓는 것이 중앙정보부의 중대한 임무가 됐다. 유진산이 당권을 장악하고 대통령 후보로 부각되도록 대통령과 중앙정보부는 그야말로 물심양면으로 지원했다.

40대 기수론을 잠재우기 위한
박정희 정권의 공작

—— 어떤 식으로 지원했나.

　김충식 기자의 글을 보면, 유진산에 대한 물적 지원은 주로 김
계원 중앙정보부장이나 김성곤이 한 것으로 나온다. 유진산은 김계
원, 김성곤을 직간접적으로 접할 때마다 '굳세게 싸워서 40대들에
게 이기겠다'고 다짐했다고 한다.

　물적 지원에 더해, 신민당 대통령 후보 지명 대회가 열리기 한
달 전이던 1970년 8월 유진산의 이미지를 좋게 하기 위해 중앙정
보부는 유진산이 해외 순방을 하도록 했다. 뉴스도 타게 하고 그랬
다. 유진산이 응웬 반 티에우 월남 대통령의 환영을 크게 받도록 그
쪽에 미리 작업을 해놓는 식이었다. 그에 더해 유진산은 필리핀의
페르디난드 마르코스 대통령, 일본의 사토 에이사쿠 수상으로부터
도 극진한 예우를 받으면서 사진도 찍고, 도쿄에서 기자 회견도 가
졌다. 이런 방식으로 유진산 이미지 띄우기 작전을 벌였다. 물론 이
나라들이 박정희 정권의 얼굴을 보고 다 잘 호응해줬기에 가능한
일이었다.

　유진산은 도쿄에서 주변 4강의 안전 보장론 같은 걸 제의하면
서 대통령 후보 분위기를 풍기려고 애썼다. 귀국 후에는 '후보 경쟁
의사가 있다'는 걸 명백히 밝혔다.* 그뿐만 아니라 신민당 대통령
후보 지명 대회가 열리기 꼭 한 달 전인 8월 29일에는 박정희-유진
산 여야 영수 회담이 열렸다. 유진산을 키우는 데는 뭐니 뭐니 해도
영수 회담만한 빅뉴스는 없다고 판단해 그렇게 한 것이었다.

— 영수 회담에서는 어떤 이야기가 오갔나.

이 회담은 외형상 국가 안보 등을 논의하는 자리로 돼 있었다. 그러나 박정희는 유진산이 기권하지 말고 어떻게 해서든지 신민당 대통령 후보로 올라오길 바랐고, 그래서 영수 회담에서 그러한 다짐을 유진산한테서 받으려 했다고 한다.

이렇게 박정희 대통령 쪽에서 공을 굉장히 많이 들이고 야당을 많이 구워삶았다. 김계원 중앙정보부장이 밤중에 직접 유진산 집에 서너 차례 찾아가서 상의했다는 소문도 있을 정도로 공을 많이 들였다.

'정보 책임자가 유진산 집을 심야에 출입한다'는 소문이 돌자 김영삼, 김대중, 이철승은 '공작 정치가 야당을 잠식하고 신진기예를 짓누르려 한다'고 공세를 폈다. 40대 기수들의 바람을 막을 방법은 없었다. 고흥문 신민당 사무총장은 유진산에게 물러설 것을 권유했다. 유진산이 볼 때도 하차하는 길밖에 없다고 하는 상황이 됐고, 그런 속에서 9월 29일 드디어 후보 지명 대회가 열리게 된다.

● 이는 해외 순방 전 유진산 본인이 공언한 사항을 뒤집은 것이었다. 유진산은 이해 3월 10일 기자 회견에서 대선 불출마를 선언했고 그 후에도 불출마 의사를 여러 차례 표명했다. 그러나 해외 순방 후 유진산은 "후보에 나서지 않겠다고 공언했다고 해서 후보가 될 수 없는 것은 아니며 정치는 유동적"이라는 꾀이한 논리를 펴며 태도를 바꿨다.

김대중, 후보 지명 대회에서
김영삼 누르고 극적인 역전승

— 후보 지명 대회 직전 신민당 상황은 어떠했나.

9월 29일 신민당은 대통령 후보 지명 대회(임시 전당 대회)를 열었다. 이러한 방식의 후보 지명 대회는 한국 역사에서 처음 있는, 멋진 지명 대회였다. 1959년 민주당에서 신파와 구파의 갈등이 절정에 이르고 그러면서 대통령과 부통령 후보를 표결로 정하는 절차를 밟은 적이 있지만, 1970년 대회와는 이름도 다르고 1959년 그때는 지독하게 욕을 얻어먹고 빈축을 사는 이전투구를 벌였다.

후보 지명 대회 1주일 전인 1970년 9월 22일, 유진산 당수는 40대 후보들이 24일까지 단일화한다면 자신은 후보 경쟁에 나서지 않겠다고 선언했다. 박정희는 대경실색해 남산(중앙정보부)을 질책했다. 중앙정보부는 발칵 뒤집혔다. 그러나 어쩔 도리가 없었다. 단일화가 이뤄지지 않은 상태에서 지명 대회를 하루 앞둔 9월 28일 유진산은 김영삼 후보를 추천했다. 김영삼을 지지한다고 한 것이다. 그러면서 김영삼이 지명될 것이 유력시됐다.

— 9월 29일 후보 지명 대회에서 세간의 예상을 뒤엎는 결과가 나오지 않았나.

1차 투표에서 김영삼은 421표, 김대중은 382표를 얻었고 무효표가 82표였다. 무효표 가운데 78표는 후보 추천에서 밀린 이철승 지지가 많은 백지 투표였다. 어느 누구도 과반수를 얻지 못했기 때

新民 大統領후보 金大中氏指名

二次投票서 四五八표

李哲承씨와 제휴, 金泳三·

1970년 9월 29일 자 동아일보. 이날 신민당 대통령 후보 지명 대회에서 예상을 깨고 김대중이 역전승을 했다. 김대중이 후보로 지명될 수 있었던 건 이철승 표가 대부분 김대중 쪽으로 넘어갔기 때문이었다.

문에 2차 투표에 들어갔는데 여기서 김대중 458표, 김영삼 410표, 무효 16표로 김대중이 역전승을 거뒀다. 그렇게 된 건 김대중 쪽이 열심히 뛰어다녔기 때문이라고 이희호 여사가 근래 한겨레에 이야기했던데, 이철승 표가 대부분 김대중 쪽으로 넘어간 것이 제일 크게 작용했다.

─── 이철승 쪽에서 김영삼이 아니라 김대중의 손을 들어준 이유는 무엇인가.

이때 이철승 표가 꽤 있었는데, 이 사람은 전주 출신이었다. 또 이철승과 김대중은 예전에 민주당 신파였고, 김영삼은 구파에 속했다. 그래서 김대중이 그쪽 표를 끌어들이기가 쉬웠고, 1차 투표가 끝나자마자 이철승계가 요구한 대로 '김대중 후보, 이철승 당수' 체제를 약속했다. 그게 효과를 봐서 이철승 표가 대부분 김대중 쪽으로 간 것이다. 거기다가 유진산계 표까지도 부분적으로 넘어온 것 아니냐, 그래서 이겼다고 보고 있다. 그리고 투표 전날 밤 김대중, 김상현, 이희호 등이 이철승계와도 접촉한 데 반해 김영삼이 방심한 것도 한 요인이었다. 김영삼은 김대중과 이철승이 불편한 관계여서 이철승 표가 김대중한테 대거 갈 수 있다는 것을 예상하지 못했다는 지적도 있다.

이런 대역전극은 1979년 5월 30일에도 일어난다. 그때는 이철승이 야당 대표였는데, 최고위원제에서 총재제로 바뀌면서 총재를 뽑는 날이었다. 1차 투표에서는 이철승이 이겼지만 결국 2차 투표에서 김영삼이 이기택 표 등을 흡수해서 이겼다. 1970년대 야당에는 2차 투표에서 결과가 뒤집히는 경향이 있었던 것 아닌가 하는 생각마저 들게 하는 사례들이다.

—— 김대중의 역전승은 적잖은 파장을 불러일으킬 수밖에 없지 않았나.

김대중이 역전승을 거두면서 예측을 잘못한 중앙정보부는 된통 당하게 됐고, 유진산 당수의 권위는 치명적인 타격을 입었다. 후보 지명전에서 승리한 김대중은 임시 전당 대회장에서 함성이 터지는 속에 즉석 후보 수락 연설을 했다. "바로 이 순간부터 새로운 시

1970년 10월 16일 김대중은 야당 대통령 후보로서 처음으로 기자 회견을 열었다. 김대중은 이 날 "신민당이 집권하면 극소수의 특권층만이 비대해지는 경제 및 사회 구조를 개혁, 전체 대중이 잘살 수 있도록 자유 경제의 원리를 준수하는 동시, 정직하고 근면한 사람만이 성공하는 시민 사회를 육성하겠다"고 밝혔다. 사진 출처: 연세대학교 김대중도서관

대가 열립니다. 대중이 주인이 되어 대중에 의한, 대중을 위한, 대중이 잘 사는 시대를 만들 때입니다. 박정희 정권의 장기 집권을 저지하고 건국 이래 국민의 숙원인 민주적인 정권 교체를 실현하겠습니다."

정치적으로 김대중은 1950년대에는 참 불우했다. 부정 선거 때문에 당선되지 못했겠지만, 강원도에서 출마했는데 당선이 안 됐다. 1960년 4월혁명 후 치러진 7·29총선에서도 떨어졌다. 그러다가 1961년 보궐 선거를 치를 때 강원도 인제에서 당선됐는데, 국회의원 선서를 하러 서울로 가는 도중에 5·16쿠데타를 만나 국회의원 활동을 할 수가 없었다. 그에 앞서 김대중은 이미 장면 정부 때 민

주당 대변인을 했는데, 5·16쿠데타 후 민정 이양 과정에서도 민주당 대변인이라든가 통합 야당 대변인 같은 걸 했다. 경제통으로 아주 똑똑하다는 이야기를 들으면서 대중 경제라는 용어를 쓰고 그랬다.

사회에 신선한 충격 안긴
김대중의 정책들

— 대통령 후보가 된 후 김대중은 어떤 모습을 보였나.

1970년 10월 16일 김대중은 야당 대통령 후보로서 처음으로 기자 회견을 열었다. 이 자리에서 김대중은 1950년대를 '암흑 전제 시대'로, 1960년대를 '개발을 빙자한 독재 시대'로 규정하고 1970년대를 '희망에 찬 대중 시대'로 만들겠다고 밝혔다. 헌법의 3선 조항을 폐지하고 관권 경제의 만능상과 빈부의 양극화, 도시와 농촌의 이중 구조, 대기업과 중소기업의 불균형 등을 고쳐서 대중 시대를 열겠다고 피력했다. 그러면서 남북 간에 서신 교환, 기자 교류, 체육 왕래 같은 비정치적 접촉부터 하자고 제안했다. 그리고 4대국(미국, 소련, 중국, 일본)이 한반도 전쟁 억제를 공동으로 보장하는 '4대국 안전 보장' 방안을 주장했다. 또 향토 예비군 폐지를 주장했다.

김대중 후보의 정책은 10년 동안 별다른 변화가 없던 한국 사회에 커다란 파장을 불러일으켰고 정책 대결의 대선을 유도했다. 그런 점에서 1963년, 1967년 대선과는 분명히 다른 모습을 보여줬다. 1956년 5·15 정부통령 선거에서 진보당 추진위원회의 조봉암 후보가 보여줬던 참신한 정책 제시, 그리고 2002년 노무현 후보가 공약을 통해 보여준 참신성을 김대중이 1971년 선거를 앞두고 보여 줬다. 그렇지만 '4대국의 전쟁 억제 공동 보장이나 향토 예비군 폐지 같은 걸 너무나 빨리 들고나온 것 아니냐. 이건 선거 막판에 가서 제시했으면 더 좋았을 것이다', 이런 얘기를 결과적으로 듣게 된다.

— 왜 그런 얘기가 나오게 됐나.

왜냐하면 박정희 정권이 방송 등 중요한 홍보, 선전 수단을 대거 갖고 있지 않았나. 그런 면에서 월등 유리한 고지에 있었기 때문에 김대중 후보의 그런 정책들에 대해 집중포화를 퍼부을 수 있었다. 쉬지 않고 색깔론으로 중상모략을 할 수 있었다. 박정희와 김종필 등은 김대중 발언이 용공적이라고 규탄했다. '향토 예비군 폐지는 안보 현실을 무시하는 아주 잘못된 주장이다', '소련과 중국은 우리 원수 아니냐', '김대중이가 피리를 불면 김일성이 춤을 추고 김일성이가 북을 치면 김대중이가 장단을 맞춘다', 이런 식으로 수많은 매체 또는 홍보 기구를 통해 선전을 할 때 반공주의, 냉전 의식에 찌든 사회에서 김대중 후보가 결코 유리하지만은 않을 수 있는 면이 있었다. 실제로 박정희 정권도, 공화당도 바로 그런 활동을 집중적으로 펼쳤다.

김대중 후보는 10월 25일 부산에서 노동자의 권익을 보호하기 위해 노자 협의회를 구성하고 유고슬라비아와 영사 관계, 그리고 동유럽의 다른 몇 나라와 통상 관계를 점진적으로 신중히 추진하겠다는, 획기적인 정책을 또다시 밝혔다. 그런 속에서 1971년 선거의 해를 맞이하게 된다.

대통령 선거 (2)
막상막하 속에 특별 카드 꺼낸 박정희

격동의 1971년, 다섯 번째 마당

총통제 의혹 제기
"올해 선거가 마지막 선거가 될지도 모른다"

김 덕 련 1971년 대선에서 김대중 후보는 총통제 의혹을 제기하지 않나.

서 중 석 김대중 후보는 1971년 1월 23일 연두 기자 회견에서 "올해 선거가 마지막 선거가 될지도 모른다는 항간의 우려가 있다", "이번에 정권 교체가 이뤄지지 않는다면 현 정권은 다음 임기 동안에 앞으로는 선거조차 없는 영구 집권의 총통적 체제를 저지르고야 말 것"이라며 그에 관한 정보와 자료를 갖고 있다고 말했다.

그러면서 4대국 전쟁 억제 보장론을 다시 이야기하고 향토 예비군 폐지를 말하고 종업원 지주제를 들고나왔다. 종업원 지주제로 대중 경제를 실현하겠다는 주장이었다. 그리고 요즘 논란이 되고 있는 부유세를 신설하고 전태일 정신을 구현하겠다고 공약했다. 그런데 선거가 시작되기 전에 이상한 사건이 연이어 일어났다.

─── 어떤 사건들이었나.

1월 27일 설날 밤 김대중 후보의 집 앞마당에서 사제 폭발물이 터졌다. 김대중 후보는 그 며칠 전에 미국으로 떠났을 때인데, 수사본부에서는 중앙정보부 등 특수 기관의 공작과 관련해서는 일절 수사하지 않고 김대중 주변만 샅샅이 조사했다. 비서와 운전사, 경비원, 가정부 등에게 캐물었고 김대중 보좌역으로 조직 총책인 엄창록 등 신민당 간부들도 연행해 조사했다. 그러다가 중학교 2학년

1971년 1월 23일 자 경향신문. 김
대중 후보의 연두 기자 회견 소
식을 전하고 있다. 김대중은 이날
'향토 예비군 폐지', '종업원 지주
제', '부유세 신설' 등을 공약했고,
이에 대해 공화당은 "시국을 망각
한 위험하고 무책임한 사고방식"
이라고 반박했다.

학생으로 열다섯 살이던 김 후보의 조카가 범인이라고 하면서 구속
했다.

　2월 5일 자정에는 신민당 선거대책본부장 정일형의 집 별채에
불이 나서 선거 관련 서류가 타버렸다. 당국은 고양이가 화인火因이
라고 발표했다. "고양이 세 마리가 공터 쓰레기통에서 종이를 물
어와 아궁이에서 장난을 치다가 연탄불에 인화, 불이 났다"는 것
이다. '눈 감고 아웅' 하는 발표라고나 할까. 그에 이어, 전에 이야
기한 것처럼 월간《다리》사건으로 임중빈 등 3명을 구속하는 일이
일어났다.

선거에 돌입하기 전에 공화당은 정책 공약으로 국민 소득 배가, 수출 목표 달성, 고속도로망 확충, 고미가 정책 같은 경제 문제를 많이 제시했다. 정부는 대통령 선거 일자를 4월 27일로 공고했다.

— 선거 운동, 어떻게 전개됐나.

선거 운동은 3월 27일부터 전개된다. 공화당 부총재 김종필은 이날 제천에서 유세에 돌입해, 영도자가 되려면 "군을 효과적으로 지휘할 수 있는 능력"이 있어야 한다며 안보론을 들고나왔다. 김대중 후보는 이날 경북 의성에서 "공화당과 정부가 갖은 방법으로 지역감정을 선동하는 망국적인 선거 작전을 벌이고 있다"고 비판했다. 그것에 이어 안동 유세에서는 "공화당 정권 아래에서는 부정부패만 중단 없이 전진하고 있다"고 강조했다. 박정희 정권 시기에 부정부패 이야기는 항상 잘 먹혀드는 주제였다. 부정부패의 실상을 실감 나게 볼 수 있지 않았나.

중반전에 접어들 때 김대중 후보는 TV, 라디오를 통한 합동 정견 발표회 및 합동 강연회 개최를 제의했다. 이걸 공화당이 받아들일 리 만무했다. 김대중은 말을 잘하기로 유명했고, 이때는 40대여서 얼굴도 더 잘생기게 보일 때였다. 상대방 후보하고 언변, 인상 등 여러 면에서 차이가 컸으니 공화당 쪽에서 받아들일 리가 없었다.

그 후 김대중 후보는 1992년 대선에서 김영삼 후보와 대결할 때에도 TV 토론회를 열자고 제안하는데, 그때도 김영삼 쪽에서 들어줄 리가 만무했다. 대통령 후보 TV 토론회는 1997년 대선에서 첫선을 보이고, 이회창 후보와 노무현 후보가 나왔던 2002년에 꽃을 피웠다. 그런데 1971년 대선에서 김대중을 그렇게 공격하고 몰아세웠던 김종필이 1997년 대선에서는 김대중과 연합해 한편이 된 것도 정치 무상을 느끼게 한다.

낯 뜨거운 지역주의 부추겨
"경상도 대통령 뽑지 않으면 영남인은 개밥에 도토리"

─── 박정희 후보는 유세에서 어떤 이야기를 했나.

4월 10일 박정희 후보가 대전에서, 김대중 후보가 부산에서 대규모 유세를 벌이면서 선거 분위기가 고조됐다. 박 후보는 대전에서 "나의 대결 상대는 오직 국제 공산주의자들과 그 동조자들이다. 나는 그들과 대결, 조국 통일의 영광을 떠받들 민족 중흥의 제단에 몸과 마음을 바치겠다"고 말했다. 이승만이 1956년 선거 때 한 방식과 비슷하다. 어떻게 김대중 후보를 자신의 경쟁자로 이야기하지 않고 "오직 국제 공산주의자들과 그 동조자들"이 대결 상대라는 이야기를 후보가 할 수 있는 것인지 도무지 알 수가 없지만, 하여튼 그렇게 말했다.

─── 김대중 후보의 부산 유세는 어떠했나.

김대중 후보는 이날 부산에서 엄청난 인파를 끌어들였다. 드디어 바람이 불기 시작한 것이다. 16만 명이 모인 것으로 보도되고 그랬는데, 아마 이때까지 부산에서 이 정도 인파가 모인 건 처음이 아닐까 싶다. 16만 명이 모인다는 게 쉬운 일이 아니지 않나. 1956

新民 釜山遊說 〔12일 釜山公설운동장에서 유세하는 野民黨대표 金大中씨〕 新民

共和 大田遊說 〔12일 大田공설운동장에서 열린 共和黨朴正熙〕

大都市接戰으로 得票戰略 再調整

共和 조용한 說得 底邊확대 新民 野黨붐 全國에 波及

1971년 4월 12일 자 동아일보. 박정희 후보의 대전 유세, 김대중 후보의 부산 유세를 보도하고 있다. 박정희는 대전에서 "나의 대결 상대는 오직 국제 공산주의자들과 그 동조자들이다"라고 말했고, 김대중은 부산에서 "안보는 현재의 육십 만 국군, 한미방위조약으로 충분하고 …… 예비 군이나 학생 교련은 독재 체제를 강화하는 것이고 안보에 필요한 것은 아니다"라고 말했다.

년 대선 때 신익희 후보의 한강 백사장 유세에서 엄청난 바람이 불었던 것과 비슷한데, 구호도 그때("못살겠다 갈아보자")를 생각나게 하는 구호를 내세웠다. "10년 세도 썩은 정치 못살겠다 갈아보자", "논도 갈고 밭도 갈고 대통령도 갈아보자", 이런 구호였다. 1956년 그때 권력 남용과 횡포, 부정부패에 염증이 난 유권자의 마음을 신익희 후보가 "못살겠다 갈아보자"로 마구 흔들어댔는데, 1971년 이날에도 야당 후보가 유권자의 마음을 마구 흔든 것으로 나와 있다. 그러면서 선거 바람이 불기 시작했다.

이러니까 야당 승리가 눈앞에 어른거리기 시작했다. 그전에는 야당 당원들이 '이번 선거도 가망이 전혀 없다'고들 생각했는데, 부산 유세를 보고 나서 당 간부들 중 상당수가 전면적으로 나서게 된다. 물론 그렇다고 해도 당 간부 전체라기보다는 부분적이었을 것이다. 유진산 쪽에서 얼마나 나섰겠나. 하여튼 당원뿐만 아니라 국민들도 흥분하기 시작했다. 그러고 보면 부산이라는 곳이 무척 재미난 데다.

— 1971년 대선은 지역주의 선동이 그 이전보다 훨씬 노골적이었던 선거로 꼽히지 않나.

야당 바람이 일자 국회의장 이효상은 1967년 대선 때와 똑같이 지역감정으로 대응했다. "영도자란 모름지기 군부 지지를 받아야 한다", "경상도 대통령을 뽑지 않으면 우리 영남인은 개밥에 도토리가 된다", "신라 천 년 만에 나타난 박정희 후보를 다시 뽑아서 경상도 정권을 세우자", 이렇게 떠들면서 지방색을 자극했다. 그런데 이 선거 전체의 작전을 짜고 총지휘를 하고 있던 중앙정보부는 부산 유세를 보고 '이거 야단났다'면서 크게 놀라게 된다.

4월 12일에는 지하철 1호선 기공식이 서울 복판에서 박 대통령을 비롯해 무려 3만여 명이 참석한 가운데 성대하게 열렸다. 선거 분위기는 4월 17일, 18일이 되면서 더 고조되기 시작했다. 박 후보는 17일 대구에서 "지난 10년 동안 우리나라는 세계 120개 국가 중에서 경제 성장률이 두 번째였으며 수출 성장률은 1위다"라고 역설하면서 경제 발전을 내세웠다. 그런데 그다음 날(18일) 선거 분위기가 최고조에 달했다. 김대중 후보의 유명한 장충단 유세가 벌어진 것이다.

사상 최대 인파 모인
김대중의 장충단 유세

—— 장충단 유세장에 청중이 어느 정도 모였나.

장충단 유세장에는 사상 최대 인파가 몰렸다고 나와 있다. 그런데 이 숫자에 대해 차이가 너무 크다. 동아일보에는 30만 명으로 나와 있는데, 김충식 기자의 취재에 의하면 중앙정보부 간부들이 '60만 명은 넘을 것이다', 이렇게 증언했다고 돼 있다. 김충식 기자는 80만 명으로 봤다. 최근 이희호 여사는 한겨레 연재에 100만 명으로 이야기했더라. 뉴욕타임스는 90만 명으로 보도했다고 한다.

장충단 유세 이전에 청중이 제일 많았던 유세는 1956년 5월 3일 신익희 후보의 한강 백사장 유세장에 20만에서 30만 명이 모인 것이었다. 그걸 최대 인파라고 불렀다. 물론 1949년 김구 장례식 때에는 더 많은 인파가 몰렸지만, 그걸 빼고 선거만 놓고 보면 그랬다. 18일 장충단공원에는 김구 장례식에 모인 50만 명보다 더 많은 인파가 모였다.

—— 유세장 분위기는 어떠했나.

장충단 유세에서 김 후보는 "(박정희 쪽에서) 지금 어느 나라에 가서 총통제를 연구 중이다. 이번에 정권 교체를 못하면 영구 집권의 총통제가 실시돼 선거도 없을 것이라는 확고한 증거를 가지고 있다"고 말했다. 이전에 언급했던 총통제 문제를 다시 꺼낸 것이다. 그러면서 중앙정보부 폐지, 지방 자치제 실시, 향토 예비군과 교련

1971년 4월 18일 장충단 유세에서 열변을 토하는
신민당 대통령 후보 김대중. 이날 장충단공원에는
김구 장례식에 모인 50만 명보다 더 많은 인파가
모였다. 사진 출처: 연세대학교 김대중도서관

폐지, 대중 경제 실시 등을 약속했다. 이어서 자신이 대통령에 당선될 것이라고 시사하면서 "전국의 공무원들은 4월 20일부터 부정 선거를 즉시 중단하라"고 날짜까지 딱 정해줬다. 또한 "박 대통령에게 부정부패의 직접 책임이 있다"면서 "박 대통령이 현 정권 아래에서 2억 내지 350억 원까지 부정 축재를 한 자 300명의 명단을 조사·확보하고 있으나, 그들을 처단하면 공화당이 머리부터 꼬리까지 다 없어지기 때문에 손도 못 대고 있다"고 주장했다.

김 후보의 말이 끝날 때마다 열띤 박수가 쏟아져 나왔다. "부정부패를 일소해 세금을 내리겠다"고 말했을 때 가장 열띤 박수와 환호를 받았다고 신문에 나온다. 김 후보는 "오는 4월 27일 이 나라 5,000년 역사상 처음으로 국민의 손에 의해 평화적으로 정권을 교체하는 위대한 민주주의 혁명을 이루자"고 호소하고 "나는 기필코 승리할 것이다. 그리고 여러분은 나와 함께 승리할 것이다. 오는 7월 1일 새로운 대통령 취임식 때 청와대에서 만납시다", 이 말로 유세를 끝맺었다. 유세 후 수많은 인파가 장충단에서 동대문, 종로, 광화문으로 행진하며 "정! 권! 교! 체! 김대중! 이겼다!"를 연호했다. 일부 청중은 야간까지 시위행진을 했다.

김대중의 장충단 유세 이틀 후
간첩단 사건 터뜨린 보안사

—— 야당 후보가 이렇게 기세를 떨치는 것은 박정희 정권에 부담이 될 수밖에 없었다. 박정희 쪽에서는 어떤 조치를 취했나.

1971년 4월 20일 자 경향신문. 김대중 후보의 장충단 유세 이틀 후인 4월 20일 보안사는 서승, 서준식 등 재일 교포 유학생을 포함해 간첩단 51명을 검거했다고 발표했다. 이날 검거된 서승은 수사관이 식사하러 가고 경비병도 방을 비운 사이에 경유 난로 기름을 끼얹고 분신을 시도하기도 했다.

김대중 후보의 장충단 유세 이틀 후인 4월 20일 보안사는 서승, 서준식 등 재일 교포 유학생을 포함해 간첩단 51명을 검거했다고 발표했다. 서승 형제 등 10명에 대한 구속 영장은 장충단 유세가 있던 4월 18일에 청구됐는데, 이틀 동안 부풀려 4월 20일 '대규모 간첩단'으로 발표한 것이다. 20일 이날은 예비역 준장을 포함한 예비역 장교 11명이 신민당에 입당한 날이기도 하다. 전자는 김대중 바람에 재를 뿌리려 발표한 것이고, 후자는 김대중 바람에 용기를 얻은 일부 예비역 군인들이 박정희가 몹시 기분 나빠할 것임에도 신민당에 들어간 것이다.

서승 형제는 1971년 2월말 보안사에 끌려갔으나 '역공작'을 하라는 명목으로 곧 풀려났다. 이때부터 50일 정도 동생 서준식은 보안사 요원의 감시를 받으며, 서울대 법대의 교련 반대 데모 정보를 보안사에 제공했다. 그러나 선거 바람이 거세진 4월 중순 다시 구속됐고, 서승은 김대중과 관련이 있는지 여부를 집중적으로 추궁당했다. 공교롭게도 서승은 김대중 후보 비서실장 김상현의 집에 열 달 동안 하숙한 바가 있었다. 김상현도 '북한으로부터 어떤 지령을 받았느냐'며 조사를 받았다.

—— 서승을 비롯해 이 사건에 휘말린 많은 사람이 조사 과정에서 견디기 힘든 고통을 겪어야 하지 않았나.

서승은 심한 고문을 받았다. 고문을 더 당하면 자신의 입에서 무슨 이야기가 나올지 모른다는 공포감이 생겼다. 서승뿐만 아니라, 서승이 다니고 있던 서울대 사회학과 대학원 동기 등 관련자들이 이미 많이 끌려와 고문을 당하고 있었다.

그런 속에서 서승은 수사관이 식사하러 가고 경비병도 방을 비운 사이에 경유 난로 기름을 끼얹고 분신을 시도했다. 이 일 때문에 70이 넘은 지금도 이 사람의 얼굴에는 불에 덴 큰 흉터가 남아 있다. 서승은 민족주의자로서 북한을 알고 싶어 갔다 온 것이 죄가 돼 19년간 감옥소에 있어야 했다. 감옥에서 나온 후에는 일본 리츠메이칸대학에서 오랫동안 교수로 일했고, 65세 정년 후에는 특임교수로 70세까지 활약했다.

1971년 대선으로 다시 돌아오면, 박정희 후보 쪽에서는 김대중 후보의 장충단 유세에 대해 정말 큰 위협감을 느끼지 않을 수 없었다. 그런 속에서 4월 24일 박정희 후보는 부산 유세를 하게 된다. 그런데 박정희 대통령 연설문집을 읽어보면 부산 유세에 관한 부분에 이상한 이야기가 나온다.

야당이 비행기로 음해 삐라 살포?
박정희의 터무니없는 흑색선전

— 어떤 이야기인가.

뭐냐 하면 이것이다. "1963년 선거 때 투표 며칠 전 야당에서 '박정희라는 사람은 빨갱이다'라는 삐라를 수백만 장 만들어 비행기로 서울, 경기도 일대에 뿌렸습니다. 최근에 와서는 '박정희 대통령이 당선되면 총통제를 만들어가지고 영구 집권을 할 것이다'라고 합니다. 그런데 나는 총통제라는 것이 무엇인지 모릅니다. 그 총통이 대통령과 무엇이 다른지 나는 잘 모르지만 '박정희가 당선되면 또 나오고 또 나와서 죽을 때까지 해먹는다', 이런 말 같습니다."

여기서 총통제를 직접 부인하지는 않고 '모른다'고 간접적으로 부인하는데, 그러한 방식으로 표현한 것이 아주 특이하다. 그런데 1963년 선거에서 야당이 '박정희라는 사람은 빨갱이다'라는 삐라를 수백만 장 만들어 비행기로 서울, 경기도 일대에 뿌릴 수가 없었다. 야당이라는 게 그렇게 할 수가 없었다. 그때나 지금이나 비행기라는 건 서울 상공에 함부로 못 띄우지 않나. 그런데 왜 이런 흑색선전을 한 건지 알 수가 없다. 워낙 다급해서 그랬을까.

혹시라도 내가 잘못 알고 있나 싶어서, 1963년 대통령 선거를 연구해 논문을 쓴 제자한테 이번 인터뷰를 앞두고 전화까지 해서 다시 확인해봤다. 그런 일이 있을 수가 없었다고 하더라. 장충단 유세를 통해 야당의 기세가 워낙 오르니까 박정희가 이런 식으로라도 분위기를 바꿔보려고 한 것인지까지는 알 수 없다. 이날 말고 다른 날에는 이 이야기를 하지 않았다.

新民유세 _{출발정리 [직계에서] 유세뜨리고 [유성]}　　共和유세 _{選進都 金沢스 유니 [국속] [유진정거지 서호동]}

유세白熱化…朴후보 釜山 金후보 光州서

軍服務 2년으로 短縮

野人士도 과감히 발탁

깨끗한 내 한 표 올바르게

1971년 4월 24일 자 경향신문. 박정희의 부산 유세, 김대중의 광주 유세를 보도하고 있다. 김대중은 "군 복무 2년으로 단축"을, 박정희는 "야권 인사도 과감히 발탁"을 공약으로 내세웠다.

　　부산 유세 다음 날인 4월 25일 박정희 후보가 장충단에서 유세를 하게 된다. 김대중 후보가 유세를 했던 바로 그 장소, 똑같은 장소에서 박 후보가 유세를 했다.

"마지막 기회", "유능한 후계 인물 육성"
선거 운동 막판에 등장한 박정희의 놀라운 공약

── 박정희의 장충단 유세 분위기는 어떠했나.

당시 신문을 보면 박 후보의 장충단 유세장에는 무슨 무슨 지구당, 어디 어디 동이라고 쓰여 있는 팻말이 많았다고 돼 있다. 시내버스도 '장충단공원행'이라고 써 붙였다. 청주 등 지방에서도 사람들이 올라왔다. 사활을 건 동원이었는데 그 분위기는 뜨겁지 않았다고 신문에 나온다. 청중 숫자는 김 후보 유세 때와 비슷했다고 쓰여 있다. 하여튼 여당 쪽에서는 밤새도록 가마니를 깔아 놨다. 유세장에 모인 사람들이 앉아서 들을 수 있도록 그렇게 한 것이다.

이 유세에서 박정희 후보가 놀라운 소리를 했다. 전날 부산 유세에서도 다음 선거에 불출마할 뜻을 분명히 했지만, 장충단에서는 '총통제를 통한 영구 집권을 획책하고 있다'는 김 후보의 주장을 반박하면서 자신의 거취에 대해 이렇게 말했다. "야당은 총통제니 뭐니 해서 내가 두 번이고 세 번이고 언제까지나 집권할 것처럼 허위 선전을 하고 있습니다. 그러나 3선 개헌 때 국민 투표로 한 번만 더 할 수 있도록 여러분이 허락한 것이지 몇 번이나 해도 좋다고 지지한 것은 아닐 것이며, 여러분이 나를 다시 뽑아주면 이 기회가 나의 마지막 정치 연설이 될 것입니다." 그러면서 "이번이 대통령으로 출마하는 마지막 기회", "한 번만 더 기회를 주면 부정부패를 기어이 뿌리 뽑고 물러나겠다"고 약속한 것이다. 부정부패 비판이 얼마나 호응을 얻었으면 이런 이야기를 했겠나 싶지만, 어쨌건 박 후보가 "한 번만 더 기회를 주면 부정부패를 기어이 뿌리 뽑고 물러나

1971년 4월 25일 박정희의 장충단 유세장. 이날
유세에서 박정희는 "이번이 대통령으로 출마하는
마지막 기회"라면서 "한 번만 더 기회를 주면
부정부패를 기어이 뿌리 뽑고 물러나겠다"고 말했다.

다섯 번째 마당　　　　　　　　　　　　　　　**111**

박정희의 장충단 유세장에 모인 인파. 사진 출처: e영상역사관

겠다"고 얘기한 건 대단히 특별한 일이었다.

　그것에 이어 4월 26일 아침 MBC 라디오 연설에서는 "나에게 마지막 기회가 될 이번 선거에서 다시 한 번 신임해준다면 …… 유능한 후계 인물을 육성하겠다", 이렇게 이야기했다. "마지막 기회"에 덧붙여 "유능한 후계 인물을 육성하겠다"고까지 얘기한 것이다. 정말 믿기지 않는 놀라운 발언이었다.

── 어떤 의미에서 그러했나.

　이 방송을 들은 어느 누구도 "나에게 마지막 기회가 될 이번 선거"라는 말이 유신 변란을 일으키겠다는 말이라는 것을 꿈에도 상상하지 않았다. 아니, 상상할 수 없었다. 그렇지 않겠나. 체육관 대통령이라는 것이 어떻게 있을 수 있다고 생각했겠나. 더군다나 "유능한 후계 인물을 육성하겠다"고까지 얘기하지 않았나.

그런데 이 방송은 부동층 유권자의 표심에 영향을 줬다. 선거 전날, 마지막 중요 방송 연설이었을 뿐만 아니라, 이것도 여당 후보의 특권이지만, 간곡히 호소조로 얘기한 것이고 내용이 워낙 심각한 것이어서 유권자의 마음을 움직였다고 한다.

'이번이 마지막 출마',
박정희 승부수는 어떻게 탄생했나

── 앞으로는 출마하지 않겠다는 박정희 발언, 어떻게 나오게 된 건가.

'이번이 마지막 출마다', '후계자를 육성하겠다'는 말은 조선일보 최석채 주필이 얘기해줬다는 주장도 있지만, 김충식 기자의 책이 자세하고 설득력이 있다. 중요한 내용이니 한 번 보자.

먼저 박 대통령이 신민당 대통령 후보 지명 대회 후 거의 세 달쯤 지난 1970년 12월 21일 김계원 대신 이후락을 중앙정보부장에 임명한 것을 말해둬야겠다. 오랫동안 청와대 비서실장으로 있다가 3선 개헌 후 주일 대사로 밀려났던 이후락이 다시 돌아온 것이다. 이후락은 '박정희교' 신도였다. 청와대 비서실장으로 있을 때나 주일 대사로 있을 때나 항상 박정희의 흉중을 살피며 지극정성으로 박정희를 모셨다. 주일 대사 시절에는 일본에서 초밥을 공수해 청와대에 진상했다고 한다.

1971년 4월 10일 부산 유세부터 김대중 후보 바람이 본격적으로 불고 특히 18일 장충단 유세를 거치면서 정말 한 치 앞이 잘 안 보이는, 숨 막히는 선거 분위기가 나타났다. 선거를 실질적으로 총괄하고 있던 중앙정보부에서는 심각한 위기감을 느꼈다. 그중에서도 국내 정치를 담당하던 중앙정보부 3국장 전재구는 4월에 들어오면서 서울을 중심으로 한 중부 지방의 여론이 불리하다고 느꼈다. 전재구 국장은 박 대통령이 '이번이 마지막 출마다', 이런 선언을 하기 전까지는 승리를 장담할 수 없다는 보고에 주목했다. 일선 공화당원에서 경찰관에 이르기까지 '그 길밖에 없다'는 주장이 많이 퍼져 있었다고 한다.

그래서 4월 7일쯤 전재구는 이후락 중앙정보부장한테 마지막 출마 선언에 관한 얘기를 했다고 한다. 김대중 후보의 부산 유세 전에 이미 서울과 중부 지방의 여론이 심상치 않다고 느낀 것이다. 그래서 그 얘기를 했더니만 이후락이 기가 막히다는 표정으로 전재구를 쳐다봤다고 한다. 5일 후에 전재구가 그 얘기를 다시 꺼내자 이번에는 이후락이 벌컥 화를 냈다고 그런다. "각하, 이번만 하시고 그만두십시오", 어떻게 이렇게 건의하느냐, 이거였다. 그렇지만 이후락은 굉장히 신중하고 정보 판단은 정확하게 하는 사람이었다. 이후락 역시 선거 분위기가 심상치 않다고 생각해서 박정희에게 건의를 했는데, 그때 박정희도 충격을 받은 모습으로 생각에 잠긴 것 같았다고 한다. 그렇지만 그때까지는 그런 건의에도 변화가 없었다.

── 변화의 계기는 무엇이었나.

그러다가 4월 18일 김대중 후보의 장충단 유세를 목도하게 된 것이다. 그야말로 간담이 서늘해졌고 '정말 큰일 났다'고 생각할 수밖에 없게 됐다. 나흘 후인 22일 박 후보가 광주에서 유세를 하는데 분위기가 아주 썰렁했다.

18일 김대중 후보의 장충단 유세에 이어 22일에 이런 상황이 나타나니까 전재구 3국장은 광주운동장에 있던 동원된 청중 사이를 빠져나와서 바로 서울의 이후락한테 상황을 보고했다. 이후락은 '군용기라도 빌려 타고 바로 전주로 와라', 이렇게 지시했다. 전주에서 이후락은 박 후보의 연설 초고를 전재구에게 제시했다. "나에게 마지막 기회가 될 이번 선거에서 다시 뽑아준다면 4년 임기 중에 3차 경제 개발 5개년 계획을 완수해 조국 근대화를 매듭짓겠다. 여당 내의 유능한 후계 인물을 육성할 것이며, 야당은 정권 인수 태세를 갖추도록 지원할 것이다." 이걸 박정희가 받아들이도록 하겠다는 것이었다.

박 후보 일행이 전주관광호텔에 도착했다는 소식을 들은 이후락과 전재구는 그쪽으로 가서 길재호 공화당 사무총장, 박경원 내무부 장관에게 이 이야기를 했다. 그러자 그 사람들은 '말도 안 되는 소리'라고 반응했다. 그러나 이후락은 문제가 심각하다는 걸 알았기 때문에, '이 이야기를 박정희한테 할 수 있는 유일한 인물이다'라고 본 사람을 이미 비행기에 타게 한 상태였다.

— 박정희에게 마지막 출마 선언 이야기를 할 인물로 이후락은 누구를 점찍었나.

호남정유 사장이자 박정희와 대구사범학교 동기이던 서정귀였다. 이후락은 이 문제를 박정희한테 직접 얘기할 수 있는 건 박정희와 가까운 이 사람밖에 없다고 보고, L19 경비행기를 서정귀한테 보냈다.°

과연 이후락다운 선택이었다. 5·16쿠데타 초기에는 김종필 같은 귀신같은 연출자가 있었고, 1960년대와 1971년 선거 때는 이후락 같은 또 다른 귀신같은 참모가 있었다는 것이 박정희한테 얼마나 큰 힘이 된 건가. 이런 점에서도 박정희는 너무나 운이 좋은 사람이었다.

어쨌건 이후락은 서정귀야말로 박정희한테 마지막 출마를 선언하도록 권해볼 수 있는 사람이라고 생각했고, 그 서정귀가 전주에 왔다. 서정귀가 이후락과 함께 박정희를 만나러 간 후 전재구는 속이 바싹 탔다고 한다. 세 시간 후 마침내 이후락하고 서정귀가 돌아왔다. "겨우 각하께서 승낙하셨다."

그러면 이제 이걸 언제, 어떤 식으로 공표할 건가 하는 문제가 남지 않나. 그다음 날(4월 23일)로 예정된 전주 유세에서 이걸 터트릴 거냐고 전재구가 물어보자, 이후락은 24일 부산에서 슬쩍 비치고 그다음에 서울에서 화끈하게, 극적으로 선언할 것이라고 얘기했다. 앞에서 살펴본 것처럼 박 후보가 24일 부산에서 총통제를 간접적으로 부인하는, 다소 특이한 발언을 하고 다음 선거에 불출마할 뜻을 분명히 하지 않나. 아울러 25일 장충단 유세에 100만 군중을 동원한다는 목표를 세우고 대작전을 전개한다. 그러면서 지방에서

° 이후락은 네 아들 중 세 명을 재벌가의 사위로 만들게 된다. 그렇게 관계를 맺은 사돈 중 한 사람이 서정귀다. 다른 두 명은 한국화약(오늘날 한화) 그룹 창업자 김종희, 선경(오늘날 SK) 그룹 창업자 최종건이다.

도 사람들이 올라오게 하고 유세장에 밤새도록 가마니를 깔아 놓는
등의 일을 벌이게 된 것이다.

"호남인이여 단결하라",
투표 직전 지역감정 자극한 흑색선전

── 유신 체제에서 김대중은 야당 정치인 중에서도 핍박을 많이
당한 인물이다. 김대중에게 박정희가 취한 여러 조치를 보면
미움과 두려움이 섞여 있다는 생각이 든다. 자신에게 굴복하지
않는 존재에 대한 미움과 정적의 능력에 대한 두려움. 그만큼
경계하고 부담을 느꼈다는 뜻일 텐데, 그렇게 느끼게 된 핵심
계기는 역시 1971년 대선이 아닐까 싶다. 이 대선에서 김대중
은 박정희가 두려워할 만한 역량을 갖췄음을 입증했다.

그에 더해, 박정희의 행적을 살펴보면 후계자 육성과 야당의
정권 인수 준비 지원은 박정희의 소신과 지극히 거리가 먼 일
이라는 점도 김대중에 대한 감정에 적잖은 영향을 줬으리라는
생각이 든다. 그런 사항을 공약할 수밖에 없게 만든 김대중에
대한 좋지 않은 감정은 박정희로서는 받아들이기 어려웠던 선
거 결과와 맞물리면서 더 깊어질 수밖에 없지 않았을까. 다시
돌아오면, 박정희의 마지막 출마 선언은 이 선거에서 어떻게
작용했나.

문제는 박정희의 마지막 출마 선언이 너무 막바지에 나왔다
는 점이다. 이것도 박정희한테 매우 좋은 운으로 작용했는데, 선거

를 이틀 앞둔 그때 그 이야기를 해버렸기 때문에 김대중 쪽에서 박정희라는 사람이 얼마나 말을 잘 바꾸는지에 대해 유권자를 설득할 기회를 놓치고 말았다. 야당으로서는 박정희가 5·16쿠데타 후 자신들이 내건 '혁명 공약'도 어기고 1963년 2월 27일 '민정에 참여하지 않겠다'고 국민 앞에서 한 선서도 저버린 것 등을 선전해야 할 터인데, 그렇게 하기에는 시간이 너무나 부족했다.

거기다가 선거 전날 박 후보는 MBC에서 마지막 연설을 할 때 다시 간곡히, 자신한테는 이번 선거가 마지막이며 후계자를 육성하고 야당도 정권 인수 능력을 갖출 수 있도록 지원을 아끼지 않겠다고, 애소하듯이 호소했다. 마지막 출마를 선언한 4월 25일 장충단 유세도 영향을 줬고, 이 마지막 MBC 연설도 영향을 줬다.

사실 김대중 후보는 KBS 연설을 할 때 그 앞뒤에 6.25 장면도 보여주고 건설 장면도 보여주는 일을 겪었다. 6.25 장면과 건설 장면 모두 박정희 후보 홍보인 셈이고 '4대국 안전 보장, 향토 예비군 폐지 등 김대중이 이념적으로 문제가 있다'는 박정희 후보 측 주장을 넌지시 선전한 셈이다. 김 후보의 KBS 연설 기회가 박정희 후보 홍보, 김대중 비난까지 곁들이는 계기로 잘 활용된 것이었다.

그에 더해 영남에서는 "우리 경상도 사람이야 다 아는 것 아니냐", "쌀밥에 뉘가 섞이듯 경상도에서 반대표가 나오면 안 된다", "경상도 사람 쳐놓고 박 대통령 안 찍는 자는 미친놈"이라는, 지역 갈등을 부추기는 선동이 공공연히 나돌았다. 4월 27일 투표 시작 직전에는 대구 지방에 "호남인이여 단결하라", "백제권 대동단결" 같은 구호가 적힌 호남향우회 명의의 유인물이 배포됐다. 부산에도 "호남 후보에게 몰표를 주자", "호남인이여 단결하라"는 등의 구호가 전봇대 같은 곳에 나붙었다. 그러면서 현지 여론이 들끓었다.

— 투표 직전 지역감정을 자극한 흑색선전은 누구의 작품이었나.

고약한 흑색선전, 그것도 호남 사람들 이름으로 해야 경상도 사람들이 더 분개할 것이라는 점을 노린 것 아니겠나. 4·27 투표 시작 직전의 흑색선전은 김대중 후보의 특급 선거 참모, '마타도어'의 귀재, 선거판의 여우로 불리던 엄창록이라는 사람이 선거 막판에 중앙정보부의 회유에 의해 그쪽으로 넘어가 이런 일을 기획한 것 아니겠느냐고 김 후보 측근은 보고 있다.

김대중은 자서전에서 엄창록에 대해 아쉬운 마음을 이렇게 털어놓았다. "엄창록이 저들의 회유와 협박에 넘어간 것은 내게는 큰 타격이었다. 참으로 아쉬웠다. 엄창록은 선거의 귀재였다. 그는 강원도 인제 보궐 선거 때부터 나를 도왔다. 1967년 목포 선거에서는 출중한 지략으로 행정력이 총동원된 관권 선거를 무력화시켰다. 선거 판세를 정확히 읽고 대중 심리를 꿰뚫는 능력을 지녔다. 무엇보다 조직의 명수였다. 이후락 부장이 직접 지시하여 정보부원들이 그의 부인에게 '당신 남편의 생명을 보장할 수 없다. 알아서 하라'며 협박했다. 몸이 약했던 그는 결국 돈과 협박에 굴복했다."

대통령 선거 (3)
박정희에게 남은 방법은 쿠데타뿐이었다

격동의 1971년, 여섯 번째 마당

김 덕 련 1971년 대선은 박정희의 신승辛勝으로 막을 내렸다. 그러나 그 내용을 살펴보면, 3선에 성공하긴 했지만 박정희로서는 여러모로 불만스러웠을 것 같다. 어떠했나.

서 중 석 뚜껑을 열어보니까 박정희 후보가 634만여 표, 김대중 후보가 539만여 표를 얻었다. 박 후보가 94만여 표를 더 얻었다. 박 후보는 개표가 끝난 직후 "하마터면 정권을 도둑맞을 뻔했다. …… 돈을 또 얼마나 썼는데 표차가 이것밖에 안 돼. …… 이런 식의 선거 제도라면 안 되겠어"라고 말했다고 한다. 그런데 내용을 분석해보면 순전히 경상도 몰표 때문에 박 후보가 이긴 것이지, 전반적으로 볼 때 박 후보가 이겼다고 보기 어려운 측면이 대단히 강하다.

경상도 몰표 덕분에
가까스로 김대중 따돌린 박정희

── 총으로 권력을 쥔 것으로도 모자라 막무가내로 3선 개헌까지 한 사람이 "정권을 도둑맞을 뻔했다"고 운운하는 것은 매우 기괴한 풍경이다. 어쨌건 지역별 득표 상황은 어떠했나.

김 후보는 호남에서 박 후보에게 62만여 표를 앞섰는데, 영남에서 박 후보는 158만여 표를 앞섰다. 그 차이가 96만여 표였다. 그러니까 영남과 호남의 표 차이를 보면 박 후보가 경상도에서 앞선 표에서 김 후보가 호남에서 앞선 표를 뺀 96만여 표, 이건 박 후보가 전체적으로 앞선 94만여 표보다 2만 표나 더 많다. 한마디로 경

다시 앉은 頂上

繁榮에의 試鍊안고…7代大統領 朴正熙씨

술은 一級參謀… 陸英修 女史

앞으로 4년동안 國家를 맡아보게될 朴正熙新대통령과 內助의夫人 陸英修여사.

1971년 4월 28일 자 경향신문. 제7대 대통령 선거 결과를 보고 박정희와 육영수가 기뻐하고 있다.

상도 표 때문에 박 후보는 이길 수 있었다.

특히 전라도건 경상도건 충청도건 전국 각지에서 올라온 사람들이 모여 함께 살고 문화 시설이 제일 많고 그래서 다른 지역보다 수준이 낮다는 서울을 보면 박 후보가 80만 표, 김 후보가 119만 표로 무려 39만 표나 차이가 났다. 서울에서는 박 후보 표의 거의 50퍼센트에 달하는 표를 김 후보가 더 얻었다. 기본적으로 서울에 야당 성향이 있다고 하더라도, 이럴 경우 정말 박 후보가 이겼다고 이야기하기는 쉽지 않게 돼 있었다. 영호남을 제외하고 나머지 지역에서 누가 더 많은 표를 얻었는가를 보면 서울, 경기에서 김 후보가 앞선 표가 강원도 등 다른 지역에서 박 후보가 이긴 걸 합친 표보다 많았다. 그러니까 특정 지역을 제외하면 김 후보 표가 더 많다고 이야기할 수 있다.

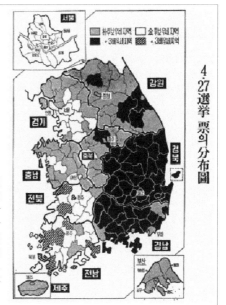

1971년 4월 29일 자 경향신문에 실린 '4·27 선거 표의 분포도'. 붉게 칠해져 있는 지역(경상도, 강원도 일부)은 박정희 후보가 김대중 후보보다 3배 이상 득표한 곳이고, 빗금이 그어져 있는 지역(전라도 일부)은 김대중 후보가 박정희 후보보다 3배 이상 득표한 곳이다. 서울과 경기 서남부 지역은 김대중 후보가 표를 더 많이 얻었다.

　각 지역의 득표를 비율로 분석해보면 경북에서는 무려 7.6 대 2.4, 경남에서 7.4 대 2.6, 부산에서 5.6 대 4.4로 박 후보가 우세했다. 김 후보는 전남북에서 6.4 대 3.6으로 우세했지만 경남북보다는 그 비율이 낮았다. 전남북의 득표 비율은 서울에서 김대중 후보가 6 대 4로 우세했던 그 비율과도 별 차이가 안 났다. 1987년 이후 대선을 보면 김대중 후보는 전남북에서 이것보다 훨씬 높은 지지율을 기록하는데, 어째서 1971년에는 6.4 대 3.6이라는 비율이 나왔나를 생각해볼 필요가 있다.

── 왜 그랬던 것인가.

　그건 아직도 관권이라는 것이 선거에 크게 작용하고 있었다는 걸 보여준다. 다른 말로 하면 이 관권은 전국 어디서나 큰 힘으로 작용하고 있었다. 그래서 전남북에서 김대중을 지지하는 분위기와 경남북에서 박정희를 지지하는 분위기가 비슷하다고 할 경우 관권이 작용해서 이렇게 6.4 대 3.6이라는 결과가 나왔다고 볼 수 있다.

영남과 달리 대통령을 배출하지 못한 호남에서는 특이한 집단 이기주의도 나타났다. 전남 곡성에서는, 근래 새누리당의 이정현이 연거푸 당선된 지역인데, 박정희 후보 표가 더 많이 나왔다. 이 지역 출신 현직 장관의 영향력 때문이었다. 군 출신 현직 장관 지역인 영광, 광양에서도 박정희 후보 지지율이 전라남도 평균치보다 훨씬 높게 나왔다.

그러니까 관권 개입을 놓고 이야기해도, 전체적으로 박 후보가 정말 이겼다고 보기는 아주 힘들게 돼 있었다는 것을 알 수 있다. 또 어떻게 보면 호남 지역주의가 아직은 경상도 지역주의보다 덜 셌다는 것을 이 선거가 조금 보여준 것 아니냐고 할지도 모르겠지만, 어쨌건 망국적인 지역 이기주의라는 것이 이 선거에서 상당히 나타났다는 점만은 부인할 수 없다.

투표율을 보면 역시 경남북이 압도적으로 높았다. 경북은 85.4 퍼센트, 경남은 83.2퍼센트였다. 그것에 비해 전북은 80.0퍼센트, 전남은 79.9퍼센트로 영남에 비해 4~5퍼센트포인트 낮았고 서울은 71.2퍼센트, 부산은 75퍼센트로 역시 경남북보다 낮았다. 경남북 유권자들이 단단히 맘먹고 투표장으로 향했다는 걸 알 수 있다.

검은돈 물 쓰듯 쓴 박정희의 분노
"돈을 또 얼마나 썼는데 표차가 이것밖에 안 돼"

— 특정 지역의 몰표 문제는 이효상을 비롯한 박정희 후보 쪽 인
사들이 지역감정을 노골적으로 부추긴 것과 맞닿아 있다고 볼
수밖에 없다. 그에 더해 박정희 후보 진영과 김대중 후보 진영
은 조직과 자금 측면에서 워낙 차이가 크지 않았나.

이 선거에서 박 후보가 개표 직후 "하마터면 정권을 도둑맞을
뻔했다. …… 돈을 또 얼마나 썼는데 표차가 이것밖에 안 돼", 이런
얘기를 했다고 김충식 기자가 쓴 책에 나오는데 사실 선거 자금에
서 너무나도 큰 차이가 났다.

서울지하철 관계로 미쓰비시 등이 1971년 4월에 120만 달러
를 미국 은행 계좌로 이전한 것을 뺀다고 하더라도, 미국 의회의 프
레이저 위원회에서 밝힌 대로 걸프사에서 300만 달러를 '제공'하
게 하는 등 미국 기업에서 850만 달러를 받아낸 것을 비롯해 1971
년 국가 예산인 5,242억 원의 10퍼센트가 넘는 600억 원 내지 700
억 원에 달하는 엄청난 선거 자금을 썼다고 김충식 기자는 당시 여
당 고위층으로부터 이야기를 들었다. 연탄 한 장이 20원, 80킬로그
램 정부미 한 가마가 7,000원이던 시절에 그렇게 큰돈을 썼다는 것
이다.

— 김대중 후보 쪽은 자금 사정이 어떠했나.

김대중은 유세에서 "중앙정보부는 남자를 여자로 바꾸는 것

1971년 7월 1일 박정희가 제7대 대통령 취임식 선서를 하고 있다. 박정희는 개표 직후 "하마터면 정권을 도둑맞을 뻔했다. …… 돈을 또 얼마나 썼는데 표차가 이것밖에 안 돼"라고 말했다고 알려져 있다. 사진 출처: e영상역사관

빼고는 다 하고 있다. …… 오늘날 독재의 총본산은 중앙정보부다. 요즘 경제인 수백 명을 불러다가 '김대중에게 돈을 주면 사업을 망쳐놓겠다'고 협박하고 절대로 돈을 안 주겠다는 각서를 받고 있다"고 폭로했다. 신민당 선거대책본부장을 맡았던 정일형도 이전 선거에서는 아는 사람 등을 통해 선거 자금이 좀 들어왔는데 이 선거 때는 돈이 정말 들어오지 않았다고 이야기했다. 그만큼 중앙정보부가 총력전을 폈다고 볼 수 있다.

당시 우리나라 소주 중에서 제일 유명한 것이 진로소주하고 목포의 삼학소주였는데, 삼학소주를 만들던 회사가 이 선거 후 얼마 안 가서 망했다. 대선 후 삼학이라는 소주가 잠깐 팔리기는 했지

만 결국 없어지고 말았다. 이 회사가 망한 이유는 많은 사람이 충분히 짐작들을 하고 있다. 호남의 또 다른 큰 회사가 미원이었는데, 여기에 난데없이 세무 사찰이 들어오면서 김 후보의 돈줄을 얽어맸다고 한다.

── 조직 측면에서는 어떠했나.

중앙정보부를 빼더라도, 공화당은 압도적인 조직망을 갖추고 있었고 풍부한 선거 자금을 바탕으로 그 조직망을 잘 이용했다. 176만 명의 기간 당원 조직으로, 이건 실수實數에 가까웠을 것으로 보고 있는데, 사랑방 좌담회를 개최하고 리, 동의 말단 행정 조직 등을 활용해 두더지 작전을 폈다고 한다. 공영 방송 등 미디어의 편파 방송도 박 후보 쪽에 아주 큰 힘이 됐을 것이라고 보고 있다.

동아일보는 1971년 4월 29일 자에서 공화당보다 행정부가 깊숙이 개입했다고 지적했다. 그러면서 전반적으로 볼 때 호남과 서울에서 강력한 행정력의 작용과 조직, 자금 때문에 김대중 바람이 충분히 살아나지 못하면서 더 나올 표가 못 나왔고 반면에 영남에서는 70퍼센트를 상회하는 몰표가 박정희 후보에게 간 것 아니냐고 분석했다. 영남의 경우 예컨대 경상북도를 놓고 볼 때 1963년 대선에서는 투표장에 간 사람의 61퍼센트가 박정희 후보를 찍었는데

◦ 삼학소주는 시장 점유율이 한때 60~70퍼센트에 이를 정도로 인기 있는 술이었다. 그에 힘입어 삼학양조는 국내 100대 기업에 들어갈 정도로 잘나갔다. 그러나 1971년 대선을 거치며 국세청의 조사를 받고 사장이 구속되면서 급속히 몰락했다. 결국 1973년 문을 닫게 되는데, 이에 대해 대선 때 김대중 후보에게 자금을 대줬다가 괘씸죄에 걸린 탓이라는 이야기가 많이 나돌았다.

1971년 7월 1일 박정희 제7대 대통령 취임 축하 아치가 서울 시내에 세워졌다. 사진 출처: e영상
역사관

1967년에는 그게 71퍼센트였다. 그런데 1971년 대선에서는 1971년
선거 때보다 5퍼센트포인트 더 높은 76퍼센트를 기록했다. 당시 상
황을 볼 때 굉장히 심했다고들 이야기한다.

격동의 1971년

개표 결과 김대중이 앞섰다면
박정희가 승복했을까?

── 만약 김대중이 승리했다는 개표 결과가 나왔다면 박정희가 승
복했을까? 박정희 쪽에서 김대중 정권 출범을 지켜보기만 했
을까?

그건 정말 말하기 어렵다. 1963년 대선에서도, 1967년 대선에
서도 박정희 쪽은 패배하면 좌시하지 않았으리라는 것을 김형욱 회
고록 등을 가지고 언급한 바가 있지 않나. 1971년 대선과 관련해 김
충식 기자 글에 흥미로운 대목이 나온다.

유신 쿠데타 이후 안양교도소에 수감돼 있던 신민당의 조윤형,
김상현, 조연하 전 의원 등이 수경사령관이었다가 몰락한 윤필용을
그곳에서 만나게 된다. 그때 나도 안양교도소에서 윤필용 일행을
먼발치에서 봤는데, 하여튼 이 사람들은 정치범 대우를 받으면서
함께 테니스를 치고 그랬다. 그러면서 김상현 전 의원 등이 윤필용
한테 '1971년 대선 때 김대중 후보가 당선됐다면 군에서 막강한 실
력자였던 윤 장군 같은 박 대통령 충복들은 어떻게 했을 것인가'라
고 물었다고 한다. 그러자 윤필용이 바로 뜨르륵 소리를 내며 기관
총 쏘는 시늉을 하더라고 김상현 전 의원은 회고했다. 그때 윤필용
이 "1971년 대선 직후 미 8군 사령관도 그런 질문을 해 똑같이 응답
했다"고 얘기했다고 한다.

1971년 김대중이 대통령에 당선됐을 경우 어떻게 됐을까, 그걸
정확히 알 수는 없다. 그러나 6월항쟁 이후에 치러진 1987년 대선
에서조차 박희도 육군 참모총장이 김대중의 대선 출마에 반대한다

는 선언문을 군부 전체의 의견인 것처럼 발표한 것을 보면, 윤필용의 대답이 여러 가지를 시사하는 것 아니냐는 생각이 든다.

민심이 박정희 경제를 높이 평가했어도
이런 결과가 나왔을까?

—— 1971년 대선은 여러 측면에서 박정희에게 상당한 영향을 끼쳤다고 볼 수밖에 없지 않나.

박정희 대통령은 이 선거 결과를 보고 착잡하다고 할까, 마음이 몹시 안 좋았을 것이라고 생각한다. 중앙정보부를 중심으로 해서 관권을 동원해 총력전을 폈고 KBS, MBC 등 매스컴으로 하여금 일방적으로 자신을 지원하는 활동을 하게 하지 않았나. 또 선거 자금으로 무려 1년 예산의 10퍼센트를 상회하는 600억 원 내지 700억 원의 돈을 썼는데도 경상도 이외의 지역에서는 그 효과를 충분히 못 보지 않았나.

거기에다가 지방색까지 총동원했다. 앞에서 언급한 대로 "우리 경상도 사람이야 다 아는 것 아니냐", "경상도 사람 쳐놓고 박 대통령 안 찍는 자는 미친놈"이라는 선동이 공공연히 나돌았다. "호남 표가 단결해서 야당을 미는데 영남도 여당에 몰표를 줘야 한다"는 식의 흑색선전도 난무했다. 이런 것이 농촌의 경우 더 심하게 나타났다. 그런 식으로 지방색을 총동원했는데도 실질적으로는 승리라고 볼 수가 없는 결과가 나오지 않았나.

그리고 선거 도중에도 간담이 서늘한 장면을 여러 번 보지 않았느냐, 이 말이다. 그래서 결국 '이번 선거가 나한테는 마지막이다. 후계자를 육성하겠다', 자신의 마음에도 없는 이런 공약까지 하지 않을 수 없었는데도 결과가 그렇게 나오지 않았나.

4·27 대통령 선거를 보면 민심이 박정희를 그렇게 지지하고 있는 것은 아니었다는 걸 알 수 있다. 박정희의 경제 정책을 그렇게 높이 평가하지 않고 있었다.

— 그렇게 판단하는 근거는 무엇인가.

왜냐하면 호남에서 김대중 후보가 앞선 건 지방색이 작용했기 때문이라고 하더라도 서울, 경기 같은 지역은 그렇지 않지 않나. 서울, 경기 지역에서 '박 대통령이 경제 정책은 아주 잘 쓰고 있다. 정말 경제 대통령이다', 이런 평가가 나왔다고 한다면 박정희 후보가 그렇게까지 저조한 표를 얻었을 리가 만무하다. 박정희에 대한 강한 비판이 결국 서울에서 표가 4 대 6으로 나뉘게 한, 박 후보보다 무려 약 50퍼센트나 더 많은 표가 김 후보에게 가게 한 것 아니겠나.

그런데 이 선거에서 박정희 후보가 '나에게 마지막 선거다. 후계자를 육성하겠다'고 한 것은, 앞부분은 맞는 이야기가 될지도 모르지만 뒷부분은 그야말로 국민을 기만해도 그렇게 크게 기만할 수 있느냐는 것이 불과 1년여가 지나면 10·17쿠데타에 의해 드러난다. 박정희는 1961년 5·16쿠데타 때 '혁명 공약' 6항에서 과업이 성취되면 본연의 임무로 돌아가겠다고 천명해놓고 지키지 않았다. 그리고 1963년 민정 이양 과정에서 2·27 선서를 통해 '군은 중립을 지켜야 하고 민간인이 좋은 정치를 하기 바란다'고 하면서 자신은 출마하지 않겠다고 전 국민에게 선서해놓고 지키지 않았다. 1971년에는 어떤 면에서 1961년, 1963년에 한 것보다 더 강한 공약을 하고 저버린 것이다. 1971년 대선 때 그야말로 박정희 최대 승부수라고 볼 수 있는 '후계자 양성'이라는 공약을 해놓고 불과 1년여 만에 10·17 유신 쿠데타를 일으킬 수 있는 건가. 아울러 여기서 박정희의 유신 시대에 많이 나오는 이른바 생산적 정치와 결부해 생각해볼 게 있다.

돈 안 드는 '생산적 정치'?
유신 체제 합리화한 박정희의 궤변

─── 어떤 것인가.

1971년 선거에서 박정희는 경상도 몰표 때문에 간신히, 겨우 당선되긴 했지만 이 선거에서 된맛을 보고 만 박 대통령은 '그러한 선거를 다시는 치르고 싶지 않다', 이런 생각이 안 들 수 없었을 것이다. 그런데 박정희는 1971년 선거와 관련해 10·17쿠데타를 합리화하는 이유를 여러 번 공개적으로 이야기했다. 그게 뭐냐 하면 유신 시기에 박정희가 '선거는 돈이 너무 많이 든다. 그래서 생산적 정치를 해야 한다', 이렇게 이야기하는 대목이다.

실제로 1963년, 1967년, 1971년의 대선과 총선에 엄청난 돈이 들어간 건 사실이다. 그러나 그건 대부분 여당 측에서 쓴 것이다. 1971년 대선, 총선이건 1963년 대선, 총선이건 여당 측 또는 박 후보 측은 야당의 10배 또는 수십 배의 돈을 썼다. 1950년대와 비교해도 돈을 너무 많이 쏟아부었다. 1952년, 1956년 정부통령 선거 때에는, 돈이 없어서 그랬을 수도 있지만, 여권이 그렇게까지 큰 규모의 자금을 살포하지는 않았다. 1960년 3·15 부정 선거 때에도 그랬다. 물론 이때도 야당과 비교하면 큰돈을 썼지만 말이다.

한번 생각해보자. 야당이 대선, 총선에서 쓴 돈의 규모를 보면 민주주의 제도를 유지하기 위해 그 정도는 돈을 안 쓸 수 없는 것이라고 이야기할 수 있다. 민주주의 제도를 운영하는 데 비용이 어느 정도 들어간다고 볼 수 있지만, 여당 쪽은 분명히 문제가 있게 많이 썼다. 그런데 박정희는 야당 후보가 돈을 제대로 못 쓴 건 전혀 생각하지 않고 자신이 돈을 많이 쓴 것만을 기준으로 '이렇게 돈이 많이 드는 선거는 할 필요가 없다', 이런 선거 무용론을 들고나와서 유신 체제를 합리화했다. 독재자는 다 그랬다고 이야기할 수도 있지만, 지나친 합리화 아니냐고 볼 수 있다.

— 유신 쿠데타 후 박정희가 정치에 들어가는 돈을 줄였다고 볼 수 있나?

독재자들은 자신을 합리화하는 수단을 개발해내기 마련인데, 그렇다고 해서 유신 체제 때 정치 자금이 없었느냐 또는 적었느냐 하면 결코 그렇게 볼 수 없다. 국내외 기업들에 부담을 주지 않았다고 이야기할 수가 없다는 말이다.

선거 때, 예컨대 1978년 12·12총선 때 들어간 비용 같은 건 선거이기에 불가피하게 들어간 돈이라고 이야기할 수도 있다. 그렇지만 유정회라든가 공화당을 유지하는 비용 같은 건 여전히 들어갔고, 이제는 선거 비용 대신 유신 권력을 유지하고 유신 체제에 절대 충성을 바치게 하기 위해 막대한 촌지를 쏟아붓지 않을 수 없었다. 검은돈이 항상 박정희 뒤를 그림자처럼 따라다닐 수밖에 없었다.

《전두환 육성 증언》을 보면, 전두환이 유신 체제 말기 박정희와 차지철의 관계를 언급하는 대목이 있다. 차지철 경호실장한테 엄청난 권력을 맡긴 박정희가 차지철의 잘잘못을 제대로 따지지 못했고 차지철에 대한 보고서 같은 게 올라오면 직접 차지철에게 줘버리는 방식으로 처리해서 보고서를 올리기 어려웠는데, 정치 자금도 차지철을 통해 마련하고 신세를 너무 많이 져서 그런 것 아니었겠느냐고 전두환은 설명한다. 유신 체제를 유지하는 데 들어가는 돈을 차지철이 걷어서 쓰도록 한 것 때문이기도 하지 않겠느냐, 이야기다. 이런 걸 보더라도 유신 체제라고 해서 돈이 안 들었던 게 아니고 음성적으로, 양성적으로 큰돈이 계속 들어갔다고 말할 수 있다.

1971년 대선 직후 총선에서
사상 최초로 균형 국회 출현

격동의 1971년, 일곱 번째 마당

'박정희 친위대' 위주로 공천한 공화당,
진산 파동에 휘말린 신민당

김 덕 련 1971년 대선 직후 총선도 예정돼 있었다. 이 총선은 어떻게 치러졌나.

서 중 석 대통령 선거가 끝난 뒤 한동안 어수선했다. 학생들은 부정 선거 규탄 대회를 열었다. 4·27대선은 학생들이 참관인으로 다수 참여한 선거라는 점에서 특기할 만하다. 학생들은 선거 국면을 맞아 그동안 치열하게 벌였던 교련 반대 운동을 일단 접어두고 공명 선거 달성을 위한 캠페인과 선거 참관단 구성에 들어갔다. 1960년 대 학생 운동은 학생회를 제쳐두고 하는 경우가 많았는데, 1971년 이때는 (총)학생회가 교련 반대 운동과 공명선거 운동을 이끌어간 경우가 많다는 점에서도 특기할 만하다. 공화당은 학생 선거 참관 인의 참여를 거부했다. 그래서 학생들은 신민당 측 선거 참관인으로 전국 각 지역에 갔다.

　선거가 끝나자 여러 대학에서 4·27대선 참관 보고 대회가 열렸다. 학생들은 여당이 매스컴을 독점해 일방적으로 선거 관련 선전을 한 점, 지방 공무원이 여당 후보 득표에 힘썼다는 사실 등을 구체적으로 지적하고 부정 선거를 규탄했다. 고려대 총학생회와 민주수호투쟁위원회에서는 선거 전면 무효화 투쟁을 위한 민주 수호 대행진을 벌일 것을 결의했다. 서울대 상대생들은 '원천적 부정 선거 화형식'을 거행했고 법대생들은 "부정 선거를 무효화하라"며 시위에 돌입했다. 이화여대 등에서도 부정 선거 규탄 대회가 열렸다. 5월 14일 민주수호전국청년학생연맹은 4·27대선이 '관권과 금력

1971년 5월 7일 박정희 대통령이 청와대에서 공화당 제8대 국회 총선 전국구 공천자를 접견하고 있다. 사진 출처: e영상역사관

선거라는 요식 행위를 빌린 일당 독재와 총통제 음모가 드러난 선거'라면서 '신민당은 5·25총선을 거부하고 민주 수호 대열에 나서라'고 촉구했다. 재야와 학생들이 '선거가 이런 식이어서는 안 된다'며 총선 거부 운동을 들고나온 것이다. 그런데 야당 내부에서는 수

습하기가 아주 어려운 내분이 폭발했다.

정부가 총선 날짜를 5월 25일로 발표하면서 여당, 야당 모두 선거에 총력을 기울이게 된다. 공화당의 경우 전국구 1번을 김종필로 하고 2번을 정일권, 3번을 백두진으로 했다. 중앙정보부장 자리에서 밀려난 김형욱은 5번이 됐다. 그런데 전국구 6번이 권오병 전문교부 장관이었다. 권오병은 학생 운동에 대한 초강경 조치 등으로 욕을 아주 많이 얻어먹던 사람인데, 6번이라는 높은 순번을 차지했다. 권오병이 얼마나 욕먹었는지에 대해서는 나중에 다시 이야기할 텐데, 그런데도 6번을 차지했다는 건 박정희가 권오병을 얼마나 총애했는지를 잘 보여준다. 그다지 유명한 사람이 아니었는데도 좋은 순번에 배치됐다.

—— 지역구 공천 상황은 어떠했나.

1971년 10·2 항명 파동으로 4인 체제(김성곤, 길재호, 백남억, 김진만)가 무너지고 공화당이 박정희 대통령의 친정 체제로 들어가게 된다고 이야기한다. 그런데 여당의 5·25총선 지역구 공천 상황을 보면, 이때는 아직 10·2 항명 파동이 있기 전인데도 이미 박정희 친위대라고 할 수 있는 사람들을 중심으로 지역구도 공천했다.

지역구 공천자 88명 가운데 군 출신이 무려 41명이었다. 청와대 경호실 출신도 8명이나 됐고 대구사범학교 출신도 3명이나 됐다. 88명 중 절반을 훨씬 넘는 수가 박정희 직계였다고 볼 수밖에 없지 않나. 이들 말고 나머지 사람들 중에서도 그런 이들이 많았다. 10·2 항명 파동 전이니 아직 4인 체제였다고 하지만, 또 4인 체제는 과거 김종필 중심의 주류에 대항한 세력으로 3선 개헌에서 박정희를 떠받든 세력이었지만, 공천을 받은 사람들의 면면을 보면 박정희 대통령을 무조건 따르는 사람들이 대부분이었다. 공화당에 친정 체제를 구축하겠다는 박 대통령의 의중이 이미 여기서도 드러났다.

— 이 선거를 앞두고 야당이 아주 어수선했다고 이야기했다. 야당에선 어떤 일이 벌어졌나.

문제는 야당이었다. 야당에 큰 난리가 나버렸다. 5월 6일 유진산 당수 집에 청년 당원들이 쳐들어와서 유 당수를 막 잡고 흔들고 하면서 그 집 집기를 부수고, 또 당사에 걸려 있던 유 당수 사진을 불사르고 책상과 전화를 부수는 일이 일어났다. 이게 유명한, 또 하나의 진산 파동이다. 야당에서는 유진산과 관련된 파동이 이때뿐만 아니라 여러 번 일어났다. 권모술수에 능한 유진산이 가는 곳, 하는 일에는 잡음과 의혹이 뒤따르는 경우가 많았다.

왜 이런 일이 일어났느냐. 유진산은 이전에 영등포갑 구 후보로 총선에 나왔다. 그러니 영등포갑 구로 다시 나오는 게 당연했다. 그런데 이 지역구에 청와대 수석비서관 등을 지낸 장덕진이 여당 후보로 나오자, 유진산은 스물아홉 살인 박정훈을 자기 대신 신민당 후보로 영등포갑 구에 내세우고 자신은 전국구 1번으로 나서겠다고 밝혔다(2번은 김대중). 장덕진은 청와대와 친인척 관계(육영수 언니의 사위, 즉 박정희의 처조카 사위)였다. 유진산의 행보는 '여기엔 틀림없이 모종의 거래 의혹이 있다. 도대체 여당 후보를 당선시켜주기 위해 당수가 그런 식으로 지역구를 넘기고 전국구 1번으로 나간다는 게 말이 되느냐', 많은 사람이 이렇게 생각하게끔 만들었다.

이 진산 파동은 당권 싸움으로 가는 과정을 밟는다. 사실 당연히 그렇게 가게 돼 있었다. 진산 파동은 진산계와 김대중 등이 이끌던 반진산계의 싸움으로 번졌다. 선거일이 얼마 남지 않았는데도, 또 여당은 한창 선거 운동에 열을 올리고 있는데, 야당은 진흙탕 싸움을 벌였다. 결국 유진산이 사퇴하고 김홍일 전당 대회 의장에게 당수 권한 대행을 맡김으로써 일단 수습은 됐다. 재야 단체인 민주수호국민협의회는 이번 파동은 여야 간에 오랫동안 누적된 비열한 암거래가 빙산의 일각으로 노출된 사례로, 야당의 존재 이유가 이처럼 부인되는 정치 풍토는 지양돼야 한다고 역설했다.

── 집안싸움이 끊이지 않은 야당보다는 여당이 우세할 것이라는 전망에 힘이 실렸을 것 같다.

이 선거는 여당의 특이한 공천과 야당 내부 분란을 빼놓고는 국민들한테 크게 관심을 살 만한 일이 별로 없었다. 박 대통령은 전남에서 3차 경제 개발 5개년 계획 기간 중 농촌에 중점을 둘 방침이며 곡창인 호남 지방에 자연적으로 시책이 집중될 것이라고 말했다. 경남에서는 야당이 주장하는 이중 곡가제는 현실적으로 불가능하다고 지적하면서 강력한 원내 안정 세력의 확보를 호소했다. 5월 20일 김홍일 신민당수 권한 대행은 TV 연설에서 이제 국민의 동질성, 민족의 일체감, 지역의 평준화가 깨졌고 현재 야당은 정보 정치, 매수공작, 흑색선전 등으로 그 존립마저 위태로운 지경이 돼 한때 신민당 내의 큰 진통까지 유발했다고 주장했다. 그러면서 중대한 민족적 결단의 시기에 견제 세력 양성이 필요하다고 호소했다.

선거를 3일 앞둔 5월 22일 한 신문의 보도를 보면 "공화당은 안정세를 낙관하고 신민당은 호헌선 확보에 비관적이다", 이렇게

1971년 5월 11일 박정희가 전북 진안군에서
제8대 총선 지원 유세를 하고 있다.
사진 출처: e영상역사관

나와 있다. 야당의 호헌선 확보가 또 어려워 보인다는 이야기였다. 그러고 나서 3일 후 선거가 치러졌는데 그다음 날 신문은 '총선 개표 진행, 신민당 예상 외로 강세', 이렇게 보도했다. 정말 우리나라 국회의원 선거 중에서 제일 놀라운 선거, 어째서 이렇게 됐나 싶을 정도로 아주 놀라운 결과가 나온 선거였다. 1971년 대통령 선거도 그야말로 멋진 선거 아니었나. 정책 대결도 있고 유권자들이 지대한 관심을 표명했고 대단히 멋진 선거였다. 바람이 막 불지 않았나. 그런데 개표를 하고 보니까, 이 5·25총선도 아주 멋진 선거였다는 것이 알려지게 된다.

대구·부산·경남에서도 이긴 신민당, 이효상 등 공화당 중진들은 줄줄이 낙선

── 어떤 점에서 그러한가.

서울의 경우 19개 지역구 중에서 예상대로 영등포갑 구에서만 여당 후보가 당선되고, 나머지 18곳에선 다 여당 후보가 떨어지고 신민당 후보가 승리했다. 서울에서 낙선한 공화당 후보 가운데에는 여당의 중진이라고 볼 수 있는 장기영, 민관식, 박준규, 김현옥 그리고 김구의 아들인 김신, 박충훈 같은 사람들이 있었다. 이 사람들이 전부 떨어졌다.

부산에서는 8개 선거구 가운데 신민당이 6개를 쓸어버렸다. 대구의 경우 5개 선거구 가운데 4개 선거구에서 신민당 후보가 당선됐다. 대구가 대선 때 제일 박정희 후보를 많이 찍은 데였는데도 그랬다. 그뿐만 아니라 제3공화국 초기부터 국회의장을 지냈고 선거 유세에서 여러 차례 지방색을 드러내 빈축을 산 이효상이 바로 이 대구에서 낙선했다. 이름도 잘 알려지지 않은 신진한테 패배했다. 그만큼 대구 분위기도 달랐다. 특히 경남, 부산 이 지역에선 26석 가운데 17석을 야당이 차지했다.

노무현 정권 때 부산에서 의석을 확보하려 많은 노력을 기울였지만 잘 안됐고, 문재인이 대표를 맡은 후에도 야당은 꽤 오랫동안 부산, 경남에서 몹시 어려운 상황에 놓이지 않았나. 그런데 1971년 이때는 이렇게 달랐다. 전국 32개 주요 도시에 64개 선거구가 있었는데, 공화당은 17석밖에 차지하지 못하고 신민당이 무려 47석이나 차지하는 놀라운 결과가 나왔다. 그래서 전체적으로 보면 지역구에서 공화당이 86석, 신민당이 65석, 전국구에서 공화당이 27석, 신민당이 24석을 차지했다. 그렇게 해서 공화당은 113석, 신민당은 89석을 확보했다.

득표수를 봐도 여당과 야당이 별로 차이가 나지 않았다. 공화당이 전체 투표자의 48.4퍼센트에 해당하는 546만 581표, 신민당이 44.4퍼센트인 496만 9,050표로 불과 50만 표밖에 차이가 나지 않았다. 이렇게 된 건 경상도에서 뛰어난 유권자 의식이 표출됐기 때문이다. 대구를 포함한 경북의 경우 공화당이 약 85만 표, 신민당이 약 65만 표로 20만 표 차이밖에 나지 않았다.

야당의 실질적인 승리 아니냐는 평가를 받는 선거였다. 어떤 사람은 대승이라고까지 표현했다. 개헌 저지선이 69석인데, 야당은 그보다 무려 20석이나 많은 89석을 확보했다. 전체 의석(204석)의 절반에서 13석 모자라는 의석을 확보한 야당은 이제 독자적으로 국회를 소집할 수 있고, 국무위원 출석 요구를 해서 국무위원한테 질의를 할 수 있게 됐다.

1971년 대선에서 기승부린 지역주의, 왜 한 달 후 총선에서는 맥을 못 췄나

── 1971년 대선에서는 지역주의가 강하게 작용하지 않았나. 그런데 한 달 후 치러진 5·25총선에서는 다른 모습이 나타났다. 왜 그랬던 것인가.

대통령 선거에서 지방색이 너무 심한 것 아니었느냐고 해서 많은 사람이 크게 우려한 게 사실이다. 그 우려를 경상도 쪽에서 얼마나 멋지게 이 총선을 통해 씻어내려 했는지가, 그걸 위해 노력한 모습이 정말 눈에 보일 만큼 뚜렷하게 나타난 것이다. '우리는 비록 대통령에게 몰표를 줬지만 국회에서 견제를 잘해서 균형 잡힌 정치가 이뤄지도록 해달라', 이것 아니었겠나. 다른 말로 한다면, 대선에서는 지방색이 강하게 드러났지만 총선에서는 민주주의를 향한 강한 희구, 의지 같은 것이 나타난 것이다.

1987년 이후의 지방주의, 지방색과는 판연히 다르다. 1987년 이후의 지방주의는 2017년 대선 이전까지 30년 가까이, 2017년 대선에서 적잖은 변화를 보여주긴 했으나, 강력하게 버티지 않았나. 그와 달리 1971년 총선에서 그렇게 수준 높은 유권자 의식, 민주주의 의식이 나타난 것은 우리 현대사의 큰 자랑거리다. 나는 현대사 강의에서 학생들에게 1971년의 대선과 총선을 특별히 강조한다. 역사는 일직선으로 진보하지 않는다는 것을 우리 현실은 보여주지만,

1971년을 기억하면서 민주주의의 암적 존재이기도 한 지방주의를 극복하는 것이 중요하다.

그리고 대선과 마찬가지로 1971년 총선에서도 역시 박정희 대통령의 근대화나 경제 정책이 심판을 받은 것으로 볼 수밖에 없지 않겠나. 정말 경상도 쪽에서 '박정희 대통령은 위대한 경제 대통령이다', 이런 생각을 했다면 이렇게까지 표가 나오겠느냐, 이 말이다. 이 총선에서 여당 후보들이 누구를 내세워서, 뭘 자랑하면서 선거운동을 했겠나. 그것에 대해 심판을 내린 것이니까 그렇게 해석할 수밖에 없지 않느냐고 볼 수 있다.

이건 1963년 선거는 물론이고 1967년 선거 때 야당 후보가 부산, 대구에서 당선됐던 것보다 훨씬 많이 1971년 선거 때 당선된 것을 통해서도 알 수 있다. 특히 대구 같은 데서 그랬는데, 이처럼 '지방색을 넘어서서 한국이 민주주의 국가로 가야 한다'는 것을 대구건 부산이건 경남 지역이건 다른 어디에서건 1971년 총선에서 보여준 것이다.

그래서 한 신문은 이렇게 썼다. "슬기로운 우리 국민들은 여당에게는 안정선을 구축해준 반면 야당에게는 호헌선이란 방파제를 쌓아주어서 견제와 균형이라는 기능을 부여해주었다"는 점을 지적하고 "대한민국 국민의 민주 역량을 내외에 과시한 것이라 하지 않을 수 없다"고 평가했다. 그리고 "이처럼 세력 균형을 이룩하게 된 일이 일찍이 없고 주권의 자각과 민도民度의 수준이 이제는 어떠한 관권의 위력도, 어떠한 금권의 유혹도, 어떠한 흑색선전의 교묘함도 이를 감연히 물리치고 주권다운 주권을 행사하기 위해 양심의 명령에 따랐다", 이렇게 사설에 썼다. 그러면서 "이제 여야의 세력 분포가 이처럼 균형 상태를 이룩하게 됐다면 국정의 만기萬機가 오직 국회를 중심으로 움직이지 않을 수 없게 된 것이 무엇보다도 다행스러운 일"이라며 새로운 선량들에게 최선을 다해달라고 당부했다. 국회를 거수기 취급하고 행정 독재를 해온 것을 선거 결과가 이렇게 나왔으니까 이제 바꿔야 하고, 정치다운 정치를 펼쳐야 한다고 역설한 것이다.

박정희가 쿠데타 결심 굳히는
계기가 된 1971년 대선·총선

── 박정희 세력에게 1971년 대선 결과는 있어서는 안 될 일이었다. 5·25총선 결과도 마찬가지였을 것으로 보인다. 이 총선 결과는 박정희 쪽에 어떤 영향을 끼쳤나.

해방을 모든 이가 기뻐하지 않고 친일파들은 날벼락이 떨어진 것으로 생각했듯이 이러한 견제와 균형, 주권의 자각, 높은 민도, 국회가 이제는 정치의 중심이 된다는 것, 행정 만능의 악폐를 제거하고 정치다운 정치를 펼쳐야 한다는 것 등에 대해 가슴이 섬뜩해진 사람도 있었고 '이건 말도 안 된다. 있을 수 없는 것이다'라고 생각한 사람도 있었다. 더더군다나 이 총선을 보면 이제는 개헌을 해가지고 박정희가 계속 대통령 자리를 유지할 수 있게 하는 방식도 불가능하게 됐다.

이것은 1958년 5·2총선을 겪고 나서 자유당이 고민했던 상황을 연상하게 한다. 5·2총선 후 계속 집권하기 위해 자유당이 내각책임제도 생각해봤지만 이승만 대통령이 반대하지 않았나. 부통령

러닝메이트 제도도 생각해봤지만, 그건 헌법을 고쳐야 하는데 국민이 5·2선거에서 야당에 호헌선을 내줘서 그것도 할 수 없게 됐다. 그래서 전가의 보도처럼 사용했던, 노하우가 잔뜩 쌓였던 부정 선거로 1960년 3·15선거에 대처하지 않았나.

그와 마찬가지로 박정희에게 남은 방법은 이제 쿠데타밖에 없게 된 것이다. 박정희는 대통령 의자를 꽉 틀어쥐고 절대로 권력을 남한테 안 주려 한 사람 아닌가. 민주주의를 하라고 국민들이 대선과 총선에서 이렇게 열띤 정성을 담아준 것인데, 그것이 박정희로 하여금 '쿠데타로 갈 수밖에 없다'는 결심을 굳히는 방향으로 가게 했다는 역설을 보여줬다.

저항 세력의
무력화

사법부 예속과
민주공화당 친정 체제

저항 세력의 무력화, 첫 번째 마당

김 덕 련 1972년 유신 쿠데타가 발생한 후 한동안 눈에 띄는 저항 움직임을 찾아보기 어려웠다. 이런 현상을 어떻게 이해해야 하나.

서 중 석 정치적, 경제적, 사회적으로 유신 쿠데타를 일으킬 만한 이유가 없었는데도 박정희 대통령은 유신 쿠데타를 일으켰다. 그 밑바탕에는 그러한 쿠데타를 일으켜도 저항할 수 있는 세력이 없다는 판단이 깔려 있었다. 유신 쿠데타를 이해하는 데 이 점이 대단히 중요하다. 박정희는 10·17 계엄을 선포해야 할 만한 이유가 있어서 군을 동원한 것이 아니라, 유신 쿠데타를 일으켜도 그것에 저항할 수 있는 세력이 없을 것이라고 자신했기 때문에 그런 국가 변란을 일으킨 것이다. 이제부터 그 점을 살펴보자.

유신 쿠데타가 일어날 만한 사회적, 경제적, 정치적 문제 또는 남북 관계에서 특이점이 없었는데도 쿠데타를 일으켰다면 그런 명분 없는 쿠데타에 대해 왜 저항이 없었는가 하는 문제가 제기될 수 있다. 그전에 누가 그러더라. 현대사에 대해 좋은 저서와 글을 낸 한 교수가 "10·17쿠데타에 아무런 저항이 없었던 것으로 봐서 당시 한국인들은 그만큼 민주주의에 대한 신념이 강하지 않았던 것 아니냐"고 하더라. 그때 난 "그러한 판단에 동의하지 않는다. 그것과 생각이 많이 다르다. 저항이 없었다는 것을 민주주의에 대한 신념과 꼭 연결해서 판단할 일은 아니다", 이런 이야기를 했었다.

'1인 독재 체제 수립해도 저항 없을 것'
박정희가 유신 쿠데타 일으킨 속내

─── 어떤 의미에서 그러한가.

뭐냐 하면 계엄을 선포하고 군인들이 탱크로 밀고 들어오고 집총하고 거리로 나오는 상황에서 그런 군인과 직접 맞서 싸우는 경우는 아주 드물다고 볼 수 있다. 물론 극우 수구 세력하고 진보 세력이 혈전을 벌이고 있는데 군대가 나왔다고 하면 상황이 다를 수 있다. 또 남미처럼 아주 강력한 노조가 존재할 경우 조직적으로 대항할 수도 있다. 그런데 그런 조직적인 세력이 없는 경우에는 군인들의 쿠데타나 계엄 사태에 직접 대항하기가 어렵다.

헝가리, 체코에서는 다르지 않았느냐고 할 수도 있는데 그건 케이스가 전혀 다르다. 1968년 체코 같은 경우 공산당 제1서기 알렉산드르 둡체크가 집권해서 개혁을 한창 하고 있는데 그걸 가로막기 위해 소련이 탱크를 몰고 들어온 것이다. 그것에 대해서는 둡체크 집권 세력도 부분적으로 저항하지 않을 수 없었고, 시민들도 분노해서 바로 저항했던 것이다. 체코 내 군부 세력이 탱크를 몰고 나온 게 아니라 소련이 밀고 들어왔다는 점을 생각할 필요가 있다. 둡체크가 시민들의 지지를 받으면서 개혁을 하고 있을 때 그런 일이 일어났다는 점도 중요하다. 그러니까 그것에 대해 길게 저항하지는 못했지만 그래도 상당한 저항이 있었던 건 당연하기도 하고, 그럴 수 있던 여러 조건이 있었다고 볼 수 있다. 1956년 헝가리에서도 임레 나지가 개혁을 추진하다가 소련의 무력 개입에 의해 쫓겨나자 분노한 시민들이 저항하지 않았나.

—— 유신 쿠데타 직후 저항 움직임이 나타나지 않은 이유가 무엇이라고 보나.

한국의 경우 유신 쿠데타에 왜 저항이 없었느냐. 우선 이 점을 생각해볼 수 있다. 거듭 말하지만 군인들이 쿠데타를 일으켰을 경우 그 무력에 직접 저항하는 건 쉽지 않다. 집권 세력을 타도하기 위한 쿠데타라면 집권 세력이 그것에 대항해 싸울 수도 있지만, 그런 것이 아닐 경우에는 그렇게 하기가 어렵다. 1964년 6·3운동 때 박정희 정권이 선포한 계엄을 비롯해 한국에서 일어난 여러 계엄 사태를 봐도 그러한 계엄에 학생, 시민이 직접 대항해 싸운 경우는 찾기가 쉽지 않다. 1980년 광주의 경우는 케이스가 다르다. 그것에 대해서는 나중에 광주항쟁에 가서 설명할 것이다.

그렇다 하더라도 유신 쿠데타에 왜 저항이 없었느냐 하는 문제는 그것대로 충분히 논의해볼 수 있고 논의해야 한다. 도대체가 해방 이후로 따지면 27년이 되고 정부 수립으로 따지면 24년이 되던 때에 자유와 민주주의를 짓밟고 1인 유일 독재 체제를 만들려고 했는데 학생이건, 언론이건, 야당이건 왜 저항이 없었는가는 논의하지 않으면 안 된다. 그것과 직접 상관된 이야기지만, 어째서 박정희가 1972년 10월 17일 쿠데타를 일으켰을 때 자신이 쿠데타를 일으켜 민주공화국 헌법을 짓밟고 1인 독재 체제를 수립해도 저항 세력이 없을 것이라는 자신감을 가졌을까. 문제의 핵심은 여기에 있다.

이 점은 유신 쿠데타를 이해하는 데 굉장히 중요하다. 박정희는 정치적, 사회적, 경제적인 비상사태 때문에, 남북 간의 심각한 위기 상황 때문에, 또는 데탕트로 인한 심각한 위기의식 때문에 유신 체제로 가기 위한 쿠데타를 일으킨 것이 아니다. '저항 세력, 비판 세력을 철저히 탄압했기 때문에 국가 변란을 일으켜도 걱정할 것이 없다. 미국도 적극적으로 개입할 수 있는 여건을 갖추고 있지 못하다', 이렇게 판단했기 때문에 쿠데타를 일으킨 것이다.

사법부 파동 거치며 옥죄임 당한 법원,
유신 쿠데타 후 더 무력한 존재로 전락

── 박정희가 그렇게 여긴 근거는 무엇인가.

어떻게 해서 그런 자신감을 가질 수 있었는가, 그리고 도무지 있을 수 없는 쿠데타인데도 그것에 저항하고 투쟁할 수 있는 세력이 왜 없을 것이라고 봤느냐. 이것을 여러 부문으로 나눠서 설명할 필요가 있다. 이건 이 시대를 이해하는 데 굉장히 중요하다.

먼저 사법부를 살펴보자. 1971년에 일어난 사회적, 경제적 사건을 다룰 때 사법부 파동에 대해 이야기했는데 사법부가 10·17쿠데타를 견제하거나 그것에 직접 저항한다는 건 쉽지 않았다. 그렇다 하더라도 재판을 통해 일정하게 그런 역할을 할 수도 있는 부분이 있긴 하다. 사법부의 경우 1950년대에도, 1960년대에도 자율성이 전혀 없었다고는 할 수 없지 않나. 그에 비해 입법부는 어떻게 보면 그야말로 '통법부通法府', 즉 권력이 요구하는 대로 다 통과시키는 거수기 아니냐는 이야기를 듣기도 했다. 좀 심한 이야기겠지만 그 시기에 그런 이야기를 들은 게 사실이다. 그런 입법부와 달리 사법부는 1950~1960년대에 여러 판결을 통해 '그래도 사법부는 살아 있다', 이런 이야기를 간간이 들었다.

저항 세력의 무력화

1964년 5월 20일 자 경향신문에 실린 '민족적 민주주의 장례식' 장면. 한·일 굴욕 회담 반대 학생총연합회 주관 하에 대학생들이 관을 들고 행진하고 있다.

물론 1961년 5·16쿠데타 후 이른바 '혁명 검찰부', '혁명 재판부'에서 말도 안 되는 여러 재판을 통해 사건을 처리할 때 판사들을 비롯한 법조계 인사들이 많이 차출돼 활동했는데, 그때 하등의 저항이 없었던 건 사실이다. 소위 혁명이라는 이름으로 도대체가 말이 안 되는 재판을 하고 민족일보 사장 조용수를 비롯한 여러 사람한테 사형 판결을 내려 사형장까지 가게 했는데, 그것에 저항한 판사가 있었나? 이처럼 이른바 '혁명 재판'에 차출된 판사들이 저항하지 않았던 건 사실이다. 그러나 그 이후 사법부는 조금 다른 모습을 보인다.

—— 어떤 변화를 보였나.

예컨대 1964년 5월 20일 학생들이 민족적 민주주의 장례식을 하지 않았나. 이 일과 관련된 학생들에 대한 구속영장을 양헌 판사가 기각해버렸다. 이것도 아주 유명한 사건인데, 왜 그렇게 유명하게 됐느냐. 판결 자체도 대단한 것이었지만, 구속영장이 기각된 후 얼마 안 지난 시점인 5월 21일 새벽에 공수 부대 군복을 입은 군인들이 카빈총, 권총을 휴대하고 법원에 들어갔기 때문이다. 유명한 무장 군인들의 법원 난입 사건이다. 이때 대법원은 신성불가침과 법원의 독립성을 저해하는 이런 사태가 또다시 발생하지 않도록 정부에 요청했다.

또 1967년에 동백림 사건이 일어나는데, 그에 대한 대법원 판결도 대단하다는 이야기를 들었다. 1968년 7월 대법원에서는 동백림 사건 재판에서 간첩죄, 잠입죄를 적용한 건 법을 잘못 적용한 것이며 또 증거 없이 사실을 인정했거나 양형 부당의 잘못이 있다고 판시하고, 서울고법에 파기 환송했다. 같은 날 대법원은 민족주의비교연구회 사건 재판에서 황성모, 김중태 등의 이적 단체 구성 예비 음모죄에 대해 파기 환송을 했다. 예비 음모죄, 이건 당시 시위 학생 등을 괴롭힌 매우 무서운 죄목이었다. 황성모, 김중태 등도 2심에서는 이것으로 유죄 판결을 받았는데, 대법원에서 '이들이 예비 음모를 했다는 소명이 공소장에 없다'고 하면서 유죄 부분을 떼고 이것도 서울고법에 환송한 것이다.

그러자 바로 애국시민회라는 단체에서 "김일성 앞잡이 처단하라", "북괴의 복마전인 사법부 갈아내자"고 하면서 벽보를 붙이고 전단을 뿌리며 사법부를 위협하는 일이 일어났다. 그때는 언론조차

'대법원 판결이 너무하다'는 식으로 나오기도 했다. 극단적인 반공주의가 체질화돼 생리적으로 반응한 것이었다.

— 정체가 불분명한 극우 단체가 법원을 위협하는 박정희 집권기 풍경은 이승만 집권기인 1958년 7월 진보당 사건 1심 판결에 불만을 품은 이른바 반공 청년들이 법원에 난입했던 일을 연상시킨다. 법관이 법과 양심에 따라 재판하기 어려웠던 점에서도 이승만 집권기와 박정희 집권기는 닮았다는 생각이 든다. 다시 돌아오면, 사법부가 정치 권력의 심기를 불편하게 한 사안은 민족적 민주주의 장례식, 동백림 사건, 민비연 사건만이 아니지 않나.

사법부 파동을 다룰 때 이야기한 것처럼 1971년 대법원은 '위헌심권을 제한한 법원조직법 중 일부가 위헌이다', 이렇게 판결해 입법부와 행정부가 사법부에 가했던 제약 요소를 제거하는 조치를 취했다. 또한 서울대생들이 대선 직후 신민당사 농성 사건을 벌이자 검찰은 관련자 10명한테 실형을 구형했지만, 서울형사지법은 전원 무죄를 선고했다. 김대중 대통령 후보 쪽과 관련이 있었던 《다리》라는 잡지 필화 사건 관련자들이 무죄 판결을 받는 일도 일어났다. 이런 것들에 대한 보복으로 검찰이 이범열 부장판사 등 3명에 대한 구속 영장을 신청하면서 사법부 파동이 일어나지 않나.

사법부 파동은 서울형사지법과 서울민사지법의 판사가 거의 전부 사표를 쓸 만큼 '사법부에 기개가 있다'는 걸 보여준 사건이고, 그래서 대통령이 검찰의 조치를 일단 백지화하라는 지시를 내리기도 했다. 그러나 그 파동 이후 사법부는 크게 옥죄임을 당하고,

유신 헌법이 만들어진 후에는 더욱더 무력한 존재가 된다. 사법부 파동 당시 사법부를 수호하기 위해 앞장서서 싸웠던 송명관 서울형사지법원장이나 홍성우 판사 같은 사람들이 사표를 내지 않을 수 없었고 또 대법원 판사 9명과 고법, 지법의 판사들 중 상당수가 사표를 내거나 1973년 재임용에서 탈락했다고 지난번에 이야기하지 않았나.

그에 더해 중앙정보부가 판사들을 어느 때보다도 보이게 또는 보이지 않게 감시하면서 '사법부라는 것이 정말 독립성이 있느냐. 권력에 종속된 존재 아니냐'는 비판을 듣게 된다. 민복기 대법원장 때만 그런 비난을 들은 게 아니라 유신 체제 내내 대법원은 계속 그런 비난을 들었다. 그러면서 긴급 조치 재판과 같은, 있을 수 없는 재판을 민간인 판사들도 하게 된다. 정리하면, 사법부는 10·17쿠데타에 저항하지 못한 것은 물론이고 그 후 유신 체제에서 재판을 통해 일정하게 견제하거나 저항하는 역할을 하는 모습도 보여주지 못했다.

공화당 4인 체제 붕괴로 이어진
1971년 10·2 항명 파동

── 정치권은 어땠나. 국회의원들 중 민주주의에 대한 신념이 강한 이들만이 아니라 그런 신념이 그리 강하지 않은 이들에게도 유신 쿠데타에 반발할 이유는 충분히 있었다. 유신 쿠데타로 국회를 해산하고 국회의원들의 권한을 박탈하는 상황에서 정치인이 반발하지 않는다면 그게 더 이상한 것 아닌가? 1971

년 5·25총선을 통해 국회의원이 된 지 1년 반도 되지 않은 때에 유신 쿠데타가 일어났다는 점에서 더 그러하다.

사법부는 재판을 빼놓고는 자신들이 싸울 수 있는 수단이 없다고 하지만 정치계는 정말 자기들의 명운이 직접 걸린 쿠데타가 10월 17일에 일어난 것이기 때문에 이것에 대해 최소한의 저항은 했어야 할 것 아닌가, 이런 이야기를 할 수는 있다. 그러나 그것도 실제로 가능하지 않았다.

우선 여당인 공화당이 10·17쿠데타 같은 것에 대해 문제를 삼는다든가 하는 건 못할 것 아니냐고 생각할 수도 있지만, 과거의 4인 체제 또는 김종필 주류 체제 방식으로 공화당이 존재했더라면 박정희가 그런 쿠데타를 그렇게 자신 있게 했겠느냐 하는 점도 조금은 생각할 수 있다. 그렇지만 이때쯤 되면 공화당은 이미 많이 변한 상태였다.

— 유신 쿠데타가 일어날 무렵 공화당 상황은 어떠했나.

중간 보스가 완전히 사라지고 박정희가 공화당 의원들 또는 당 자체를 직접 장악하는 이른바 친정親政 체제로 공화당은 가 있었다. 김종필 주류계는 1969년 3선 개헌이 있을 때까지는 나름대로 주류 또는 구주류로 불리긴 했지만, 김종필의 힘은 그 이전에 벌써 거세된 상태였다. 그리고 3선 개헌 과정에서 김종필계의 주류 또는 구주류는 완전히 와해됐다고 이야기들을 한다.

3선 개헌을 이끌어가고 국회에서 그걸 통과시키는 데 주도적인 역할을 한 것은 김성곤, 백남억, 길재호, 김진만의 4인 체제였다. 4인 체제는 3선 개헌 과정에서도 강력했지만, 3선 개헌 이후에는 당을 좌지우지할 정도로 공화당 내에서 강한 세력을 가지고 있었다. 1971년 대선, 총선이 끝난 후 박정희가 국무총리에 백두진 대신 김종필을 앉히고 국회의장에 백두진을 앉게 했을 때에도 정책위원회 의장에 길재호, 중앙위원회 의장에 김성곤, 재정위원장에 김진만 등을 임명했다. 그래서 4인 체제의 골격이 유지됐다는 평을 들었다. 이때도 4인 체제는 김종필 총리의 견제 세력이라는 얘기를 들었다. 그런데 이 4인 체제가 1971년 10월 2일에 있었던 유명한 항명 파동을 계기로 완전히 무너지고 거세된다.

— 10·2 항명 파동은 어떻게 해서 일어나게 됐나.

그해 9월 30일 신민당에서 오치성 내무부 장관 등 3명의 장관을 해임하라는 건의안을 제출했다. 이 중 오치성 장관에게는 실미도 사건, 광주 대단지 사건 등으로 치안 공백 상태를 노정한 것에 대한 책임을 물어 해임 건의안을 냈다. 그런데 이 해임 건의안이 재석 203명 중 찬성 107표, 반대 90표, 무효 6표로 재적 과반수인 103표를 넘기며 통과돼버렸다.

투표에 앞서 박정희 대통령은 이 문제에 대해 아주 분명하게 이야기했다. 공화당 의원 중 어느 누구도 이 해임 건의안에 동조하면 안 된다고 엄명을 내렸다. 그런데도 공화당 의원 중 20명 이상이 대통령의 엄명을 따르지 않으면서 이런 사태가 일어난 것이다. 말하자면 4인 체제가 반란을 일으킨 것이다. 그중에서도 특히 김성곤 쪽이 중심이 돼서 '오치성을 가만둘 수 없다'고 하면서 움직였고 그 결과가 해임 건의안 통과로 나타났던 것이다. 이게 항명 파동 사태를 불러왔다.

— 김성곤을 중심으로 한 4인 체제에서 오치성에게 앙심을 품은 주요 계기는 무엇인가.

내무부 장관이 됐을 때 오치성은 경찰서장들을 갈아 치우지 않으면 안 된다고 생각했다. 이승만 자유당 정권 때나 공화당 정권 때 경찰서장이라는 건 요즘 경찰서장과 달랐다. 지방에서 힘이 셌다. 무엇보다도 선거에 아주 큰 영향을 끼칠 수 있었다. 그런 경찰서장을 장악하고 있었던 것이 바로 여당 국회의원이었다. 1950년대에 자유당 의원들이 그렇게 힘이 셌던 가장 큰 이유 중 하나가 경찰서장을 임명할 때 자유당 의원들이 영향력을 발휘할 수 있도록 해놓은 경우가 많았기 때문이다. 선거 지역 경찰서장에 그 지역 의원이 자기 심복을 앉히는 경우가 많았다. 그래야 다음 선거에서 당선되는 데 유리하니까 당에서, 정권에서 그런 식의 관계를 용인한 것이다.

특히 실력자의 경우 더더군다나 그랬다. 자기 심복을 경찰서장 자리에 심는 걸 너무나도 당연한 일로 여겼다. 공화당도 자유당처럼 그렇게 했는데 특히 4인 체제의 네 사람이 있던 지역, 그중에서도 김성곤의 지역구이던 달성·고령의 경찰서장이라든가 길재호의 지역이던 금산의 경찰서장은 직속상관인 치안국장이나 내무부 장관도 우습게 안다는 이야기까지 나올 정도였다.

오치성이 경찰서장들을 갈아 치우려 한 것에는 사실상 4인 체제에 대한 선전 포고라는 면이 없지 않아 있었다. 단순히 경찰서장 문제 때문에 그런 것이라고 볼 수는 없다. 이런 사정은 당시 누구나 알던 현상이었는데, 오치성이 칼을 빼든 건 그만큼 칼을 빼드는 것을 지지하는 힘이 있었기 때문 아니냐고 볼 수 있다.

─── 4인 체제를 겨냥한 오치성에게 어느 쪽에서 힘을 실어줬나.

오치성은 김종필과 육사 8기 동기로 5·16쿠데타의 주역 중 한 명인데, 쿠데타 후에는 김종필하고 사이가 아주 나빴다. 그런데 이때는 김종필의 수족이 다 잘린 시점인데 김종필 쪽에 붙었다. 장경순 국회 부의장도 마찬가지였다. 원래는 반김종필계 핵심 인물이었는데, 이때쯤엔 4인 체제에 맞서기 위해 김종필 쪽과도 손을 잡는 모습을 보였다. 하여튼 오치성은 박 대통령한테 '경찰을 개혁해야 한다'는 이야기를 했다. 박 대통령은 '그래, 네 뜻대로 해라', 이렇게 한 것으로 돼 있다.

그런데 박정희가 김성곤 쪽을, 즉 4인 체제를 손보겠다고 한 것은 크게 봐서는 중간 보스 같은 걸 없애고 당 전체를 자기 손아귀에 넣어 친정 체제로 가겠다는 의욕을 드러낸 것으로 볼 수 있지만, 그것 때문만은 아니었다. 김성곤에 대해서는 '이게 나가도 너무 나가는 거 아냐? 가만둘 수 없다'는 생각을 가졌던 것 같다.

김성곤이 박정희 눈 밖에 난 이유

─── 김성곤은 그때까지 박정희 정권을 유지하는 데 중요한 역할을 했고 3선 개헌에도 앞장선 인물 아닌가. 박정희가 그런 김성곤을 곱지 않은 시선으로 보게 된 계기는 무엇인가.

김성곤 의원은 오치성 내무부 장관 해임 건의안 통과에 앞장섰다는 이유로 중앙정보부 등에 끌려가 심한 고문을 당했다. 당시는 현역 여당 국회의원에게 해를 가해도 아무 일 없었다는 듯이 정권이 유지되던 시대였다.

김성곤이 3선 개헌 최고 공로자의 한 사람이라는 건 틀림없다. 그렇지만 3선 개헌을 할 때도 김성곤은 기본적으로 '박정희 대통령은 1975년까지 대통령을 하는 것이다. 그다음에는 내각 책임제로 가서 의회 민주주의를 해야 하지 않느냐', 이런 얘기를 하고 다녔다고 알려져 있다. 그러니까 김성곤은 박정희와는 상반된 입장에서 3선 개헌에 앞장선 것이다.

어쨌건 이때 김성곤이 야당 공세에 말려들었다고 볼 수도 있지만, 박정희가 명확한 승인을 해주지도 않았는데 김성곤계에서는 '1977년부터 지방 자치제를 실시해보겠다'는 이야기를 공공연히 했다. 심지어 1971년 9월 23일에는, 10·2 항명 파동이 일어나기 꼭 9일 전인데, '1977년부터 지방 자치제를 한다'는 걸 당무 회의에서 당론으로 확정해버렸다.

이건 박정희의 생각과는 아주 동떨어진 것이었다. 박정희는 모든 권력을 자기 손아귀에 집어넣으려고 하지 않았나. 그런 박정희에게 지방 자치제 같은 건 있을 수 없었다. 박정희는 한국 사회 전체가 명령일하에 움직이는 이른바 생산적인 정치, 능률을 극대화한 정치로 가려고 했다. 그런데 김성곤 쪽에서 그렇게 나온 것이다.

그뿐만 아니라 김성곤은 직접 박정희한테 "1975년 이후를 대비하셔야 합니다. 대통령 권한을 축소한 절충식 내각 책임제로 개헌해야겠습니다. 각하께서 권한이 약화된 대통령으로 남아 있고 이제 국회가 정치의 본산이 되어야 합니다", 이렇게 얘기했다고 한다. 박정희의 생각과 달라도 너무나 다른, 박정희가 도무지 용납할 수 없는 주장을 한 것이다. 그러니까 김성곤처럼 박정희를 개인적으로 잘 알고 있고, 또 자기 딴에는 대단한 정치가라고 생각한 사람도 박정희가 어떤 유형의 인물인지, 뭘 생각하고 있었는지를 잘 몰랐던 것 같다.

이런 상황에서 박정희가 '경찰 제도를 새롭게 확립하라'고 하니까, 오치성은 칼을 들고 주로 4인 체제 계통 서장들의 비위 같은 것을 문제 삼아 사표를 받거나 벽지로 좌천시켰다.* 그러자 김성곤이 자기 힘을 믿고 '오치성, 가만 안 두겠다'고 하면서 해임 건의안을 통과시킨 것이다.

---

* 오치성은 이때 경찰 간부들뿐만 아니라 시장, 군수 등 일반 행정 관료들 중에서 4인 체제와 닿아 있던 이들에 대해서도 인사 조치를 취했다. 이처럼 내무부 조직에서 4인 체제의 손발 노릇을 하던 간부들을 대거 정리하기 전에도, 4인 체제와 오치성은 불편한 관계였다. 그 이전에 공화당 사무총장 자리를 놓고도 양측은 힘겨루기를 했다. 그 내용은 이렇다. 3선 개헌 파동 때 길재호가 공화당 사무총장에서 물러나고 오치성이 그 자리를 이어받았다. 그러나 3선 개헌안 통과 후 4인은 힘을 합쳐 오치성을 공화당 사무총장 자리에서 밀어냈다. 공화당 사무총장 자리는 다시 길재호의 손에 넘어갔다. 그 후 오치성이 내무부 장관으로 기용되면서 양측은 다시 맞부딪게 된다.

화가 치솟은 박정희, 중앙정보부장 호출
중앙정보부, 공화당 의원 23명 연행해 닦달

— 오치성 장관 해임안 가결 소식을 들은 박정희는 어떤 모습을 보였나.

해임안이 가결됐다는 보고를 들은 박정희는 이후락 중앙정보부장을 직접 호출했다. '처리'하라는 지시를 내리지 않았겠나. 김형욱 전 중앙정보부장의 증언에 따르면, 이때 이후락 중앙정보부장은 보안사 병력 차출을 요구했다.•• 김성곤 같은 사람들을 무섭게 다루려면 중앙정보부 직원으로는 안 된다고 본 것 아니겠나. 어쨌건 보안사 행동대원들을 공화당 중앙위원회 의장이던 김성곤, 그리고 사무총장을 오랫동안 했고 이때는 공화당 서열 3위(총재, 의장 다음)로 돼 있던 정책위원회 의장이던 길재호의 집에 보내 이들을 붙잡아오라고 했다.

나도 중앙정보부와 보안사, 양쪽에서 다 맞아봤는데 보안사 쪽은 정말 무지막지한 자들이었다. 보안사 쪽은 대개 젊더라. 20대들이더라. 그에 비해 중앙정보부 쪽은 30대, 40대, 50대로 노련한 자들이었고 고문을 해도 방법이 달랐다.

하여튼 그런 무시무시한 보안사 행동대원들이 왔을 때 김성곤은 집에 숨어 있었다. 보안사 행동대원들, 염라대왕의 야차夜叉와 다름없었던 이자들은 숨어 있는 김성곤을 끌어내 몽둥이찜질을 하고 콧수염도 뽑아버리고 하면서 질질 끌고 갔다고 한다. 육사 8기

•• 김형욱의 증언과 달리, 이때 중앙정보부 요원들만 투입했다는 주장도 있다.

로 5·16쿠데타 주역 중 한 명인 길재호는 자신을 체포하러 온 자들에게 덤벼든 모양이다. 그러다가 사정없이 두들겨 맞았고, 머리가 터져서 선혈이 낭자한 채 끌려갔다고 그런다. 그러고 나서 중앙정보부에서 또 되게 당하지 않았겠나.

이때 이 두 사람만 당한 게 아니다. 공화당 국회의원들 중 23명이나 끌려갔다. 그중 대부분은 김성곤을 따라서 해임안 가결에 찬성했을 것이라고 본 자들일 텐데, 여기에는 박정희 부인 육영수의 오빠인 육인수도 들어가 있었다. 중앙정보부에 끌려가면 얼마나 당하는지는 다들 알고 있었던 것 아닌가. 그래서 육영수가 이후락한테 직접 항의도 하고 그랬다고 한다.

어쨌건 그렇게 끌려간 의원들 중 일부는 혹심하게 구타를 당하는 등 23명 모두 심하게 당했다고 그런다. 중앙정보부에서 구속영장도 없이 10월 6일까지 나흘 동안 아주 가혹하게 고문하고 무섭게 닦달했다고 한다. 국회의원들은 헌법 기관인데도 그랬다. 그리고 그런 걸 따지지 않더라도 이런 식으로 한다는 건 있을 수 없는 것 아닌가. 그래서 '이게 무슨 권력이냐. 정상적으로 있을 수 있는 수준을 넘어선 권력이 10·2 항명 파동에서 나타난 것 아니냐', 이런 이야기를 들었다.

— 국회의원을 23명이나 그런 식으로 끌고 간 이유에 대해 허울 뿐이라고 하더라도 뭔가 명분 같은 걸 제시하기는 했나.

본뜻은 간단한 것 아닌가. 대통령이 엄명을 내렸는데 그 말을 안 들었다, 그것 아닌가. 그리고 붙잡아다 고문하는 걸 공표할 일이 있나. 그야말로 막된 세상이었던 것이다. 민주주의 사회에서는 있을 수 없는 방식으로 처리한 것이다.

"생으로 무엇을 쌌다"는 말이 나올 만큼
혹심하게 당한 공화당 의원들

— 국회의원, 그것도 힘이 있다는 여당 국회의원들을 그런 식으로 짓밟고도 아무 일 없었다는 듯 정권을 유지할 수 있었다는 건 참 무서운 일이다. 여당 의원들에 대해 이 정도였으니 다수의 힘없는 시민들에게는 어땠을까 싶다. 그리고 3선 개헌에 앞장선 것은 물론이고 박정희의 형과도 인연이 있던 김성곤이 이런 식으로 당했다는 것도 여러모로 눈에 들어오는 대목이다.

당시 야당 의원으로 여당 비판을 많이 하던 김한수는 국회에서 이런 얘기를 했다. "김성곤, 길재호 두 선배는 …… 모 기관 철권에 의해 아주 타살되고 말았습니다. 그들은 그들을 뽑아준 3,000만 국민의 의사와는 아무런 상관도 없이 의원직을 상실했습니다. …… 이것은 의회 민주주의를 박탈하려는 민주 반역 행위라고 생각하지 않는지, 이것에 대해서 총리의 분명한 답변을 바랍니다. …… 김성곤, 길재호 의원 등 9명은 검은 보자기를 씌우고 발길로 마구 차는 등 갖은 고문을 다 당한 것으로 세상에 알려지고 있습니다. …… 몽둥이로 얼마나 치고 때렸는지, 참 표현할 말이 없어서 도리가 없습니다만, 생으로 무엇을 쌌다는 이야기입니다."

김성곤은 자유당 간부를 했던 사람으로 이기붕 집에도 자주 찾아갔다. 동양통신을 가지고 있어서 언론계에서도 힘이 있었고 무

엇보다도 쌍용양회를 중심으로 한 쌍용 재벌의 총수였다. 1960년대
는 다른 산업이 별로 없던 때였기 때문에 재계에서도 아주 힘이 센
사람이었는데, 특히 공화당의 돈줄로 불렸고 돈으로 여야 의원을
주물렀다. 공화당 정치 자금을 거둬오는 통로가 청와대 비서실장이
거둬오는 것, 중앙정보부장이 거둬오는 것 등 여러 갈래가 있었다
고 전에 이야기한 적이 있는데, 그중에서도 김성곤이 제일 많은 돈
을 관리했던 것 같다. 이 사람은 공화당 재정위원장도 오랫동안 맡
았다.

김성곤은 무엇보다 박정희의 형이자 좌익으로 활동했던 박상
희(김종필의 장인)와 경북 지방에서 같이 활동했던 사람이다. 얼마나
친한 관계였는지는 김성곤 쪽이 입을 열지 않아 정확히 알 수가 없
는데, 박상희와 아주 깊은 관계였던 것으로 알려져 있다. 김성곤은
남로당에도 들어가고, 그전에도 인민위원회에서 활동하는 등 좌익
활동을 많이 했다. 최근에 중앙일보에 실린 김종필 회고에도 그렇
게 나와 있더라. 하여튼 박정희의 형하고도 가까운 사이이고 하니
'박정희가 설마 나한테 그렇게까지 할 수 있겠느냐', 이런 생각을
했을 것이다. 자유당, 공화당의 쓴맛, 단맛을 다 봤지만 진짜 권력
맛은 못 봤던 사람 아닌가 하는 생각이 든다.

이 사람은 항명 파동 후 얼마 못 가 죽었다. 이 사건 후 미국에
있는 딸 집에 가 있기도 했다고 하는데, 오래 못 살았다. 정신적 충
격이 워낙 컸기 때문에 그랬을 터인데, 김한수가 이야기한 타살에
실질적으로 가까웠다고 얘기할 수도 있을 것이다. 이 사건이 난 지
4년 후인 1975년에 62세라는 한창 나이에 죽었다. 길재호도 오래
살지 못했다. 역시 62세이던 1985년에 죽었다.

10·2 항명 파동 거치며
공화당 친정 체제 구축한 박정희

— 10·2 항명 파동은 공화당에 어떤 영향을 끼쳤나.

이 파동을 거치며 4인 체제가 완전히 붕괴했다. 중간 보스는 절대로 용납하지 않겠다는 것을 박 대통령은 10·2 항명 파동을 통해 분명히 보여준 것이다. 그렇기 때문에 이후에는 공화당에서 중간 보스라고 할 만한 사람이 있을 수가 없었다. 그러면서 박정희 명령일하에 움직이는 사당私黨 비슷한 조직으로 공화당이 가는 것 아닌가.

그런데 권력을 유지하는 데 중간 보스 없이 오로지 한 사람이 움직이는 독재 체제가 과연 좋은 것인가, 유신 체제 같은 1인 유일 독재 체제라고 하더라도 받쳐주는 중간 세력이 있는 것이 그 권력을 영속시키는 데 더 도움이 되는 것 아닌가 하는 문제는 여러 각도에서 검토해볼 필요가 있다. 그것은 유신 체제가 왜 그렇게 빨리 붕괴했는가를 이해하는 데에도 아주 중요하다.

유신 쿠데타 직후
고문 앞세운 야당 짓밟기 공작

저항 세력의 무력화, 두 번째 마당

김 덕 련 유신 쿠데타에 조직적으로 저항하는 세력이 없을 것이라는 자신감을 갖고 박정희가 10·17쿠데타를 단행했다고 앞에서 이야기했다. 그런 자신감을 갖게 만든 당시 상황을 부문별로 살피고 있는데, 지난번에는 유신 쿠데타가 일어날 무렵 사법부 그리고 정치권 중 여당의 상황을 짚었다. 이번에는 야당을 살폈으면 한다. 야당 상황은 어떠했나.

서 중 석 10·17쿠데타가 일어났을 때 야당은 어땠느냐. 우선 이야기할 건, 여당하고도 달라서 쿠데타 전에는 야당 의원을 직접적·노골적으로 잡아다 고문하는 것이 거의 불가능했다는 점이다. 왜냐하면 탄압을 하려고 해도 뭔가 명분이 있어야 할 것 아닌가. 그게 없는 상태에서 야당을 대놓고 탄압하면 정국이 오히려 꼬일 수 있고, 유신 체제 같은 아주 극단적인 체제로 가려는 것 아니냐고 꼬투리가 잡힐 수도 있었다. 그렇기 때문에 노골적인 야당 탄압은 쿠데타 이전에는 아주 어려웠고, 그 이후에야 가능했다.

박정희는 유신 쿠데타를 일으키면 바로 손을 봐야 할 야당 의원들의 명단을 미리 작성해두고 있었다. 그래서 중앙정보부 차장보로 있다가 1971년 8월 13일 보안사령관이 된 강창성은 궁정동 밀실에서 유신 플랜 작업을 벌이고 있던 극소수를 제외하면 상당히 일찍 유신 쿠데타 통보를 받았다. 1972년 9월 2일 박정희로부터 궁정동 밀실 작업의 내용을 들었고 그와 함께 손을 봐야 할 야당 의원의 명단을 넘겨받은 것이다. 쿠데타가 일어나면 곧바로 '질 나쁜' 야당 의원들을 손보는 작업은 보안사령부가 떠맡게 되었다.

유신 쿠데타가 일어났을 때 저항할 수 있는 힘, 조직을 야당 의원들은 갖고 있지 않았다.˚ 그렇기 때문에 국정 감사 기간인 10월

1972년 10월 18일 자 동아일보. 박정희가 10월 17일 오후 7시에 특별 선언을 발표하고 "국회 해산, 정당 및 정치 활동 중지 등 현행 헌법의 일부 기능을 정지시키고 전국 일원에 비상 계엄을 선포했다"고 보도하고 있다.

에 쿠데타가 일어났을 때 누군가 나서서 반대한다든가 하기보다는 정말 입이 딱딱 벌어지는 놀라운 사태에 두려움만 느끼는 공포 상태에 빠졌던 것이다. 그리고 야당의 주요 지도자 중 한 명이던 김대중은 이때 일본에 가 있었다.

유신 쿠데타 직전 신민당은 심각한 내부 갈등을 겪고 있었다. 유진산 세력, 즉 진산계와 반진산계 연합 세력이 당권 등을 놓고 충돌한 결과다. 시민회관과 효창동에서 각기 대회를 연 양측은 법정 다툼을 벌이던 중 유신 쿠데타를 맞았다. 10·17쿠데타 후 얼마 지나지 않아 이 법정 다툼은 막을 내렸다. 반진산계 중 일부 인사들은 신민당을 떠나 1973년 1월 민주통일당(통일당)을 만들었다.

유신 쿠데타 직후
혹독하게 고문당한 야당 의원들

—— 유신 쿠데타 후 야당 의원들은 어떤 탄압을 당했나.

야당 의원들 중에서 강성이라는 얘기를 듣던, 그러니까 똑똑하다는 이야기를 들으면서 대여 강경 투쟁을 벌이고 박정희 정권을 비판했던 사람들이 아주 혹독하게 당했다. 이 사람들이 호되게 당했다는 얘기가 처음에는 구전으로 떠돌았는데, 10·17쿠데타 후 얼마나 심한 고문을 당했는지가 1975년 2월 28일 폭로됐고 그 내용이 동아일보에 자세히 실렸다.

10·17쿠데타 당시 야당 의원이었던 이들은 이날 김영삼 신민당 총재, 김대중 전 대통령 후보, 양일동 통일당 총재 등 여러 사람이 입회한 가운데 뉴서울호텔에서 기자 회견을 열고 '고문 정치 종식을 위한 선언'이라는 회견문을 발표했다. 유신 쿠데타 당시 신민당 의원이던 사람들 중 13명이 연명한 선언이었다. 이때 김영삼계인 최형우 의원이 "온 국민이 피해자가 되어 '지구는 움직이지 않는다'는 허위 자백을 강요당하는 갈릴레오를 더 이상 한 사람이라도 만들지 않기 위해 고문 사태를 폭로한다"며 회견문을 읽었다.

이들에 대한 고문 내용은 이경재 기자가 쓴 《유신 쿠데타》의 관련 부분을 많이 참고했는데, 이 회견에서 최형우 의원은 갈릴레오를 예로 들면서 이렇게 얘기했다. "1972년 10월 이후의 한국 사회에는 마치 나치가 남긴 저 유명한 다하우 강제 수용소의 확대판처럼 공포의 유령이 전국을 배회했다. 전 국민을 조지 오웰의 소설 《동물 농장》식 독재의 울타리로 몰아넣어 복종만을 강요하는 비인

1975년 2월 28일 자 동아일보. 10·17 쿠데타 당시 야당 의원이었던 13명은 "72년 10월 27일 국회가 해산된 후 보안사 헌병대, 중앙정보부 등 수사 기관에 연행돼 물고문, 거꾸로 매달기, 알몸 구타 등 참혹한 고문을 당했다"고 폭로했다.

간적, 반민주적 처사가 공공연히 자행되고 있다. …… 우리는 다하우 수용소 벽에 쓰여 있는 글로 이 회견을 마친다. '억압자를 용서하라. 그러나 잊지는 말라.'"

— 이들은 어떻게 고문당했나. 언론을 그토록 옥죈 유신 체제에서 야당 의원들의 고문 피해 사실을 신문에서 상세히 다룬 것도 인상적이다.

1974년 10월 동아일보 기자들이 자유언론실천선언을 하고 맹렬히 싸우지 않았나. 그 결과 1974년 연말부터는 사실에 충실한 기사를 상당히 쓸 수 있었다. 박정희 정권의 혹독한 동아일보 광고 탄압에 맞서 시민들의 격려 광고가 이어진 것도 기자들이 사실 보도를 할 수 있는 여건을 조성했다. 그렇게 언론 자유를 지키고자 분투

저항 세력의 무력화

했던 동아일보사 언론인들이 1975년 3월 대거 해고되는데, 그분들이 그 직후 결성한 게 바로 동아투위다. 신민당 의원이던 이들이 고문 폭로 회견을 한 시점은 자유언론실천선언에 뜻을 모은 언론인들이 아직 동아일보에 있을 때였고, 그 신문에 고문 내용이 상세히 실린 것도 그러한 투쟁의 일환이었다.

더욱이 감옥에 들어가 있던 민청학련 사건 관계자들이 1975년 2월 바로 이때 대거 석방된다. 감옥에서 풀려난 이 사람들은 구속된 후 심하게 고문을 당한 사실을 폭로한다. 동아일보는 이들의 석방 사실은 물론이고 고문 폭로 내용을 자세히 보도했다. 김지하도 이때 풀려나는데, 석방된 후 김지하는 인혁당 관계자들이 창자가 빠져나올 정도로 지독하게 고문당했다는 사실을 동아일보 지면을 통해 폭로했다.

• 민청학련 사건 관계자 등은 1975년 2월 15일과 17일 밤 풀려났다. 동아일보는 김지하의 글 〈고행…1974〉를 같은 달 25일부터 27일까지 3일에 걸쳐 게재했다. 이 글에는 김지하가 인혁당 재건위 사건에 연루돼 수감된 하재완과 감옥에서 통방한 이야기가 담겨 있다. 그 일부를 옮기면 이렇다. 〈"인혁당 그것 진짜입니까?" 하고 나는 물었죠. "물론 가짜입니다" 하고 하 씨는 대답하더군요. "그런데 왜 거기 갇혀 계시우?" 하고 나는 물었죠. "고문 때문이지러" 하고 하 씨는 대답하더군요. "고문을 많이 당했습니까?" 하고 나는 물었죠. "말 마이소! 창자가 다 빠져나와버리고 부서져버리고 엉망진창입니더" 하고 하 씨는 대답하더군요. "저런 쯧쯧" 하고 내가 혀를 차는데, "즈그들도 나보고 정치 문제니께로 쬐끔만 참아달라고 합디더" 하고 하씨는 덧붙이더군요.〉
그러나 아무리 참아도 하재완은 그곳에서 나올 수 없었다. 유신 체제 최대의 조작극으로 꼽히는 인혁당 재건위 사건 재판은 처음부터 정치 재판이었다. 1975년 4월 9일 새벽, 하재완을 비롯한 인혁당 재건위·민청학련 관계자 8명은 억울하게 처형당한다. 박근혜 대통령이 대선 후보 시절인 2012년 "대법원 판결이 두 가지로 나오지 않았느냐"라고 발언하며 위험한 논란을 자초했던 바로 그 사건이다. 인혁당 재건위 사건 관계자들이 얼마나 고문을 심하게 당했는지는 다음 기록에서도 잘 드러난다. "그날 시체 8구 중 단지 3구의 시체만 가족들에게 넘겨졌다. 다른 3구는 나중에 인계되었으나, 2구는 끝내 가족 동의도 없이 화장되었다. 최종 두 사람의 경우 극심한 고문을 당해 엉망이 된 그들 시신이 공개되는 걸 당국이 꺼렸기 때문이다. 바로 그 둘은 죽기 전에 옥에 갇혀 있는 동안에도 가족 면회가 허용되지 않았다." (한국기독교교회협의회, 《70년대 민주화 운동》 중)

그런 상황에서 유신 쿠데타 당시 신민당 의원이었던 13명이 고문 피해를 폭로했고, 그 내용이 이 신문에 실린 것이다. 고문 내용이 워낙 많이 나오기 때문에 그중 몇 사람의 예만 간략히 짚어보자. 이 부분에는 김충식 기자가 취재한 내용도 들어 있는데, 먼저 최형우를 살펴보자.

최형우는 1972년 10월 17일 계엄이 선포되고 나서 며칠 후 영등포에 있던 군부대에 끌려갔다. 야당 의원들을 끌고 간 기관은 보안사인데, 그러면 최형우는 왜 끌려갔느냐. 유신 쿠데타가 나기 전인 1972년 7월 임시 국회를 앞두고 최형우는 우연히 한 기자에게서 '지금 모종의 개헌 사태가 진행되고 있다. 새 헌법을 한태연, 갈봉근 교수와 청와대 특보 몇 사람이 만들고 있다'는 이야기를 들었다. 상당히 믿을 만한 쪽에서 나온 정보였기 때문에 최형우는 국회 본회의에서 총리에게 질문하는 형식으로 그 얘기를 했다. "본 의원은 한 모, 갈 모 교수와 청와대 측근들이 모여 프랑스의 드골식 헌법과 유사한 영구 집권을 위한 개헌 시안을 현재 구상 중이라는 얘기도 듣고 있습니다. …… 이런 개헌 사태가 벌어진다면 총리는 어떻게 할 것입니까", 이렇게 물었다.

── 최형우는 유신 쿠데타 전에 그 전모를 이미 파악했던 것인가?

이때 최형우가 유신 쿠데타의 내막까지 잘 알고 있었던 건 아니다. 그런 최형우를 10·17쿠데타 후 잡아다가 '그 발언 내용을 누가 제보했느냐'고 추궁하면서 고문한 것이다. 물론 최형우를 확실히 누르기 위해 이런 고문을 했을 텐데, 김충식 기자의 책에 실린 그 고문 내용을 소개하면 이렇다.

"고문은 광기에 가까웠다. 실오라기 하나 걸치지 않은 알몸으로 벗겼다. 두 손을 모아 무릎을 끌어안고 깍지 끼게 한 뒤 포승으로 묶었다. 각목을 최형우의 팔과 다리 사이에 끼워 양편 책상 사이에 통닭 바비큐처럼 매달았다. 얼굴에 수건을 덮고 그 위에 물을 부었다. 숨이 막혀 어쩔 수 없이 물을 들이켜야 했다. 살려달라고 애원하자 시멘트 바닥에 팽개쳤다. 잠을 재우지 않고 구타하며 전기고문도 가했다. '제보자를 대라. 김영삼의 조직을 불어라'라고 요구했다. 핀셋으로 국부를 잡아당기고 툭툭 치며 굴욕감을 주었다." 국회의원 최형우는 이렇게 고문을 당했다.

1950년대에 민주당 대표였던 조병옥의 큰아들인 조윤형, 이 사람은 용산에 있던 모 기관, 이건 보안사일 텐데 그곳 수사과에 끌려갔다. 거기서 잠 안 재우기, 전신 구타를 72시간 동안 계속 당했다. 고문 목적은 무언가를 수뢰했다고, 즉 어디선가 돈을 받아먹었다고 자백하라는 것이었는데, 겁을 주기 위해 그랬을 것이다. 그런데 조윤형의 경우 정권에 밉보일 만한 다른 건이 있었다.

정인숙 사건 거론한 조윤형·김상현,
10·17쿠데타 후 고문 표적으로 전락

— 그게 무엇인가.

정인숙 사건이라는 게 1970년에 나지 않나. 그해 3월 17일 밤 25세이던 정인숙이라는 여인이 서울 강변3로에서 의문의 살해를 당하는데, 이게 그 유명한 정인숙 사건으로 비화된다. 정인숙 여인

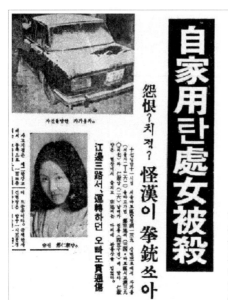

자료출처인 자가용차.

自家用탄處女被殺

怨恨?치정? 怪漢이 拳銃쏘아

江邊三路서, 連轉하던 오빠도 貫通傷

1970년 3월 18일 자 동아일보에 실린 정인숙 피살 사건. 기사에는 정인숙은 현장에서 권총에 맞아 사망하고, 그의 오빠 정종욱은 다리에 관통상을 입었다고 나온다. 검찰 수사 결과 현장에 있던 오빠 정종욱이 용의자로 지목되어 체포되었다.

이 편력한 남자들은 당대 최고 권력자들로 알려져 있다. 박정희, 그리고 박정희의 여자관계를 수발했다고 하는 박종규 경호실장, 정일권을 포함해 제3공화국 권력자들이 다수 거론됐는데, 정인숙 수첩은 요인들 백서처럼 보인다고 그 당시 신문에 나고 그랬다. 엄청나게 큰 사회적 사건이었다. 정인숙 사건은 김지하의 가사체 풍자시 〈오적〉에 의해 또 화제가 됐다. 오적은 재벌, 국회의원, 장성, 장차관, 고급 공무원을 가리킨다. 정인숙 사건은 중앙정보부에서 주로 맡았기 때문에 김형욱 회고록에도 여러 비화들이 나오지만, 여기서는 김충식 기자 책을 참고했다.

정인숙 사건이 났을 때 조윤형은 뭘 했느냐. 1970년 5월 국회 본회의에서 조윤형 의원은 정인숙 사건을 풍자한 노래 가사를 소개했다. 노랫말은 이랬다. "아빠가 누구냐고 물으신다면 / 청와대 미

나훈아의 대표곡 중 하나인 〈사랑은 눈물의 씨앗〉을 수록한 음반. 1969년에 나온 이 음반은 당시 10만 장이 넘게 팔렸다. 1970년 5월 국회 본회의에서 조윤형 의원은 정인숙 사건을 풍자한 노래 가사를 소개했다. 바로 나훈아의 노래 〈사랑은 눈물의 씨앗〉의 가사를 고친 것이었다.

스터 정이라고 말하겠어요 / 나를 죽이지 않았다면 / 영원히 우리만 알았을 걸 / 죽고 보니 억울한 마음 한이 없소." 나훈아의 노래 〈사랑은 눈물의 씨앗〉의 가사를 고친 건데, 가사를 이렇게 고친 그 노래가 대학 축제 같은 데에서 나오고 그랬다고 돼 있다.

　"청와대 미스터 정"이라는 건 국무총리이던 정일권을 가리킨다. 정인숙에게 아들이 있었는데 그 아버지가 누구냐가 그때 사람들의 호기심을 크게 자극했고 대단한 화제였다. 하여튼 조 의원은 가사를 2절까지 다 소개한 다음에 국무총리 정일권을 가리키며 "내가 존경하는 정 총리입니다만 지금 세상에서는 모두 다 이 양반의 아들이라고 그런다", 이렇게 말했다. 그래서 국회의원들이 술렁였는데 조 의원은 살인 사건 수사에 강력범 담당 검사가 아닌 공안 검사가 나선 점, 정 여인이 회수 여권을 발급받은 점 등으로 미루어 청부 살인 의혹이 있다면서 진상을 규명해야 한다고 주장했다. 회수 여권은 복수 여권으로 당시 일반인이 발급받기 어려웠는데, 정 여인은 이걸 갖고 있었다.

─── 정인숙을 가까이한 박정희 정권의 실력자들이 들었으면 뜨끔했을 노랫말이다. 박정희 대통령은 어떤 반응을 보였나.

정인숙 사건에 박정희는 잔뜩 긴장했고 화가 나 있었다. 김충식 기자에 의하면 김계원 중앙정보부장은 박정희로부터 엄명을 받았다고 한다. "항간에 정 여인이 남긴 세 살배기 사내애가 '대통령의 씨'로 소문나고 있으나 사실이 아니다. 더 이상 추측 보도나 의혹을 부추기는 소문이 나지 않도록 하라"는 지시였다. 박정희는 신직수 검찰총장, 김정렴 비서실장도 불러 철저히 수사하라는 등의 지시를 내렸다고 한다.

당연한 일이겠지만 대통령 부인 육영수도 이 사건에 큰 관심을 가졌다. 그리고 조윤형 의원이 소개한, 가사를 바꾼 〈사랑은 눈물의 씨앗〉 전문을 어디선가 입수해 박정희에게 들이대며 따졌다. 박종규 경호실장은 정인숙이 죽기 전 일본에 퍼진 박정희의 염문설을 캐기 위해 도쿄를 방문했다. 거기서 현지 중앙정보부 요원 등을 통해 박정희에 관한 스캔들을 수집했다. 이렇게 박정희가 특별히 관심을 가진 사건에 대해 조윤형이 국회에서 조롱조로 얘기한 것이다.

— 국회에서 정인숙 사건을 거론한 사람은 조윤형 이외에도 더 있지 않았나.

조윤형에 이어 공화당 김용진 의원이 이 사건에 대해 따졌다. 김용진은 '2시간 만에 현장을 치운 이유가 뭐냐', '정인숙이 숨진 채 발견된 자동차의 번호가 위장 번호라고 하는데 명확한 설명을 하지 않고 있다', '정인숙 피살 같은 형사 사건을 왜 검찰 공안부에서 다루느냐', '회수 여권 발급 경위를 밝혀라', '정인숙 가방에서 발견된 2,000달러의 출처가 어디냐', '수사본부에 고위층 비서관들이 진을 쳤다고 하는데 누구 비서들이냐', '사건 발생 후 보도 관제는 왜 했느냐', '정인숙을 쏜 권총은 왜 못 찾고 있나' 등을 지적했다. 그러면서 "이런 의문들 때문에 세간에서 오빠 정종욱이 정인숙을 죽인 게 아니라 진범이 따로 있다고 하는 것 아니냐"고 추궁했다.

김용진의 질의에 이어 신민당 김상현 의원도 정인숙 사건에 대해 이야기했다. "정 여인에 관계된 사람이 26명이나 된다고 하고 '정 총리가 관계됐다. 박 대통령이 관계됐다', 이렇게까지 얘기가 돌아다닌다. 그런 판에 법무부 장관이 자진 보고하는 것이야말로 …… 도둑이 제 발 저린 격 아니냐." 이 시기에 조윤형을 비롯한 국회의원들이 국정에 관한 질의를 하기도 전에 이호 법무부 장관이 국회에 나와 정인숙 사건에 대해 장황하게 먼저 보고하는 특이한 일이 있었는데, 김상현 의원은 '뭔가 다른 이유가 있어서 그렇게 한 것 아니냐'고 지적한 것이다. 김상현은 정인숙 사건이 계획된 각본에 의한 타살이며 청부 살인 의혹이 있다고 주장했다.

신민당 박한상 의원도 발언했다. "정 여인이 생전에 사귄 각료는 몇이고 외교관은 몇이며 누구인지 밝혀라. 백 보를 양보해 정종욱이 살인 하수인이라 해도 반드시 그 뒤에는 교사자가 있는 것이 야. …… 사람을 진짜 죽인 자는 처단돼야 해."

— 정권의 치부이자 대통령까지 관련됐다고 거론되던 사건을 국 회에서 공론화한 야당 의원들은 박정희에게 미운털이 박힐 수 밖에 없었을 것 같다.

정인숙 사건 발언과 관계가 없을 수도 있지만, 김충식에 의하 면 박정희는 유신 쿠데타를 앞두고 강창성 보안사령관에게 '유신 직후 손봐야 할 야당 의원' 명단을 건넸는데 거기에 조윤형, 김상 현, 박한상이 끼어 있었다. 강창성이 윤길중, 박한상, 이기택, 김상 현, 이세규는 제외하자고 말하자, 박정희는 '이세규만은 안 돼'라고 단호히 나왔다고 한다.

조윤형과 김상현은 구속돼서 감옥소 생활을 꽤 하게 된다. 김 상현은 김대중의 오른팔이라는 이야기를 들었던 사람인데, 이 사람 사례는 좀 특이하다. 유신 쿠데타가 일어나고 시간이 꽤 지났을 때, 그러니까 1972년 11월에 보안사에 끌려간다. '유신 헌법을 지지해 달라'고 강창성 보안사령관이 요구하자 김상현은 '말도 안 된다'고 거부했다. 그것에 이어 중앙정보부에서도 같은 요구를 했다고 한다.

결국 11월 21일 김상현은 용산의 모 기관, 그러니까 조윤형이 끌려갔던 그쪽으로 끌려갔다. 기관원들은 밤 11시부터 김상현을 지 하실로 데려가 나체로 만든 다음 손을 묶어 무릎에 끼우고 두 다리 사이에 끼워 거꾸로 매달고 조서를 받기 시작했다. 주요 심문 내용 은 김대중을 위한 정치 자금 루트, 김대중과 그의 군 관계 조직 및 친분 관계, 정부를 비판하는 이유 같은 것이었다고 한다. 그달 29일

풀려날 때까지 김상현은 용산의 모 기관에서 고문을 당하면서 취조를 받았다.

그렇게 당한 탓에, 풀려날 때 발이 부풀어 구두를 신지 못했고 결국 보안사 요원들의 부축을 받아 간신히 집에 돌아왔다고 한다. 한 달 후인 12월말 김상현은 특정 범죄 가중 처벌법 위반 등의 혐의로 조윤형, 조연하 등과 함께 전격 구속됐다. 김상현과 조윤형, 조연하는 1974년 12월 9일 가석방으로 풀려날 때까지 2년간 옥살이를 해야 했다.

무지막지한 구타, 물고문, 잠 안 재우기 …야만의 민낯 드러낸 유신 권력

— 민주주의와 거리가 먼 사회에서는 법전에 적힌 어떤 죄목보다도 괘씸죄가 무거운 죄라는 이야기를 세간에서 하는데, 청와대 관련설까지 나돌던 마당에 정인숙 사건을 그런 식으로 거론한 것 자체가 괘씸죄에 해당한 것 아니었을까 하는 생각이 든다. 다른 의원들은 어떠했나.

실미도 사건의 진실을 폭로함으로써 박정희 정권을 곤경에 몰아넣었던 이세규는 군인 출신으로 야당에 들어가 다른 사람도 아닌 김대중 쪽에서 활동했는데, 이경재 책에는 사단장 시절에 한신 장군과 함께 청렴결백한 장군으로 알려져 있었다고 쓰여 있다. 이 사람은 10·17쿠데타 다음 날 밤 10시, 영등포에 있던 구6관구 헌병 중대로 끌려갔다. 당시에 고문할 때 보안사는 여러 군데로 나눠서 했다. 6관구는 1961년 5·16쿠데타 때 박정희 세력이 제1지휘소로 삼았고 박정희가 6관구 참모장이었던 김재춘과 만나서 거사를 한 그 6관구 사령부를 말하는데, 나중에 사령부가 다른 곳으로 이전한다.

기관원들은 이세규를 구6관구 헌병 중대로 끌고 가서 얼굴에 수건을 씌우고 주전자로 물을 부었다. 최형우가 당한 물고문을 이 사람도 당한 것이다. 뭇매도 때렸다. 고문 목적은 '군 내부의 조직 관계를 털어놓아라. 실미도 사건 발생 직후 그 진상을 발표했는데, 어떤 조직이 있었기 때문에 그렇게 할 수 있었던 것 아니냐', 이런 것을 캐내는 데 초점을 맞췄다고 한다.

이세규는 이때 고문을 심하게 당해 허리를 다쳤다. 그래서 그후 지팡이를 짚고 다녔다. 그렇게 고문을 당하면서도, 10·17쿠데타 지지 성명을 내달라는 요구는 받아들이지 않고 끝까지 버텼다. 5일간 고문을 당하다가 풀려나는데, 그 후에도 6번이나 더 끌려갔다. 박정희 대통령이 사람을 보내 '돈을 줄 테니 해외여행을 다녀와라'는 등의 제안을 하며 유신 쿠데타를 지지하도록 설득했지만 이세규는 끝내 박정희의 제안을 받아들이지 않았다. 그 후 정계 일선에는 일절 나서지 않았다.

── 군인 출신인데도 야당 의원이 됐다는 것이 박정희 정권 눈에는 '중죄'로 비치지 않았을까 싶다.

이종남 의원은 10·17쿠데타 소식을 듣고 숨어 지내다가 10월 21일 자정 무렵 연행됐다. 이 사람도 이세규와 마찬가지로 구6관구 헌병 중대로 끌려갔다. 기관원들은 "넌 살아서 못 갈 줄 알아. 널 죽이되 실컷 고통을 주고 죽일 것이다", 이렇게 위협하면서 이종남을 고문했다. 벌거벗긴 채 시멘트 바닥에 쓰러뜨려놓고 물을 적신 모포로 감싼 다음 마구 때렸다. 이어서 손목에 수건을 감아 포승줄로 묶고 무릎 아래로 내리고는 긴 장대를 끼워 두 탁자 사이에 올려놓고는 물을 먹였다. 물고문을 한 것이다. 결국 이종남은 실신했는데, 깨어나 보니까 군의관이 진찰을 하고 있었다. 22일과 23일 밤에도 물고문 같은 게 3차례 반복됐다고 그런다. 그 후에도 계속 '돈을 얻어먹은 걸 불어라', 이렇게 강요하면서 고문을 했다. 그 때문에 이 사람은 일고여덟 차례 정도 기절했다고 한다.

이 사람은 왜 밉보였느냐. 이종남은 1972년 8월 29일 국회 본회의에서 놀랍게도 박동선 문제를 거론했다. "박동선이라는 자가 미국에서 뭐라고 하는가 하면 '나는 대통령의 특사다. 대통령의 특명을 받고 왔다. 또 미국 대사로 내정을 받았다'고 하면서 미국에다 유령 회사를 만들어가지고 미국에서 쌀 사오는 것을 …… 독점했다. 그래 가지고 …… 수백만 불을 벌었다는 것이다. …… 내가 듣기에는 우리 정부 모 고위층이 그 사람하고 결탁해가지고 양곡을 독점해서 사들였다는 것이다. …… 왜 이런 사람에게 조치를 못 취하나? 결국 대통령의 권한이 크고 세력이 세니까 거기에 관여하지 못하는 것이다", 이런 발언을 했다.

─ 박동선 문제를 필두로 코리아게이트 사건이 터지는 건 나중 아닌가.

워싱턴포스트에서 박동선 사건을 터뜨리는 때는 1976년 10월이다. 그런데 이 사람은 박동선 관련 사실을 어떻게 알았는지, 워싱턴포스트보다 4년 2개월 전에 그 문제를 지적했다. 사실 이종남의 박동선 관련 발언이 당시 주목을 받은 건 아니다. 그렇지만 그 발언에 뜨끔한 사람이 있지 않았겠나. 이종남은 이때 박동선 문제와 더불어 재벌들에 대한 특혜 융자 등 박정희 정권의 경제 정책을 강하게 비판했는데, 이런 것들 때문에 10·17쿠데타 후 끌려가 고문당한 것 아니겠느냐는 이야기가 나오고 그랬다.

이 사람은 8일 만에 풀려나긴 하지만, 1973년 1월 특정 범죄 가중 처벌법 위반 혐의로 구속된다. 구속된 후 장염, 위염, 고혈압, 혈변, 복부 팽창증이 악화돼 고생했다. 고문 후유증으로 들것에 실려 다니며 재판을 받았는데, 2년 6개월 징역형을 선고받았다.

─── 다른 고문 피해 사례로는 어떤 것이 있나.

한 명 더 살펴보자. 강근호 의원은 1972년 10월 23일 용산의 모 기관으로 끌려갔다. 기관원들은 강근호의 옷을 다 벗기고 군 작업복으로 갈아입혔다. 그러고 나서 세 명이 한 팀을 이뤄 모두 10개 팀이 번갈아가면서 강근호를 의자에 앉혀놓고 잠을 재우지 않은 채 심문했다. 어떤 때에는 좁은 공간에 조명 장치를 아주 강렬하게 해놓고 잠을 못 자게 했다. 승강기에 태워 조종사처럼 벨트를 묶은 다음에 고속으로 위아래로 오르내리게 하기도 했다.

6일 밤낮을 그렇게 시달린 강근호는 결국 환각 상태에 빠졌고, 마지막에는 머리를 맞아 완전히 의식 불명이 됐다. 그러자 기관원들은 강근호에게 링거와 강심제를 놓았는데, 그래도 깨어나지 않자 송곳으로 발바닥을 찔러댔다고 한다. 그랬는데도 의식을 차리지 못하자, 이들은 강근호를 구급차에 실어 어떤 사령부 의무실로 옮겼다. 강근호는 그때 당한 고문으로 대퇴부 골절 신경통을 앓게 돼 결국 다리를 절게 됐고, 그래서 지팡이를 짚고 다녀야 했다.

13명 중 몇 명의 고문 피해 사례를 짤막하게 살펴봤는데, 이 사람들은 최형우 정도를 제외하면 대부분 김대중계로 분류된 이들이었다. 김대중이 당시 붙잡혔다면 어떻게 됐겠는가 하는 생각도 해볼 만하다. 그런데 10·17쿠데타가 일어나고 나서 10개월 후인 1973년 8월 김대중 납치 사건이 일어나지 않나. 김대중 납치 사건에 대해서도 시사를 해주겠지만 '야당 의원들이 헌법 기관인데 어떻게 이런 식으로 끌려가서 고문당할 수 있느냐', 이런 이야기를 박정희 앞에서 한다는 것은 아무런 의미가 없을지도 모르겠다. 지난번에 얘기한 것처럼 유신 쿠데타가 일어나기 불과 1년 전인 1971년 10·2 항명 파동 때 대통령 부인의 오빠까지 기관에 끌려가고 공화당 의원들이 고문을 당하는 판국 아니었나.

고문 공화국 만든
박정희 권력의 속성

─── 한국전쟁 전후 민간인 학살과 마찬가지로, 고문은 '끔찍하다'는 말로는 다 표현할 수 없을 정도로 잔학한 범죄다. 그에 관한 자료를 읽거나 이야기를 듣는 것만으로도 몸서리나는데, 피해 당사자들의 마음은 오죽할까 싶다.

그러나 안타깝게도, 다수의 가해자들은 21세기에 들어서도 참회, 반성과는 거리가 먼 모습을 보이고 있다. 예컨대 목사로 변신한 고문 기술자 이근안은 자신이 한 건 고문이 아니라 심문, "일종의 예술"이었으며 "당시 시대 상황에서는 애국이었다"는 궤변을 늘어놓았다. 그에 더해 "지금 당장 그때로 돌아간다 해도 나는 똑같이 일할 것"이라고까지 말했다.

이근안 같은 사람이 이렇게까지 뻔뻔할 수 있는 건 과거에 그런 고문 기술자들을 부추기고 그들이 마음껏 고문을 자행할 수 있게 해준 세력이 여전히 막강하기 때문일 것이다. 그런 세력은 아마도 야만의 시대를 '좋았던 시절'로 기억하겠지만, 시민 다수의 눈으로 보면 그런 시대로 돌아가는 것은 결코 있어서는 안 되는 일이다. 거대한 퇴행을 막기 위해서라도 야만의 시대의 참모습을 기억해야 하는 것 아닐까 하는 생각이 든다. 다시 돌아오면, 야당 의원들에 대한 고문은 박정희 정권의 속성과 떼어놓고 생각할 수 없지 않나.

1인 독재 권력을 구축하는 과정에서, 그리고 1인 독재 권력을 유지·수호하기 위해 고문은 필수 불가결한 요소로 그림자처럼 따라다녔다. 그러면서 고문의 포악성은 한층 더 극렬해지고, 고문 기술자들은 독재자의 독재 이데올로기 속에서 위안을 얻을 수 있는 고문 철학을 갖게 되는 것 같다.

앞에서 언급한 것처럼 1972년 9월 2일 박정희가 강창성 보안사령관을 불러서 '이제 유신 쿠데타가 일어날 것'이라고 알려주고 '그때 가만 놔둬서는 안 될 자들, 질 나쁜 야당 의원' 15명의 명단을 넘겼다. 강창성이 일부 의원은 제외하는 게 좋겠다고 건의했다. 그런 과정을 거쳐 몇 명이 빠지고 더 들어가고 하면서, 1975년 2월 28일 13명이 고문 피해를 폭로하게 된다. 김상현의 경우 처음에는 강창성이 명단에서 빼자고 한 사람들 중 한 명이었지만, 다른 사람보다 조금 늦게 끌려가 호되게 당하지 않았나. 명단을 받아든 강창성은 10·17쿠데타 후 윤길중과 박한상을 먼저 불러 '유신을 지지하라'고 이야기했다. 두 사람은 '정치에서 손을 떼겠다. 유신을 지지할 수는 없다', 이렇게 나왔다. 앞에서 말한 것처럼 강창성은 김상현에게도 '유신을 지지하라'고 했지만 김상현은 '그렇게는 할 수 없다'고 버텼다. 윤길중, 박한상의 경우 그냥 놔뒀지만, 김상현은 붙잡아다가 고문하고 감옥소에서 살게 했다.

"왜 우리 집에만 보초가 없느냐 말야?"
'왕사쿠라' 유진산의 희한한 가택 연금 요구

── 입법 활동을 충실히 하는 것과 더불어 행정부를 견제하는 것이 국회의원의 고유한 역할이다. 실미도 사건을 예로 들면 정부에서 문제를 만들고, 그 문제가 크게 터지자 허위 발표를 하고 진상을 은폐했다. 그런 상황에서 진상을 밝히고 그 같은 일이 다시 일어나지 않도록 필요한 조치를 취하게 하는 것은 국회의원이 마땅히 해야 할 일이다. 정치, 경제, 사회 등 전 부문에 걸쳐 그런 일을 하라고 국민들이 국회의원을 뽑고 세비를 주는 건데, 그와 반대로 그런 일을 했다고 해서 탄압했다는 건 참 이해하기 어려운 일이다. 그리고 그렇게 잡아간 후 '뇌물을 받은 것을 자백하라'고 강요하는 모습이 거듭 나타나는데, 수뢰 문제를 지렛대 삼아 압박한 특별한 이유가 있었던 것인가.

야당 의원들을 나중에 감옥소에 집어넣을 때 수뢰 문제를 많이 활용했다. 감옥소에 살게는 해야겠는데 마땅한 방법이 없었던 것이다. 그런 상황에서 제일 걸고넘어지기 좋은 게 돈 문제라고 보고 그 방식을 쓴 것이다. 정치인들은 기본적으로 돈을 받게 돼 있고, 또 끌려간 사람들은 활동이 아주 많은 사람들 아니었나. 최형우, 조윤형, 김상현 같은 사람들은 김영삼, 김대중을 이어 차기 보스 또는 대통령 후보감이 될 것이라는 이야기를 듣던 이들이었다. 그런 사람들을 처리한 것이다. 그때 제일 좋은 방법이 바로 수뢰였다.

그런 식으로 주요 강성 야당 의원들을 고문하고 손봤는데, 나머지 의원들 중 상당수에 대해서는 가택 연금을 실시했다. 미국 방문 중 10·17쿠데타 소식을 들은 김영삼도 귀국 후 가택 연금을 당했다. 그런데 이 문제와 관련해 재미난 일화가 있다.

── 무엇인가.

야당 당수였던 유진산네 집에도 군인들을 보내 가택 연금을 시켜줘야 하는데 박정희 정권 쪽에서 그렇게 하지 않았다. 그러자 유진산이 고위 당국자한테 전화를 했다. "여보, 날 진짜 왕사쿠라 만들려 그러는 거야? 왜 정치를 그렇게 몰라? 왜 우리 집에만 보초가 없느냔 말야?" 그래서 할 수 없이 군에서 파견을 했다고 한다.

그렇지 않나. 유진산 집만 멀쩡하게 놔두면 말이 나올 수밖에 없는 것 아닌가. 여당과 은밀히 타협한다고 해서 그렇지 않아도 사쿠라라는 비판을 받던 유진산인데, 그런 유진산을 가택 연금 대상에서 빼면 정말 왕사쿠라로 이야기될 수 있는 좋은 소재가 되지 않았겠나.

하여튼 10·17쿠데타로 국회가 해산되고 야당 의원 13명이 집중적으로 고문을 당하던 때에 중앙정보부 정치 담당 3국장이 야당 의원들을 불렀다. 유신을 지지하고 옛날 야당처럼 하지 않겠다는 서류에 도장을 찍으라고 했다.

── 야당 의원들은 어떤 반응을 보였나.

김충식 기자의 책을 보면, 처음에는 상당수가 거부했다고 한다. 그런데 시간이 가면서 분위기가 바뀌었다. 불려간 야당 의원들로서는 '유신 체제에 순응할 것인가 아니면 정치를 포기할 것인가', 둘 중 하나를 택해야 하는 상황이었다. 그렇지만 정치인한테는 정치 포기처럼 힘든 게 없는 것 아닌가.

유신 체제에서 야당 의원을 지낸 한 사람이 이렇게 이야기했다고 그 책에 나온다. "일본에 '원숭이는 나무에서 떨어져도 원숭이지만 의원은 떨어지면 사람이 아니다'라는 말이 있다. …… 정치인은 선거 승리와 의원직에 연연한다. …… 더군다나 박 정권이 싫다고 정치를 그만둔다면 당장 거꾸로 매달거나 약점을 찾는 뒷조사가 들어올 테니 손들 수밖에 없었다."

정치인은 악평을 얻더라도 신문에 자기 이름이 한 줄이라도 나오는 게 좋고 부음란에만 이름이 안 나오면 된다는 이야기도 있지 않나. 그러면서 처음에 버티던 야당 의원들 중 몇 명이 도장을 찍었다고 하니까 대부분이 도장을 찍었다고 한다. 기왕에 도장을 찍을 거면 빨리 찍는 게 낫지 않느냐, 구태여 미움을 살 필요가 뭐가 있느냐고 하면서 그렇게 했다고 그런다.

1975년 5월 21일 박정희와 김영삼 신민당 총재가
청와대에서 만났다. 이 시기 야당 국회의원들은
여당과 정권 쪽을 비판해야 표를 얻을 수 있었다.
1974년 김영삼도 이런 선명 야당을 주장하면서
당 총재가 되었다. 사진 출처: e영상역사관

유신 체제에서
야당 의원으로 산다는 것

— 유신 체제 말기에 박정희가 "유신 체제 아래에서 이 헌법을 준
수하겠다고 서약하고 국회에 들어갔는데 이제 와서 유신 체제
를 부정하느냐"며 야당 의원들을 비난하곤 했다는 자료를 본
적이 있다. 쿠데타로 헌법을 거듭 짓밟았을 뿐만 아니라 민정
이양 과정 등에서 숱하게 말 바꾸기를 했던 박정희가 그런 식
으로 야당을 비난할 처지가 못 된다는 건 분명하다. 그렇지만
그와 별개로, 예컨대 상당수 야당 의원들이 유신 쿠데타 직후
'유신 지지' 도장을 찍어준 것 등은 박정희에게 그런 식의 힐난
을 할 수 있는 빌미를 준 것 아닌가 하는 생각이 든다. 아울러
제도권 정치인에게 드높은 지조까지는 바라지 않지만, 그렇다
하더라도 유신 쿠데타를 지지한다는 도장까지 찍은 건 너무
비굴한 짓 아닌가 싶다.

'유신 체제에서 국회의원을 하는 게 뭐가 그리 좋다고 그렇
게 각서에 도장을 찍어주고, 그러면서 다시 국회의원 선거에 나가
고 한 건 더러운 짓 아니냐', 그렇게 생각할 수 있는데 꼭 그렇게만
볼 수 있는 건가 하는 점도 생각해볼 필요가 있다. 유신 체제의 최
대 약점 중 하나가 바로 야당의 존재, 복수 정당의 존재였다고 내
가 예전에 이야기했는데, 국회의원이라는 게 묘한 자리다. 정보 기
관에 개 끌려가듯이 끌려가서 고문당하고 수염도 뽑히고 그랬지만,
그와 달리 아무리 유신 체제라고 하더라도 국회의원이라고 하면 그
렇게 무시하지는 못하는 면도 상당 부분 있었다. 그렇기 때문에, 민

주주의에 대한 강한 신념까지는 아니라 하더라도 야당성을 어느 정도 지니면서 야당 의원으로 나아가겠다, 야당 의원의 길을 걷겠다는 각오만 돼 있다면 국회의원 선거에 나가는 것 자체를 꼭 '비겁하다. 더러운 짓이다', 그렇게만 얘기할 수는 없다고 본다.

어당 의원이라는 건 민주주의에 대한 신념과는 상관없이 야당 성향의 발언을 해야 표를 얻을 수 있는 위치에 있다. 자유당 때에도 그랬고 1960년대에도 그랬다. 물론 유신 체제에서 야당 의원은 굉장히 조심해야 했고, 유신 체제를 강하게 비판하는 발언을 하기가 매우 어렵긴 했다. 1975년 10월 유신 독재를 비판했다가 의원직을 내놓게 되는 김옥선 의원 같은 경우가 있긴 하다. 김옥선 의원은 남장男裝 여걸女傑답게 대단히 용기 있는 발언을 해서 그렇게 당했다.

어쨌든 이 시기에도 야당 국회의원들은 뭔가 여당과 정권 쪽을 비판하고 나서야 표를 얻을 수 있었다. 그러다가 어떤 분위기가 형성되면, 선명 야당을 외칠 수 있는 것이다. 가령 1974년에 김영삼이 그러한 선명 야당을 주장하면서 당 총재가 되지 않나. 특히 다시 당 총재가 되는 1979년에 김영삼은 박정희와 정면으로 맞서 싸우는데, 이때 아주 희한한 모습도 볼 수 있었다.

── 어떤 모습인가.

1979년 김영삼이 다시 신민당 총재가 되자 박정희 정권 쪽에서는 김영삼 쪽을 완전히 매장시키기 위해, 재판 형식을 밟아서 하기는 했지만 김영삼을 총재직에서 내쫓게 하고 다른 사람으로 하여금 총재 직무 대행을 맡게 했다. 그 사람이 신민당 총재를 대행하게 했다.˚ 그랬는데도 야당 의원의 압도적 다수는 총재 직무 대행 쪽으로 가는 대신 김영삼 쪽에 줄을 서버렸다. 무시무시하고 살벌한 유신 말기였는데도, 그리고 권력이 밀어주는 쪽으로 가는 게 안전해 보였는데도 그런 선택을 했다.

지진이 나기 전 어떤 짐승들은 미리 알고 피한다고 하지 않나. 그와 비슷하게 야당 의원들도 '세상이 어떻게 될 것 같다. 뭔가 분위기가 심상치 않다', 이러면 일반 사람들이 생각하는 것과는 다르게 움직이는 어떤 본능 같은 것을 가지고 있다고들 그런다. 물론 야당 의원들 중에도 나쁜 자들이 많지만 그런 자들까지 여기서 이야기할 필요는 없다. 어느 정도 야당 성향을 지키면서 나름대로 진지하게 의정 활동을 하려던 사람이라면, 유신 체제라 하더라도 선거에 나간 것을 그렇게 심하게 타박해서는 안 된다고 본다.

지금까지 살펴본 것처럼 박정희 정권은 유신 쿠데타 직후 야당을 꼼짝 못하게 해놨다. 이때 야당 당수는 유진산이었는데, 10·17 쿠데타 후 적어도 초기에는 유신 체제에 도전한다는 건 야당 정치인들이 꿈도 못 꿨고 유신 체제를 비판하는 세력은 도저히 나올 수 없을 것 같은 분위기였다.

● 신민당 총재 직무 대행을 맡은 사람은 정운갑이다. 충북 도지사를 지낸 새누리당(자유한국당) 의원 정우택의 아버지다.

군을 유신 체제에 절대 복종케 한 윤필용 사건

저항 세력의 무력화, 세 번째 마당

김 덕 련 유신 쿠데타를 전후한 시기에 군부 상황은 어떠했나.

서 중 석 '유신 체제에 대항할 수 있는 세력으로 군을 생각해볼 수 있지 않느냐. 박정희가 독재하려고 쿠데타를 일으키는 등 아주 말도 안 되는 짓을 했는데, 군이 조국을 위해 이런 헌법 유린 행위에 대항해야 하는 것이 아니냐', 이런 생각을 당시에 할 수 있었을까.

군은 실질적인 권력을 가지고 있었다. 박정희는 1963년 민정 이양기만 하더라도 군을 확고히 장악하지 못했다. 민간인에게 정권을 넘겨주겠다고 한 2·18 성명, 2·27 선서가 나온 것도 군 내부 온건파의 압력 때문이었다. 그러나 그 후 박정희는 여러 방법으로 군을 장악해나갔다. 그리고 10·17 유신 쿠데타를 일으킨 직후 윤필용 사건이 일어났다. 이 사건을 통해 박정희는 아무리 자신에게 신임을 얻은 군 실력자라 하더라도 조금만 자신의 눈에 거슬리는 행위, 행동을 하면 철저히 처단하고, 그뿐 아니라 추잡한 인간으로 만들어 사회적으로 완전히 매장하겠다는 의도를 명백히 보여줬다. 그렇게 해서 군이 유신 체제에 절대 복종하도록 했다.

박정희 대통령은 군이야말로 유신 체제를 지키는 데 핵 중의 핵이라고 봤다. 감시와 탄압의 임무를 맡은 중앙정보부와 더불어 군부, 이 양대 세력을 기반으로 하고 특정 지역의 지지를 발판으로 해서 유신 체제를 유지, 수호하려 했다고 볼 수 있다. 쿠데타로 권력을 잡은 사람 아닌가. 권력은 총구에서 나온다는 신념을 누구보다도 강하게 갖고 있었다. 그렇기 때문에 군을 통제하기 위해 '특별 관리'하는 것이 무엇보다 중요하다는 것을 잘 알고 있었다. 어떤 민간인 정치가와도 다르게 박 대통령은 그런 문제에 예민하게 처신했다. 군이 유신 독재 체제에 절대 충성할 수 있도록 만드는 방식이 여러 가지 있었다.

박정희의 군부 관리·통제법

── 어떤 것들이 있었나.

제일 중요한 건 보직이었다고 할 수 있다. 어떤 보직을 주느냐, 비중 있는 자리를 누구에게 주느냐, 이게 가장 중요했다. 예컨대, 뭐니 뭐니 해도 대통령이 있는 데를 직접 지키는 곳이 아주 중요한 자리다. 그게 수도경비사령부(수경사) 아닌가. 그러니 누가 수경사령관이 되느냐, 이게 아주 중요한 문제였다. 군 사조직인 하나회 구성원들이 중심이 돼서 12·12쿠데타(1979년)를 일으켜 군권을 쥔 후 보안사령관 전두환은 중앙정보부장 서리를 겸직했고 노태우는 수경사령관이 되지 않았나.

공수특전단은 주요 부대가 서울 부근에 배치돼 있기도 했지만, 그 부대의 특성 때문에 사령관과 여단장을 누구로 하느냐가 예민한 문제였다. 그에 더해 누가 보안사령관이 되느냐, 서울에서 가까운 곳에 있는 부대를 지휘하는 사단장은 누구로 하느냐 하는 문제도 매우 중요했다.

이러한 중요 보직을 누구에게 맡길 건가 하는 문제에 박정희는 아주 예민하게 대처했다. 누구를 참모총장에 앉힐 건가 하는 문제도 두말할 나위 없이 중요했다. 참모총장 자리야말로 굉장한 요직 아닌가. 참모총장을 보좌하는 참모직에도 중요한 자리가 많았다.

1971년 1월 27일 박정희가 1군 사령부를 시찰하고 관계자와 악수를 하고 있다. 박정희는 아무리 자신에게 신임을 얻은 군 실력자라 하더라도 조금만 자신의 눈에 거슬리는 행위를 하면 철저히 처단하고, 그뿐 아니라 추잡한 인간으로 만들어 사회적으로 완전히 매장하기도 했다. 그렇게 해서 군이 유신 체제에 절대 복종하도록 만들었다. 사진 출처: e영상역사관

　　진급 문제 같은 것도 굉장히 중요했다. 별을 단다는 건 군인들에게 자신들의 앞길이 달려 있는 아주 중요한 문제 아닌가. 원 스타가 된 후 소장, 중장으로 올라가는 문제도 마찬가지다. 진급은 모든 군인의 관심사이지만, 특히 장성 같은 경우 진급 하나하나에 신경을 안 쓸 수가 없었다. 박정희는 군을 통제하는 데 그런 부분도 활용했는데, 그러면서 하나회 같은 데에 대해서는 특별한 관심을 보였다.

―― 어떤 식으로 관심을 보였나.

이들이 진급하는 데에도, 보직을 맡는 데에도 특별한 관심을 보였다. 그와 함께 '내가 너를 특별히 신임한다'는 표시로 여러 가지 하사품도 내렸다. 군도軍刀나 지휘봉을 주거나 촌지라고도 하는 하사금을 적지 않게 내리기도 했다. 주목할 점은 박정희가 보직, 진급 같은 문제에서 특별히 신경 쓴 지역이 경상도 지역이었다는 것이다. 특정 지역의 지지를 발판으로 유신 체제를 유지하려 했다고 앞에서 이야기하지 않았나. 경상도 출신 장교들에게 요직을 많이 맡긴 것도 그런 차원이었고, 또 그래서 하나회 구성원 중에 경상도 출신 군인들이 많았다.

이런 것들과 더불어 박정희는 군의 요직을 맡은 군인들 사이에 갈등 관계를 만들어 자신에게 절대 충성하게 하는 방식을 택하기도 했다. 예컨대 윤필용과 김재규의 경우처럼 수경사령관과 보안사령관을 계통이 다른 사람으로 임명해 서로 견제하고 감시하도록 한다든가 또는 아주 중요한 부대인 공수특전단 사령관과 여단장, 수경사령관과 그 예하 부대장을 각각 다른 계통에서 임명해 서로 견제하게 하는 방식이었다.

이런 여러 방법을 활용해 군이 절대 충성을 하도록 만들고, 박정희가 유사시라고 판단하면 언제든 계엄 같은 것을 내려 군을 동원할 수 있는 상태로 해둔 것이다. 실제로 유신 쿠데타를 일으킨 다음 날(1972년 10월 18일) 전군 지휘관 회의를 열어서 '군이 절대 충성을 하고 있다'는 것을 보여주지 않았나. 그리고 긴급 조치를 봐도, 처음에 긴급 조치 1호(1974년 1월 8일)와 4호(1974년 4월 3일)를 발동할 때에는 위반자들을 군사 재판에 회부했다. 별 두 개, 세 개짜리로 비상고등군법회의, 비상보통군법회의라는 걸 구성하게 해가지고 긴급 조치 위반자들을 '재판'하게 했다. 그만큼 살벌한 분위기를 조성해 반유신 세력과 국민들을 겁먹게 하려 한 것이다.

그뿐 아니라 1979년 10월 부마항쟁이 일어났을 때에도 비상 계엄을 선포하고 위수령을 내리지 않나. 이때도 일각에서는 '꼭 군이 나서지 않더라도 처리할 수 있다'고 얘기했지만, 박정희는 비상 계엄을 선포하고 위수령을 내려 군을 동원했다. '유신 체제에 저항 하려 하거나 유신 정권을 비판하는 세력은 철저히 응징한다. 그런 세력은 군이 용납하지 않는다', 이걸 보여준 것이라고 할 수 있다. 그런 군에 대해 절대 충성을 요구하는 것을 넘어 군이 그야말로 청와대의 눈치만 보게 만드는 사건이 하나 터졌다.

기세등등하던 군 실력자
윤필용은 어찌하다가 몰락했나

── 그게 무엇인가.

유명한 윤필용 사건이다. 유신 쿠데타가 난 지 불과 5개월밖에 안 지난 때인 1973년 3월, 박정희는 강창성 보안사령관에게 '윤필용 수경사령관을 조사하라'는 지시를 내렸다.

윤필용과 강창성은 육사 8기 동기였다. 강창성은 1971년 8월 보안사령관에 임명됐는데, 그때 박 대통령이 임명장을 주면서 이런 이야기를 했다고 한다. "JP(김종필)와 수도권 부대를 각별히 챙겨봐라." 그것에 유념해 보안사 활동을 전개하라는 것이었다.

역시 육사 8기인 김종필은 이때 총리이긴 했지만 실권은 별로 없다고들 생각하던 때였는데도, 박정희는 이런 지시를 내렸다. 어딘가에서 자신을 대체해 누군가를 내세우려 할 때 여전히 김종필을 생각하지 않겠느냐고 박정희가 봤거나, 당장은 김종필이 아무리 힘이 없다고 하더라도 하여튼 박정희 자신을 위협하는 인물이 될 수 있다고 생각했기 때문에 이렇게까지 무섭게 지시를 내린 것 아니겠나. 꺼진 불도 다시 보자는 식으로 강창성에게 '김종필을 각별히 챙겨라'라고 한 것 같다. 권력을 지키는 데 그렇게 무서운 사람이었다.

그리고 수도권 부대라고 하면 1차적인 건 수경사라고 볼 수 있다. 당시 박정희 대통령의 신망을 가장 많이 받는다는 이야기를 듣던 윤필용이 수경사령관이었는데도, 이렇게 수도권 부대를 각별히 챙기라고 한 것이었다. 그만큼 서로 경쟁시키고 견제하게 했다.

—— 윤필용을 조사하라는 지시가 떨어진 계기는 무엇인가.

박정희는 1973년 3월 강창성을 불러서 '너 이러이러한 얘기 들었느냐'고 물으면서 윤필용을 수사하라는 지시를 내렸다. 그 연유에 대해서는 여러 자료에 비슷하게 나오는데, 뭐냐 하면 박정희가 강창성을 부르기 얼마 전 윤필용이 이후락과 술자리를 가졌다고 한다. 그 자리에서 윤필용이 이후락 중앙정보부장을 "형님"이라고 불렀다고 그런다. "각하가 연만하셔서 노쇠하기 전에 청와대에서 물러나도록 해 영원한 대통령이 되도록 모셔야 한다"고 말하면서 '형님이 후계자가 돼야 한다'는 뜻으로 얘기를 했다는 것이다. 물론 윤필용은 이후락을 형님이라고 부른 적은 있지만 다른 이야기를 한 사실은 없다면서 강창성한테 펄펄 뛰었다.

윤필용이 그런 얘기를 했다고 하면 그건 수경사령관 자리에 적합하지 않은 발언을 한 것으로 볼 수 있는 것이니 그 직위에서

방첩부대장 시절 윤필용의 모습(양복 입은 이). 1967년 10월 6일 베트남에서 찍은 사진이다. 윤필용은 말 한마디 잘못했다가 쿠데타를 모의했다는 죄목으로 구속되었다. 사진 출처: e영상역사관

물러나게 하거나 예편하게 하면 되는 것일 텐데, 박 대통령은 강창성에게 그런 뜻으로 이야기한 것이 아니었다. 그야말로 엄명을 내린 것이고, 강창성은 대통령의 엄명이 떨어졌으니까 수사를 하게 됐다.

―― 윤필용은 어떤 사람이었나.

윤필용은 당시 군 최고 실력자라는 이야기를 듣던 사람이다. 당시 군에 있던 나도 졸병이긴 했지만 그렇게 들었고, 여기저기서 그런 이야기를 했다. 이 사람은 1961년 5·16쿠데타 전부터 박정희

를 오랫동안 직접 모셨고, 5·16쿠데타 후 박정희가 최고회의 의장을 할 때는 비서실장 대리도 했다.[*] 1965년 육군 방첩부대장이 된 후에는 언론에 대한 아주 심한 테러를 많이 자행했다. 그런 점에서도 아주 못된 자인데, 박정희 대통령한테 충성심을 보이려고 그런 짓을 했다고 하고 박정희는 그 점을 아주 높이 산 것 같다. 그리하여 베트남에 일선 사단장으로 나갔다가, 박 대통령이 1970년에 수경사령관으로 임명해 제3대 수경사령관이 됐다. 장성들이 선망하는 핵심 요직에 오른 것이다. 한때는 박 대통령이 군 진급 문제 등에 대해 윤필용에게 의견을 물어보기도 해 윤필용의 위세는 한층 높았다.[**]

그리고 김재규가 강창성 전에 보안사령관을 했는데, 그때 수경사령관을 감청하다가 윤필용하고 대판 붙은 적이 있다. 거기서 윤필용이 이겨 김재규는 보안사령관에게 밀려나 3군단장이 되었다. 김재규도 박 대통령의 특별 신임을 받던 사람 아닌가. 그런 김재규보다 윤필용이 더 힘이 세다는 게 이런 일을 통해 세상에 알려졌다.

—— 윤필용의 위세, 어느 정도였나.

---

[*] 한국전쟁 후 박정희가 5사단장으로 부임했을 때 윤필용은 그 밑에서 대대장을 맡고 있었다. 박정희는 윤필용을 사단 군수 참모로 기용했다. 그 후 박정희가 다른 여러 보직으로 이동할 때 윤필용도 박정희를 따라 수차례 자리를 옮겼다. 5·16쿠데타에 적극 가담해 공을 세운 건 아니었지만, 박정희와 오랫동안 인연을 맺은 것을 자산으로 삼아 윤필용은 세력을 키워간다. 한편 박정희가 5사단장, 윤필용이 5사단 군수 참모일 때 참모장은 다름 아닌 김재규였다.

[**] 군 정보 기관인 방첩부대의 전신은 이승만 정권 시절 특무대(특무 부대)다. 이승만의 신임을 등에 업고 전횡을 일삼다 살해된 김창룡이 한동안 이끌었던 바로 그 부대다. 특무대는 1960년 4월혁명 후 방첩부대로 개편된다. 1960년대 말 방첩부대는 보안사로 다시 바뀐다. 1990년 10월 윤석양 이병이 보안사의 광범위한 민간인 사찰 실태를 폭로한 것을 계기로, 1991년 보안사는 기무사로 바뀐다.

문 모 대장을 포함해 군 수뇌급들이 1972년, 1973년 신정 때 하급자인 윤필용 집에 가서 세배를 했다고 그런다. 윤필용의 힘이 이렇게 세서, 수경사령부 본부가 있는 곳을 사람들이 '필동 육본'이라고 부를 정도였다. 정계, 재계 인물들이 윤필용을 찾아온 건 물론이고 군 선배들도 술자리에서 윤필용을 상석에 앉혔다. 공식 행사장에서도 윤필용이 앞줄에, 선배들이 그 뒤에 앉을 정도였다. 이런 일들이 있을 정도로 윤필용이 실력자라는 이야기가 돌았다.

그런 윤필용이 말 한마디 잘못했다가 추락하게 된 것이다. 이후락하고 술을 마시면서 이후락한테 박정희가 문제가 있다고 하면서 후계자로 자신이 모시겠다고 한 건데, 이후락과 경쟁하는 사이이던 박종규 경호실장 쪽을 통해 그런 이야기가 박 대통령 귀에 들어간 것이다. 박정희가 그것에 아주 예민하게 반응하면서, 또 군을 겁주고 더 확고히 장악하는 데 유용하게 이용하기 위해 강창성에게 수사 지시를 내린 것이다. 윤필용은 쿠데타를 모의했다는 죄목으로 구속되는데, 실제로는 쿠데타를 하려는 어떤 증거도 발견되지 않았다. 이러한 윤필용 사건은 몇 가지 점에서 의미가 있다고 난 본다.

하나회 친 강창성,
하나회 감싼 박정희

— 어떤 점에서 그러한가.

그중 하나가 하나회 문제다. 그전에 한 가지를 먼저 살펴보면, 윤필용을 조사하던 강창성에게 박정희는 "이후락도 조사해", 이렇게까지 지시를 내렸다고 한다. 정말 인정사정없는, 잔혹한 사람 아닌가. 이후락은 오랫동안 비서실장으로 있으면서 김종필을 견제하는 등 충성을 다 바쳤고, 중앙정보부장으로 1971년 대선에서 박정희를 당선시킨 일등 공신이 아닌가. 무엇보다도 궁정동 밀실에서 박정희와 함께 유신 체제를 만들어낸 자 아닌가. 강창성이 '이후락까지 할 수 있느냐'고 설득했고 김정렴 비서실장도 '이후락까지 조사하는 건 사건을 너무 크게 만드는 것이다'라고 하면서 만류했다고 한다. 윤필용 사건에 휘말린 이후락은 박정희에게 눈물을 흘리며 자신의 결백을 애소했다고 한다.

이후락은 1973년 12월 중앙정보부장을 그만두게 되는데, 그 직후 해외로 도피한다. 그렇게 한 데에는 다 이유가 있었던 것이다. 바로 몇 달 전에 윤필용 사건을 보지 않았나. 윤필용이 어떤 식으로 당했는지를 잘 알지 않았나. 그래서 줄행랑친 이후락은 '안전을 보장한다'는 약속을 청와대로부터 받은 후인 1974년 2월에야 귀국한다.

그런데 강창성은 윤필용 사건을 조사하던 중 군 내부에 경상도 출신 군인들이 중심이 돼 조직한 사조직 하나회가 있다는 걸 알게 된다. 보안사 조사팀은 하나회에 대해 '이건 있을 수가 없는 것 아닌가', 이렇게 판단했다. 그렇지 않나. 군 내부에 사적 특수 조직이 있고 그자들끼리 서로 편의를 봐주면서 요직을 차지하려 한다는 건 심각한 문제 아닌가. 그건 한 나라의 국방 체계를 병들게 하는 수준을 넘어서 군 자체를 문란하게 하는 동시에 국가 기강을 큰 혼란에 빠뜨릴 수 있는 것 아닌가. 그것도 한두 명이 아니라 다수가 들어가 있는 군 내부 사조직이라는 건 있을 수가 없는 것이다. 이러한 여러 이유 때문에 보안사 수사관들이 '이건 철저히 조사해야 한다'는 태도를 취했다고 한다. 강창성도 그걸 철저히 조사하라고 하지 않았겠나. 그래서 수사를 하게 된다.

이 하나회의 주요 인물들 중 상당수가 윤필용 막하에 있었다. 그래서 윤필용이 하나회 대부라는 이야기를 들었던 것이다.

— 이 사건 당시 윤필용 밑에 하나회 구성원들이 어느 정도 있었나.

예컨대 수경사 장교들을 보면 참모장 손영길 준장을 비롯해 정보 참모, 작전 참모, 군수 참모, 30대대장, 30대대 부대대장, 33대대장, 33대대 부대대장, 5헌병대장, 5헌병대 부대대장, 방공포 대대장, 그리고 수경사 본부 사령과 비서실장, 전속 부관까지 전부 하나회였다.

이 중 몇 사람만 살펴보자. 30대대는 청와대에서 제일 가까운 곳에 있는 부대라는 점에서 아주 중요했는데, 30대대장이던 이종구 중령 이 사람은 12·12쿠데타(1979년), 5·17쿠데타(1980년) 때 역할을 하면서 나중에 참모총장, 국방부 장관까지 올라간다. 30대대 부대대장이던 안현태 소령은 전두환 정권 때 대통령 경호실장을 맡는 하나회의 핵심 인물 중 하나다. 어쨌건 이처럼 수경사의 거의 모든 요직을 하나회에서 차지하고 있었다.

이와 관련해, 윤필용이 이런 방식을 통해 하나회 쪽을 장악하려 했고 박정희는 그것에 대해서도 신경을 쓰고 있었던 것 아닌가 하는 생각은 해볼 수 있다. 박정희 자신이 특별한 관심을 쏟으며 하나회를 키우고 있는데, 윤필용이 하나회에 대해 똑같이 그렇게 하고 있었던 것 아닌가.

하나회가 당시 요직을 쥐고 있던 곳은 수경사만이 아니었다. 손영길과 육사 11기 동기인 전두환 준장은 중요 보직 중 하나인 제 1공수여단장을 맡고 있었다. 역시 육사 11기이고 훗날 신군부 정권에서 힘이 아주 센 인물이 되는 권익현 대령은 연대장이었고, 노태우 대령도 전방 연대장을 맡고 있었다. 보안사 안에도 하나회가 많이 들어와 있었다. 그것도 수경사를 관장하는 자리인 보안사 506보안대장이던 정동철 대령, 또 나중에 12·12쿠데타에서 핵심적인 역할을 하게 되는 보안사의 허화평·허삼수 소령, 이 사람들도 다 하나회였다. 강창성은 자신이 506보안대장으로 중용했던 정동철 대령이 바로 하나회라는 사실을 수사 과정에서 알게 된다. 얼마나 놀랐겠나. 이처럼 당시 군에서 준장 및 그 아랫자리에서 가질 수 있는 가장 좋은 보직들 중 상당수를 하나회에서 차지하고 있었다.

── 하나회에 대해 강창성은 어떤 조치를 취했나.

강창성은 손영길 준장, 권익현 대령 등 장교 10명을 횡령, 수뢰, 직권 남용, 군무 이탈죄 등으로 구속했다. 아울러 506보안대장이던 정동철 대령을 포함해 장교 31명의 군복을 벗겨버렸다. 강창성은 윤필용 조사를 끝내고 박정희 대통령한테 보고하는데, 이때 보안사에서 파악한 육사 11기에서 14기까지 하나회 핵심 20여 명의 명단을 내놨다. 그랬더니만 박 대통령은 '그냥 두고 가라', 이런 태도를 취했다. 그래서 강창성은 '도대체 이럴 수 있느냐. 이건 이상하다', 이렇게 느꼈다고 한다. 강창성이 그렇게까지 박정희 대통령에 대해 몰랐을까 싶기도 한데, 달리 생각하면 박 대통령이 뒷배를 봐주고 있었다는 걸 알았다면 하나회를 함부로 못 건드렸을 것

저항 세력의 무력화

이다. 강창성이 하나회를 친 걸 보면 그걸 잘 몰랐던 것 같다.

　강창성은 하나회 회장이자 제1공수여단장이던 전두환을 직접 소환해 조사했다. 그런데 사실 전두환은 '윤필용이 전횡하고 있다. 이것에 대처해야 한다', 이걸 박종규 경호실장한테 제일 먼저 고자질한 사람이다. 그래서 박정희 대통령이 직접 전두환을 불렀는데, 박정희 앞에서도 전두환은 '윤필용을 제거해야 한다'고 이야기했다고 한다.

진급 축하 파티 열어주고 하사품 내리고
…박정희의 비호 아래 세력 키운 하나회

— 하나회 대부로 통하던 윤필용을 쳐내야 한다고 하나회 회장인 전두환이 주장한 사실을 어떻게 봐야 하나. 하나회 구성원 중 상당수가 윤필용 사건에 연루돼 곤욕을 치렀는데, 정작 회장인 전두환은 멀쩡했다는 점도 눈에 들어온다.

　그것에 대해 여러 평이 있다. 제 대부까지도 고자질하다니 어떻게 그럴 수 있느냐는 평도 있고, 그게 아니라 전두환이 선을 대고 있던 줄하고 손영길 쪽 줄하고 계통이 달랐다는 이야기도 있다. 손영길은 요직에 올라가는 데 전두환하고 막상막하였던 경쟁자였고 동기들 중에서 준장으로 제일 먼저 진급한 사람인데, 후자의 설명이 더 맞을 것 같다. 그러니까 '손영길은 윤필용한테 선을 댄 그쪽 직계였고 전두환은 박종규 쪽이었다. 나중에 차지철이 경호실장이 됐을 때에도 전두환은 차지철 쪽과 깊은 관계를 맺게 된다', 이렇게 설명하고 있다. 그렇다고 하더라도 전두환의 행위를 볼 때 권력 싸움이라는 건 무섭고 매정하다는 생각이 든다.

박정희는 하나회에 특별한 관심을 갖고 있었다. 하나회 관계자들이 지휘관으로 나가면 군도, 지휘봉 같은 걸 기념으로 줬을 뿐만 아니라, 진급자들을 위해 축하 파티도 열어주고 승용차라든가 금일봉도 선물했다. 하나회 관계자들도 자신들이 박정희 대통령으로부터 특별한 사랑을 받고 있다는 걸 잘 알고 있었다.

강창성의 후임 보안사령관들은 의도적으로 하나회 문제를 은폐하고 그들을 비호했다. 윤필용 사건으로 회원 40여 명이 구속되거나 예편되는 등 '시련'을 겪은 하나회는 1975년에 보안사령관이 된 진종채, 그 후임 보안사령관인 전두환에 의해 다시 힘이 강화됐고, 특히 보안사령부에 하나회 관계자들이 상당수 자리를 잡게 된다. 하나회에 대해서는 나중에 12·12쿠데타를 다룰 때 자세히 이야기하겠지만, 하나회 멤버가 이때 장성부터 중위까지 무려 220여 명에 달했다고 돼 있다.

그 하나회 멤버 중에서도 전두환에 대해서는 박정희가 잘 알고 있었다. 전두환이 장군으로 진급할 때 박정희는 축하 파티를 열어주고 고급 승용차도 선물로 줬으며 '금일봉'도 하사했다. 그러면서 공수여단 중에서도 제일 중요한 위치에 있던 제1공수여단장 자리를 딱 안겨줬다.⚬

그랬던 건데 강창성이 결과적으로 잘못 건드린 것이다. 박정희

⚬ 전두환은 5·16쿠데타 당시 육사 생도들의 쿠데타 지지 데모를 조직하면서 박정희의 눈에 들었다. 그 후 '박정희의 양아들'이라는 이야기를 들을 정도로 총애를 받으며 승승장구했다.

대통령이 어떤 태도를 취할 것인지를 강창성은 잘 몰랐던 것 같다. 그에 더해 강창성은 이후락 중앙정보부장 쪽으로부터 반격을 받게 된다. 강창성을 겨냥한 그 반격에 대해서도 박정희는 '그 내용을 철저히 조사하라'고 엄명을 내린다. 강창성을 앞세워 윤필용을 중심으로 한 큰 세력을 무너뜨렸으니 이제 강창성을 칠 때가 됐다고 본 것 아니겠나. 이이제이라고 할까.

강창성 앞세워 윤필용 제거한 박정희, 강창성 내치고 다시 경상도 편중 인사

— 강창성은 어떤 반격을 받았나.

당시 군인들이 판공비 같은 걸로 자신이 쓸 돈을 마련하기 위한 제일 쉬운 방법은 군용 휘발유를 팔아먹는 것이었다. 이때뿐만 아니라 1950년대, 1960년대에도 모두 그랬고 이건 세상이 많이 알고 있던 비밀 아닌 비밀이었다. 강창성에 따르면 1960년대 중반 이래, 그러니까 윤필용이 방첩부대장이었을 때에나 김재규가 이름을 바꿔 보안사령관으로 있었을 때에나 군용 휘발유를 중앙정보부에 200드럼씩 팔아 정보비에 보태 썼다고 한다.

강창성도 보안사령관으로서 휘발유를 팔아 정보 수사비로 썼다고 한다. 이걸 중앙정보부 쪽에서 잡아가지고 반격에 들어갔고 박 대통령이 '철저히 수사하라', 그렇게 한 것이다. 육군 범죄수사단에서 이걸 맡아 수사했는데, 거기에 끌려간 보안사 요원들이 지독하게 고문을 당했고 참모장 김귀수 준장, 군수 참모 이진백 대령 등 여러 명이 구속됐다.*

그해 8월 강창성은 박 대통령한테 불려갔다. "강 장군 때문에 경상도 장교들 씨가 마르겠다고 그래." 대통령한테 이런 이야기를 들은 다음 날 강창성은 3관구 사령관으로 좌천됐다는 통고를 받게 된다. 그리고 1975년 말 군을 떠나야 했다.

그런데 강창성에 의하면 "강창성이가 경상도 출신 장교들의 씨를 말리려 한다"고 말한 군인은 윤필용 후임으로 수경사령관이 된 진종채였다고 한다. 진종채는 경북 포항 출신이었고 강창성은 경기도 포천이 고향이었다. 윤필용은 경북 청도 사람이었다. 진종 채는 강창성의 교체도 건의했다고 한다. 박정희는 군의 영남 인맥을 무시할 수 없었을 뿐만 아니라, 1970년대 들어 해가 갈수록 그쪽 사람을 많이 썼다.

— 경상도 편중 인사, 어느 정도였나.

1974년 말 준장 진급 예정자들을 출신지별로 보면 경상도 14명, 충청도 3명, 경기도 2명, 전라·강원·이북 등이 각각 1명이었다. 군에서 이런 편중된 인사에 불만을 제기하면 당하기 마련이었다.

당시 군에서 한신 장군과 함께 존경을 받았던 이병형 장군도 그러한 경우다. 1972년 4월 박정희는 강창성 보안사령관에게 제5 군단장 이병형 중장을 조사하라는 지시를 내렸다. 박정희가 건넨 메모지에는 "박 대통령은 경상도 편중 인사를 하고 있다. 이는 좋은

● 휘발유 건으로 보안사를 공격하는 일에 중앙정보부뿐만 아니라 하나회 쪽도 관여했다는 이야기도 있다.

저항 세력의 무력화

일이 못 된다"고 이병형이 말한 내용이 들어 있었다. 그 후 이병형은 2군 사령관을 역임했지만, 끝내 합참의장이나 참모총장이 되지는 못했다. 황해도 해주 출신인 최세인도 1974년 말경 술자리에서 준장 진급 예정자들이 경상도 위주로 선발됐다고 말했는데, 1군 사령관을 끝으로 군복을 벗지 않을 수 없었다.

다시 윤필용 사건으로 돌아가면, 이 사건에는 어떻게 이런 일이 있을 수 있느냐 하는 것이 있다. 이 사건에서 재판을 진행하고 판결을 내리는 것 등을 보면, 어떻게 이런 식으로 할 수 있느냐는 생각이 든다.

윤필용을 추악한 인간으로 매도한 재판, 권력의 잔인함을 보여준 윤필용 사건

—— 어떤 점에서 그러한가.

윤필용 등 장성 3명을 비롯해 10여 명이 업무상 횡령 등 8개 죄목으로 재판을 받았다. 이 중 한 명은 전 육군 범죄수사단장 지성한 대령인데, 1971년 10월 고려대에 수경사 병력을 끌고 들어가서 학생들을 마구 때리고 잡아가고 교내에서 최루탄을 터트리는 짓을 했던 자다. 그런데 이 사건에 걸려들더라. 아무튼 윤필용은 징역 15년, 벌금 2,000만 원, 추징금 590만 원을 받았다. 손영길도 징역 15년을 받았고 지성한은 징역 10년을 받는 등 10여 명이 유기 징역형을 받았다.

1973년 4월 그때 내가 군 복무 말기였는데, 전우신문(오늘날 국

1973년 4월 28일 자 동아일보. 윤필용 소장이 육군 보통군법회의에서 징역 15년을 선고받았다는 내용이 실려 있다. 이 기사에 의하면 재판장은 "이들이 자행한 죄악은 그 규모나 죄질에 있어 창군 이래 유례없는 범죄", "재계 등 민간인에게까지 군의 배경을 참칭, 공갈 협박의 손길을 뻗쳐 엽색 행각을 일삼음으로써", "인면수심의 향락을 누렸다"고 말하며 개탄했다고 한다.

방일보)에 적힌 윤필용의 범죄 내용을 읽었을 때 '매장시킨다고 하더라도 세상에 이런 식으로까지 할 수 있는 건가' 하는 생각이 들더라. 막말로 사람을 갈아버린다고 하지 않나. 그런 말이 떠오를 정도였다.

정인숙 사건을 제대로 수사했다면 권력 핵심의 지저분한 행태가 윤필용 판결문과 비슷했을 것이다. 그런데 윤필용의 범죄 내용으로 제시된 걸 보면 도대체 '윤필용이 모반했다. 박정희에 대해 불만을 품고 제거하려 했다'는 내용은 눈을 씻고도 찾아보기 어렵고 부정부패한 자, 치한, 파렴치한으로 묘사돼 있었다. 죄목도 횡령, 수뢰, 총포 단속 위반, 군무 이탈 방조 등 8개였다(재판장은 육군 참모차장 이민우 중장). 물론 일반 신문에도 몇 면에 걸쳐 그러한 행각이 자세히 나열돼 있었다.

이 사건 판결문을 보면 '윤필용 소장 등 부정 사건 판결문'이란 이름 아래 관련자들 전체를 뭉뚱그려 판결해, 이 판결문에서 지적한 것이 누구의 범죄인지를 알기 어렵게 돼 있다. 윤필용과 대한일보 관계를 제외하면 그렇게 돼 있는데, 놀라운 일이다.* 관련자들의 범죄 행위를 개별적으로 적시하지 않은 것은 아주 특이하고 이상한 일이다.

—— 판결문에는 구체적으로 어떤 내용이 담겨 있었나.

몇몇 구절을 살펴보자. 먼저 유신 체제를 찬양하고 나서, 그러한 유신 과업에 앞장서야 할 자들이 이런저런 짓을 했다고 서술돼 있다. "각자의 직책을 남용하여 금품 수집에 광분, 단기간 내에 수억, 수천만 원씩을 축재", "군의 배경을 참칭하여 공갈, 협박의 손을 뻗쳐 치부와 엽색 행각에 치달음으로써 반유신적 죄악을 자행", "피고인들은 그들 사조직 내에 계열화되어 있는 자들에게는 진급

• 군인들뿐만 아니라 몇몇 민간인도 윤필용 사건에 휘말렸다. 그중 한 사람이 한양대 총장이자 대한일보 사장이던 김연준이다. 윤필용과 가까운 사이였던 김연준은 수재 의연금 횡령, 뇌물 공여, 탈세 등의 혐의로 구속됐다. 이듬해(1974년) 5월 김연준은 대법원에서 무죄 확정 판결을 받았다. 그러나 이 사건의 여파로 대한일보는 문을 닫았다.
이 사건에 연루된 민간인 중 눈여겨봐야 할 또 다른 인물이 이원조다. 노태우와 경북고 동기 동창으로 TK 출신 육사 11기들과 가깝게 지낸 이원조는 제일은행 차장으로 있다가 윤필용 사건으로 해직됐다. 하나회의 자금 관리를 담당했던 이원조는 전두환·신군부 정권, 노태우 정권 시기에 '금융계의 황제'로 불리며 권력층의 검은돈을 주무르게 된다. 대법원이 12·12쿠데타와 광주 학살, 천문학적인 부정부패 문제로 전두환, 노태우에게 유죄 확정 판결을 내린 1997년 4월 17일 이원조도 대법원에서 징역 2년 6개월 확정 판결을 받았다. 한 가지 덧붙이면, 이원조가 "윤필용 사건에 민간인으로는 유일하게 연루"된 인물이라고 보도한 기사가 일부 있는데 이는 사실이 아니다.

(특진), 보직 및 해외 파견 등의 파격적 특혜를 주도록 각양各樣으로
압력을 가하여", "기천 만 원의 호화 주택에 진기 절묘한 장구裝具
를 가득 차려놓고 …… 가족 수대로의 자가용 차를 굴리면서 그도
부족하여 비밀 요정 등에서 호유방탕豪遊放蕩하고도 자책을 몰랐던
가. 1951년 민족의 이름으로 단죄된 국민방위군 사건 피고인들이
무색할 인면수심의 향락을 만끽", "윤필용 피고인은 …… 기부금을
수천만 원 갈취", "대통령 각하의 하사금까지 횡령, 착복", "탕녀나
유녀遊女들과 어울려 방탕 생활을 일삼았던 이들이……", 이런 내
용이다.

　　민주화 운동을 한 사람들의 눈으로 보면, 분명 윤필용은 나쁜
짓을 매우 많이 저지른 사람이다. 1971년 10월 고려대에서 수경사
병력이 얼마나 학생들을 구타하고 못된 짓을 많이 했나. 윤필용이
방첩부대장을 할 때 언론인 테러를 정말 많이 하지 않았나. 박 대
통령한테 충성을 다하기 위해 그렇게 한다고 했겠지만, 그런 소행
을 생각하면 '이후락과 술 마시던 자리에서 한 말로 걸려들어 쫓
겨난 건 잘된 일이다', 그렇게 볼 수도 있다. 그렇다 하더라도 이런
식으로 윤필용을 때려잡는 것이 잘하는 짓이냐 하는 생각이 들지
않을 수 없었다.

―　오랫동안 심복이었고 자신에게 잘 보이기 위해 못된 짓을 마
　　다하지 않았던 윤필용에게 박정희가 왜 그렇게까지 했다고 보
　　나. 윤필용 등이 저지른 여러 잘못에 대해 책임을 묻는 것은
　　사회 전체를 놓고 보면 당연한 일이지만, 다른 한편으로는 윤
　　필용 일파의 악행으로 제시된 부정부패, 엽색 등에 대해 박정
　　희가 과연 남에게 손가락질할 처지였나 하는 생각도 든다.

1971년 11월 20일 간첩을 체포했다고 기자 회견을 하고 있는 보안사령관 시절 강창성의 모습. 12·12쿠데타, 5·17쿠데타가 일어나자 강창성은 하나회 세력에게 엄청난 보복을 당한다. 고문을 받은 것은 물론 삼청교육대에까지 끌려가 순화 교육을 받아야 했다. 사진 출처: 국가기록원

사실 방탕한 생활을 일삼고 치부, 엽색 행각 같은 걸 벌인 건 이 시기 세도 있는 권력자, 장성들에게는 특별한 일이 아니라고 볼 수 있다. 당시 이들에 대해 별의별 얘기가 다 돌았다. 그것이 정인 숙 사건으로 나타났고, 김지하의 〈오적〉에 생생히 묘사됐다고 볼 수도 있다.

문제는 그러한 문구를 써가면서 재판을 한다고 하는 것이 해 도 너무한 것 아니냐는 생각이 들게 만드는 것이었다. 권력이라는 게 참으로 잔인하고 무섭다는 생각이 들더라. 이런 식으로 당한 유 사한 사례가 다른 나라에도 있었다는 얘기를 책에서 본 기억이 있 었는데, 윤필용 사건에서 그런 게 바로 나타난 것을 보니 놀랍더라.

동아일보가 사설에 이렇게 썼더라. "귀로 들을 수도 없고 차마 눈으로 볼 수도 없으며 입으로 차마 말할 수도 없는 내용과 그 소행들이 판결에 점철돼 있다." 이 사건을 이런 식으로 처리한 건, 신문에도 나오고 했으니 군만 겨냥한 건 아니겠지만, 그래도 무엇보다 특히 군에 '경각심'을 불어넣기 위해서였을 것이다. 박정희 유일체제에 대해 조금이라도 다른 생각을 가진 자들을 절대로 용납하지 않을 것임을, 그리고 다른 생각을 품으면 어떤 식으로 당할 수 있는지를 '윤필용처럼 힘센 사람도 이렇게 당했다'는 것을 통해 보여주려 한 것 아니겠나. 난 그 생각밖에 안 들더라. 그래도 어떻게 추악한 관계 같은 걸 중심으로 인간을 그런 식으로 비하하는 말투를 쓴 것인지, 너무 심하다는 생각이 들었다.

하나회 수사한 '죄'로
신군부에게 호되게 보복당한 강창성

── 강창성이 보안사령관에서 물러나게 된 과정을 이야기했다. 그런데 이 사건으로 인생이 바뀌었다고 할 수 있을 만큼 그 후에도 큰 영향을 받게 되지 않나.

강창성은 1971년 10·2 항명 파동 때의 김성곤 사건, 자신이 맡았던 육사 동기 윤필용 사건 등을 통해 권력의 잔인함과 추악함을 가슴 깊이 느꼈겠지만, 나중에 또 인생무상을 여러 번 느끼게 된다. 강창성이 이 사건을 수사하면서 그렇게 닦달했던 하나회가 12·12쿠데타, 5·17쿠데타를 통해 권력을 잡지 않나. 그러면서 강창성은 끌려가게 되는데, 그것도 하필이면 서빙고 분실로 잡혀갔다. 바로 보안사의 핵심 수사 장소 아닌가. 거기서 지독하게 당하지 않았겠나. 12·12쿠데타 후 정승화 육군 참모총장도 보안사에 끌려가 정말 심하게 당했다고 하지 않나. 그 젊은 보안사 병력들한테 고문당하면서 얼마나 고통스러웠겠나. 그자들은 참 무섭게 했다.

강창성은 외환 관리법 및 특정 범죄 가중 처벌법 위반 혐의로 재판을 받았다. 1심 비공개 재판에서 징역 4년, 2심에서 징역 3년이 선고됐는데 강창성은 상고하지 않았다. 그런데 강창성이 잡혀 들어간 그곳에 김상현도 또 잡혀 들어와 있었다고 한다. 5·17쿠데타가 나고 나서 많이들 잡혀가지 않았나. 그때 나도 보안사에 잡혀가서 며칠간 두들겨 맞았는데, 하여튼 그렇게 만난 강창성과 김상현이 서로 뭐라고 할 수 있었겠나. 유신 쿠데타 후 김상현을 잡아넣은 게 다름 아닌 강창성 아니었나.

강창성은 여기서도 인생무상을 느꼈을 터인데, 얼마 지나지 않아 인생무상을 그보다 더 심하게 느끼게 된다. 2심에서 징역 3년형을 받은 강창성은 영등포교도소 등에서 수형 생활에 들어갔는데, 그것에 더해 이번엔 삼청교육대에 끌려갔다. 이른바 순화 교육을 시킨다는 명목으로 전두환·신군부 정권이 많은 사람을 삼청교육대에 집어넣지 않았나. 보안사령관을 지낸 예비역 장성 강창성도 거기에 집어넣고 순화 교육을 네 차례나 받게 했다고 한다.

삼청교육대 하면 많이 나오는 사진 있지 않나. 목봉이라고 불리는 큰 나무를 한쪽 어깨에 멨다가 다른 쪽 어깨로 넘기는 그 사진. 강창성은 바로 그 목봉 메기도 해야 했고, 그것 말고도 나이 먹은 사람이 지옥의 훈련이라는 훈련은 다 받아야 했다고 한다. 상부에서 '엄명'이 떨어져 강창성은 똑같이 '교육'을 받아야 했다고 한다. 그러면서 인생이라는 게 참 이렇구나 하는 걸 느낀 것 같다.

강창성은 수도꼭지 물이 얼 정도의 혹한 속에서 독방 생활을 하는 것도 힘들었다고 회고한다. 온종일 햇볕이 들지 않는 독방에서 담요 한 장으로 온몸을 감고 뜬눈으로 밤을 지새우기 일쑤였다. 그 이후 강창성은 방바닥이 더우면 잠을 못 잤고 지병도 얻어 1982년 12월에 교도소 '뒷문'을 통해 세상에 나왔다. 2년 6개월 복역하면서 당뇨병도 얻고 체중이 20킬로그램 줄었다고 한다.

이 사람은 6월항쟁 이후에는 정치 활동을 해 국회의원도 하고, 또 책을 한 권 썼다. 일본과 한국의 군벌 정치를 비교한 것으로, 1936년 일본에서 발생한 2·26사건 등과 하나회 문제를 연결해 생각해보려 한 책이었다.

윤필용 사건 후 군은
청와대 눈치만 볼 수밖에 없었다

— 윤필용 사건은 군에 어떤 영향을 끼쳤나.

윤필용 사건은 박정희 대통령이 군을 얼마나 철저히 관리하는가를 여실히 보여줬다. 박정희는 유신 초기에 윤필용 사건을 터트려, 어느 누구라도 '불충', '불경'한 생각을 눈곱만큼이라도 가지고 있으면 윤필용처럼 당할 수 있다는 것을 모든 군인들에게 보여줬다. 박정희의 특별한 신임을 받았던 군의 막강한 실력자가 한순간에 몰락해 저렇게 치욕적으로 매장당하는 판이니 그보다 못한 사람들로서는 박정희나 유신 체제를 거스른다는 생각을 한다는 것은 꿈에도 있을 수 없었다.

이 사건 이후 군은 그야말로 청와대의 눈치만 볼 수밖에 없게 됐다. 더군다나 차지철이 경호실장이 된 이후에는 다들 전전긍긍하며 박정희에 대해 절대적인 충성 경쟁을 하게 되지 않나. 그러면서도 하나회의 고급 장교들, 예컨대 박정희가 그렇게 총애했던 전두환조차 '유신 체제 말기에 박정희가 아주 문제가 있다고 봤다'는 주장을 나중에 또 하지 않나. 그런 걸 보면 여기서도 인생무상을 느낄 수 있다.

하나 덧붙이면, 박정희가 하나회를 특별히 키워준 건 자신의 복심 부대, 충성 부대를 만들기 위해서였을 것이다. 사적으로 국가를 운영하는 자는 사적으로 자신에게 충성하는 부대를 만들기 마련이다. 유신 체제를 보면 사적인 국가 운영이라고 할 수 있지 않나. 개인의 절대 명령으로 모든 걸 움직이려고 한 것인데, 거기에 어디 공적인 게 있었나. 그런 때에는 사병으로서 사적인 충성을 다할 수 있는 군 특수 조직을 필요로 한 것 아닌가 싶다.

테러와 탄압, 회유로
언론 길들이기

저항 세력의 무력화, 네 번째 마당

김 덕 련 그동안 유신 쿠데타가 일어날 무렵 사법부, 정치권, 군부의 상황을 짚었다. 이 시기에 언론은 어떠했나.

서 중 석 언론은 우리나라뿐만 아니라 유럽이나 미국에서도 국회, 정부, 사법부에 이어 제4부라는 이야기를 듣는다. 그만큼 언론의 힘이라는 게 민주주의 사회에서는 어디나 다 중요하다고 할 수 있다. 한국 근현대사를 살펴보면 언론이 상당히 큰 영향력을 가지고 중요한 일을 많이 했다는 걸 알 수 있다.

일제 치하에서는 한국인들이 어떤 조직적인 활동을 한다는 게 거의 불가능한 상태 아니었나. 여러 단체를 만들기는 했지만, 제약이 워낙 심해서 그런 단체들이 제대로 활동할 수가 없었다. 신간회건 청총(조선청년총동맹)이건 노총(조선노동총동맹)이건 농총(조선농민총동맹)이건 근우회건 다 그랬다. 언론은 그것과 상황이 조금 달랐다.

── 어떻게 달랐나.

언론에 대해서도 신문을 몰수한다든가 정간 조치를 한다든가 하는 건 있었지만, 그래도 언론은 전국적인 조직을 가지고 매일 신문을 찍어내는 데 아니었나. 또 그걸 위해 기자들이 뛰어야 하는 곳이었다. 그러니까 전국적인 조직을 가지고 일정한 사회적 활동을 끊임없이 하는 단체였을 뿐만 아니라 계몽적인 역할도 하고 해서 언론은 일제 때 상당한 사회적 힘, 영향력을 가지고 있었다. 물론 그러한 언론의 사회적 힘과 영향력은 기본적으로 제한된 것이긴 했다.

해방됐을 때 송진우·김성수의 한민당은 동아일보를 기반으로 만들어졌고, 안재홍의 국민당은 방응모 쪽한테 넘어가기 이전에 조선일보에서 활약했던 팀들을 중심으로 해서 만들어졌다. 이처럼 해방 직후 우익의 양대 정당은 다 언론을 기반으로 했다. 그건 그만큼 일제 때 한국인들이 활동할 수 있었던 기반이 몇 개 안됐다는 걸 이야기해준다.

이승만 정권을 무너뜨린 1960년 4월혁명에서도 언론은 중요한 역할을 했다. 4월혁명의 주역은 학생이라고 하지만, 이때 언론과 미국이 중립을 지킨 군과 더불어 상당히 큰 역할을 했다. 그중에서도 특히 언론의 역할을 학생들 다음으로 많이 평가해줬다.

그뿐만 아니라 장면 정권을 붕괴시킨 건 1961년 5·16 군부 쿠데타지만, 사실 그전에 언론한테 몹시 두들겨 맞았다. 장면 정권 계통이라고 볼 수 있는 경향신문, 천주교 쪽이던 이 신문도 장면 정부를 강하게 비판했다. KBS와 서울신문 같은 데조차도 장면 정부에 비판적이었다. 언론 자유가 제일 많았던 시대라고 이야기되는 때 아닌가. 정권을 두들겨 패야 신문이 팔렸고, 또 월급 못 받는 기자들은 흠집을 잡아내야 먹고살 그 무엇이 생겼다. 권력을 직접 뺏은 건 총을 든 군인들이었지만, 언론이 그와 같이 두들겨 팬 것도 장면 정권이 무너지는 데 무시 못할 역할을 했다고 보고 있다. 이처럼 언론은 이승만 정부, 장면 정부가 무너지는 데 상당한 역할을 했다는 얘기를 듣는다.

쓴소리에 재갈 물리고
필화 사건 양산

── 자유를 누리던 언론은 5·16쿠데타 후 된서리를 맞지 않나.

박정희는 권력 문제에 아주 예민한 사람이었다. 그렇기 때문에 특히 언론에 대해서는 5·16쿠데타 권력이 때려잡는다고 할까, 대대적인 정비를 했다. 다큐멘터리 작가 김교식이 쓴 글을 보면 박정희는 언론에 대해 이중성이라고 표현할 수 있는 면모를 보인 것으로 돼 있다. 뉴스, 사설, 칼럼, 가십 같은 걸 샅샅이 읽으면서도 신문 기자들이나 신문은 아주 싫어했다고 한다. 가십란은 정치인들을 싸움 붙이기 알맞은 것들로 채운 지면, 기자들은 별 사건이 아닌데도 늘리고 늘려 요란스럽게 지면을 꾸미는 사람이라는 식으로 봤고 그래서 집권 18년 동안 국내외 공식 기자 회견을 별로 열지 않았다는 것이다. 청와대 기자들만의 비공식 회견이 몇 번 있긴 했지만 출입 기자들을 상대로 공식 기자 회견을 하는 일은 별로 없었고, 그 때문에 출입 기자들이 대통령 보기도 힘들어서 당연히 알고 있어야 할 청와대의 동정도 기자들이 잘 모르는 경우가 많았다고 김교식은 썼다. 김교식은 박정희만큼 기자를 기피한 사람도 없었다고 지적했다.

— 박정희 딸 박근혜도 대통령 재임 기간에 기자 회견을 매우 드물게 했고 기자들의 질문을 기피하는 모습을 보였다. 그 점에서도 아버지와 닮은꼴이다.

박정희 하면 떠오르는 것 중 하나가 선글라스 아닌가. 박정희를 상징하는 것 중 하나인데, 박정희는 5·16쿠데타 전에도 선글라스를 쓴 것으로 알려져 있고 쿠데타를 일으킨 후 찍은 유명한 사진, 좌우에 박종규와 차지철이 있는 그 사진에도 선글라스를 쓴 모습으로 등장한다. 군대 시절에도 어디서나 선글라스를 많이 썼고 외국에 갈 때도, 심지어 존 F. 케네디, 린든 존슨 같은 미국의 최고 지도

선글라스는 박정희를 상징하는 것 중 하나이다. 5·16쿠데타 전에도 선글라스를 쓴 것으로 알려져 있고 쿠데타를 일으킨 후 찍은 유명한 사진에도 선글라스를 쓴 모습으로 등장한다. 심지어 사진에서처럼 1961년 11월 13일 미국을 방문해 케네디 대통령을 만났을 때도 선글라스를 끼고 있었다. 사진 출처: e영상역사관

자들을 만날 때도 선글라스를 끼어서 화제가 됐다. 외국에서는 그런 게 아주 드문 일 아닌가. 그런데 이 사람은 그렇게 선글라스를 끼었다.

이런 걸 언론계에 대한 태도와 연관을 지어서 생각해볼 부분도 있지 않은가 하는 생각이 든다. 뭔가 세상에 자신의 본모습을 보이고 싶지 않은 것 아니었겠나. 자신이 뭘 생각하고 있는지, 자신의 정체가 무엇인지를 세상이 알기를 바라지 않는 모습이 지나칠 정도의 선글라스 착용에 담겨 있었고, 그건 언론계를 기피한 것과 비슷한 것 아닌가 하는 생각이 든다.

— 언론이 완전무결한 적은 없었지만, 입에 쓴 약이 병에는 좋다는

말처럼 언론의 쓴소리를 정치 권력이 귀담아들을 필요가 있다는 건 민주주의의 상식이다. 그렇지만 박정희 집권 18년을 살펴보면, 언론이 건네는 쓴 약을 거부하는 수준을 넘어 쓴소리 자체를 못하게 하려 한 때가 많지 않았나 하는 생각이 든다.

필화 사건이 박정희 정권 때 아주 많이 일어나는 걸 볼 수 있다. 특히 1964년, 1965년 이후 언론이 심한 탄압을 받아 유신 쿠데타가 일어났을 때에는 언론이 쓴소리를 한마디도 못하고 오히려 지면만 보면 유신 쿠데타를 크게 지지하는 것처럼 비치는 보도가 나가게 되는데, 어떻게 해서 그렇게 됐는지를 이해하기 위해서도 이 문제를 살펴볼 필요가 있다.

먼저 1964년 이전의 필화 사건을 한두 가지 살펴보면, 1961년 6월 19일 민국일보 정치부장 조세형이 연행됐다. 이 사람은 나중에 유명한 정치인이 되는데, 언론인 출신이다. 그러면 이 사람은 무엇 때문에 연행·구속됐느냐. '혁명 공약' 6항이 "이와 같은 우리의 과업이 성취되면 참신하고도 양심적인 정치인들에게 언제든지 정권을 이양하고 우리들 본연의 임무에 복귀할 준비를 갖추겠습니다", 이렇게 돼 있었는데 이것이 슬그머니 빠지고 "민주공화국의 굳건한 토대를 이룩하기 위하여 우리는 몸과 마음을 바쳐 최선의 노력을 경주하겠습니다"로 돼 있더라, 이것이다. 그걸 보도했다가 구속돼 그해 7월 20일 풀려난다.

박정희 등 5·16쿠데타를 일으킨 자들이 이 '혁명 공약' 6항을 넣었다가, 실제로는 그것을 지킬 생각이 없으니까 슬그머니 한때 뺐던 것 아닌가 하는 생각이 든다. '혁명 공약'을 잘 읽어보면 그러한 해석이 맞는 것 같다. 쿠데타 세력이 나중에 덧붙인 6항 '민간'

의 공약은 "이와 같은 우리의 과업을 조속히 성취하고 새로운 민주 공화국의 굳건한 토대를 이룩하기 위하여 우리는 몸과 마음을 바쳐 최선의 노력을 경주하겠습니다"인데, "이와 같은 우리의 과업"은 일반 민간인이 얘기할 수 있는 사항이 아니다. 그건 쿠데타를 일으킨 군인들의 과업을 가리키는 것이 틀림없다. 이들은 이렇게 바꾸려다가 국내외에서 정치적으로 큰 파문이 일 것 같으니까 그 부분을 '민간'으로 집어넣어 6항을 '군인'의 공약과 '민간'의 공약, 이렇게 두 가지로 했을 가능성이 높다. 무엇보다도 '민간'이 '혁명 공약'을 내놓는다는 것이 말이 안 된다. 어떻게 쿠데타와 아무 상관이 없는 민간인이 '혁명 공약'을 내놓는단 말인가. 문제가 생기니까 쿠데타 세력이 '민간'의 공약이라는 걸 억지로 집어넣은 것이다.

—— 5·16쿠데타 후 박정희 세력은 민정 이양 문제에 지극히 예민하게 반응하지 않았나.

이 무렵 윤보선 대통령의 기자 회견과 관련된 필화 사건도 발생했다. 5·16쿠데타 후 얼마 안 지난 때인 1961년 6월 3일 윤보선 대통령은 청와대에서 기자 회견을 했다. "조속히 민간에 정권을 넘겨야 한다", "특히 이 문제에 대해서는 9월에 열리는 유엔 총회를 고려해야 한다"는 등의 내용이었는데, 동아일보가 '조속한 정권 이양 필요'라는 제목으로 이걸 1면에 보도했다. 윤보선 대통령은 한민당 사람으로 동아일보와 아주 가까운 사이 아니었나. 또 대통령이 이야기한 것이기 때문에 검열을 안 받고 이게 신문에 실렸다고 한다.

그러자 발끈한 쿠데타 세력은 동아일보 편집국장, 정치부 차장 그리고 이만섭 기자를 비롯한 정치부 기자 등을 연행했다. 기사를 쓴 이만섭은 구속됐다. 그리고 윤보선 대통령의 비서관 유동준까지 최고회의에 끌려갔다고 한다. 박정희 최고회의 의장은 정권을 빨리 이양하라는 말의 진의가 무엇이냐고 청와대 비서관에게 추궁하면서, "우리가 목숨을 내걸고 한 혁명인데 누구에게 함부로 정권을 내주라고 한다는 말인가"라고 흥분했다고 한다.

굴욕적인 한일 회담에 반대하는 운동이 거세게 일어난 1964년에도 언론에 대한 공격이 거듭됐다. 민족적 민주주의 장례식과 관련된 학생들에 대한 구속영장을 양헌 판사가 기각하자, 5월 21일 새벽 군인들이 카빈총, 권총을 휴대하고 법원에 난입했다고 전에 이야기하지 않았나. 다음 달인 6월 3일 박정희 정권은 계엄을 선포하는데, 그 직후인 6월 6일 새벽 제1공수특전단 최문영 대령 등 7명의 장교가 이번에는 동아일보사에 난입했다. 동아일보 기사가 맘에 안 든다며 편집국에 무단 침입해 당직자들을 협박했다. 이게 유명한 동아일보 난입 사건이다.

이에 더해, 이 시기에 '앵무새 사건'이라는 것도 일어난다. '앵무새'는 정부 비판과 풍자로 인기를 끈 동아방송의 시사 프로그램이었는데, 최창봉 동아방송 부장 등 6명이 반공법 위반 등의 혐의로 송치됐다. 이처럼 언론에 대한 위협이 계속됐는데, 당시 언론인들에 대한 권력 쪽의 대책이라고 할까, 대처 방안이 몇 가지 있었다.

잇단 폭행, 협박에 폭발물 테러까지
언론인 겨냥한 백색 테러 난무

── 어떤 것들이 있었나.

그중 하나는 테러로 언론인들을 직접 협박하는 것이었다. 동아일보에 군인들이 난입한 것도 명백히 테러 행위지만 1965년부터 언론인들은 연행, 구속뿐만 아니라 다른 여러 형태의 테러까지 당했다. 예컨대 1965년 9월 7일 자정 무렵 동아일보 변영권 편집국장 대리 집 대문이 폭파됐고, 한 시간쯤 후에는 동아방송 조동화 제작과장이 괴한 네 명한테 끌려가 폭행을 당한 후 유기되는 일이 일어났다. 언론인이 아니라 정치인이긴 했지만, 9월 8일 자정 무렵에는 민중당 간부인 유옥우의 집 근처에서 폭발물이 터졌다. 그래서 유옥우 집의 벽 일부와 문짝들이 부서지고 유리창들이 산산조각 나는 등 건물 일부가 파괴되고, 집에 있던 유옥우의 딸들과 식모가 겁에 질려 이불을 뒤집어쓰고 벌벌 떠는 일이 일어났다. 이렇게 테러 및 폭발 사건이 연이어 3건이나 일어났지만 진범도, 그 배후도 규명되지 않았다.●

이듬해에도 테러가 계속 일어났다. 1966년 4월 동아일보 최영철 기자가 박정희를 비판하는 〈소신은 만능인가?〉라는 기사를 썼다가 자택과 가까운 골목에서 괴한들한테 테러를 당했다. 그다음 날 새벽에는 "최영철 펜대 조심하라. 너의 생명을 노린다. 구국특공단

● 유옥우는 신민당 의원이던 1971년 11월 13일 괴한들에게 습격·폭행을 당하는 일도 겪는다. 참고로 유옥우는 배우 유지태의 할아버지다.

1966년 4월 26일 자 동아일보. 최영철 기자가 박정희를 비판하는 〈소신은 만능인가?〉라는 기사를 썼다가 자택에서 가까운 골목에서 괴한들한테 테러를 당했다는 소식을 전하고 있다.

장", 이렇게 적힌 협박장이 집에 날아들었다. 5월에는 동아일보 편집국장 앞으로 '최영철을 퇴직시켜라. 그렇지 않으면 당신 일가족을 가만두지 않겠다'는 내용의 협박장이 왔다.●●

●● 경향신문 1966년 5월 14일 자에 따르면, 이 협박장에는 "충고한다. 최 기자를 즉각 파면시켜라. 이 일을 어길 때는 당신 전 가족을 몰살시키겠다. 서대문 허"라고 적혀 있었다. 그와 함께 뒷면에도 "화랑동지회장 박, 우리를 밀어주는 이가 있다. 함부로 지껄이지 말고 순순히 우리 명령에 복종하라"고 협박하는 문구가 담겨 있었다.
덧붙이면, 이 시기에 박정희를 비판했다가 곤박을 당한 최영철 기자는 유신 쿠데타 이후 유정회 의원으로 변모한다. 1961년 윤보선 대통령의 '조속한 민정 이양 촉구' 발언을 기사로 썼다가 고초를 겪었던 기자들 중 이만섭은 1963년 공화당 의원으로 정계에 발을 들이고, 이진희는 유신 쿠데타 후 유정회 소속으로 국회에 들어간 것과 묘하게 닮은꼴이다. 이진희는 1980년 전두환을 노골적으로 예찬하는 대담을 내보내 물의를 빚은 바로 그 MBC 사장 이진희다.

6월 9일에는 유명한 박한상 의원 폭행 사건이 일어난다. 박한상은 민권 변호를 많이 했던 변호사 출신 의원이었는데, 이날 자택 앞길에서 괴한 2명에게 폭행을 당했다. 7월 20일에는 동아일보 정치부 차장 권오기가 괴한들한테 테러를 당했다. 12월에는 강원일보 기자가 군복을 입은 괴한한테 납치당했다. 이렇게 여러 형태의 테러 사건이 잇달아 일어났다.

1967년에도 호남매일신문 기자가 폭행당하고 강원일보 사회부장의 집에 괴한이 침입하고 조선일보 정치부장 남재희 등 4명의 기자가 수사 기관에 47시간이나 억류를 당하는 등의 사건이 연이어 발생했다. 이처럼 테러, 구속, 연행 같은 것으로 직접 공포감을 심어주고 그걸 통해 언론인들, 기자들의 입을 막아버리려고 했다.

── 테러, 구속, 연행 이외에 어떤 방법을 썼나.

야당지를 그 소유주로부터 뺏어버리는 일도 했다. 5·16쿠데타가 날 때 쿠데타 자금을 제공해달라는 요구에 김지태가 응하지 않은 것이 그 이유라고 알려지긴 했는데 문화방송, 부산문화방송, 부산일보 경영권을 1962년 5월 25일 김지태가 수갑을 찬 상태로 부산 군수기지사령부 법무관실에서 다 넘겨주는 사태가 일어났다. 이건 5·16재단 쪽으로 넘어갔다가 5·16장학회, 정수장학회로 가게 된다.

그리고 1965년에 가서는 경향신문 이준구 사장이 반공법 위반 등의 혐의로 구속된다. 중앙정보부가 아주 치밀하게 계획을 세웠고, 그에 따라 결국 나중에 경매 처분을 한다고 했지만 실제로는 경향신문 주식의 50퍼센트가 5·16장학회로 넘어갔다. 1970년대 경향신문 문패 같은 것이 김지태로부터 넘어간 문화방송과 함께 문화방송-경향신문으로 돼 있었던 걸 본 기억이 지금도 난다. 이렇게 경향신문은 완전히 일종의 여당지라고 할 수 있는 쪽으로 넘어가게 된다.

그러고는 언론윤리위원회 같은 걸 통해 언론을 통제함과 동시에 한국신문발행인협회, 한국신문편집인협회 쪽을 권력이 통제한다고 할까, 무력화하는 걸 볼 수 있다. 발행인·편집인들을 무력화한 중요한 방법 중 하나가 회유였다.

특혜 받으며 권력과 유착한 언론
대부분의 중앙지, 비판 기능 상실

── 어떤 식으로 회유했나.

강준만 교수 책에 의하면, 1967년 일반 대출 금리가 25퍼센트였을 때 신문에 대해서는 18퍼센트밖에 적용하지 않았다. 7퍼센트포인트나 낮았다. 그에 더해, 일반 용지 수입 관세가 30퍼센트였을 때 신문 용지 수입 관세는 그보다 훨씬 낮은 4.5퍼센트를 적용했다. 이렇게 신문사에 특혜를 주면서 언론 소유자 또는 발행인 쪽을 회유했다.

제일 대표적인 사례로 자주 거론되는 게 코리아나호텔이다. 박정희 정권은 조선일보사가 상업 차관 4,000만 달러를 아주 좋은 조건으로 도입해 이 호텔을 지을 수 있게 해줬다. 언론인 김해식이 쓴 걸 보면, 1967년경 대일 청구권 자금 중 상업 차관으로 들어온 것인데 이게 언론사로 들어온 상업 차관으로는 첫 번째라고 한다.

한마디로 박정희 정권이 모종의 의도를 가지고 조선일보사에 큰 특혜를 준 것이다. 국내 대출 금리가 연 25~26퍼센트 정도이던 때 연 7~8퍼센트에 불과한 상업 차관을 허용한 것 자체가 엄청난 특혜였다는 말이다. 기간산업도 아닌 관광호텔을 짓는 데 엄청난 특혜로 귀중한 외자를 배정하는 건 문제가 있다며 경제기획원의 실무 담당 과장이 끝까지 외자 도입 허가에 동의하지 않았고, 그래서 실무 담당자 서명 없이 외자 도입이 허가된 유일한 사례라고 김해식 글에 나온다. 이때는 이런 훌륭한 공무원이 있었던 모양이다. 어쨌건 이에 더해 조선일보사는 1968년 사옥도 신축했다. 다른 신문사들도 1960년대에 사옥을 신축하거나 증축했다.

─── 박정희 정권이 한쪽으로는 탄압하고 다른 한쪽으로는 구워삶은 결과 언론은 어떤 모습으로 변했나.

이와 같이 테러, 구속, 연행으로 한편으로는 언론인, 기자들을 꼼짝 못하게 하고 한편으로는 야당지를 뺏어 여당지로 만들고 한편으로는 회유 정책을 쓰고 또 언론윤리위원회 같은 걸 통해 통제했다. 그렇게 되면서, 자유당 때 네 개의 일간지가 이승만 정권을 비판했다고 이야기하는데 그 네 신문 중 동아일보만 빼놓고 다 정권

• 정도正道를 가려 한 일부 언론인은 가시밭길을 걸어야 했지만, 언론의 사명을 도외시하기만 하면 기업으로서 언론사의 몸집을 불리기에 좋은 시절이었다. 1960년대에 주요 언론사들은 한국 경제 전체의 성장률보다 훨씬 높은 성장률을 기록하며 규모를 키웠다. 이와 관련,《한겨레21》771호(2009년 7월)는 〈빌붙어 살아남은 자들의 환호〉라는 기사에서 "1960년대 한국의 경제 성장률은 연평균 8~10퍼센트였지만, 신문 기업만큼은 연 20퍼센트씩 성장했다"고 보도했다. 아울러 이 시기에는 재벌이 방송에 뛰어든 것에 이어 신문까지 창간하고, 기존의 유력 신문사가 방송에 뛰어드는 모습도 나타났다. 그렇게 하는 사이에 중앙정보부 요원들은 언론사에 똬리를 틀었다.

쪽으로 넘어가거나 비판 기능이 현저히 약화된다. 경향신문은 뺏겼고, 조선일보는 특혜를 받고 회유를 당했다. 한국일보 사주 장기영은 경제기획원 장관으로 발탁되지 않았나. 자연히 한국일보도 비판적인 필봉을 제대로 휘두를 수가 없었다. 또한 1965년 중앙일보가 생기긴 하지만, 재벌 신문이기 때문에 박정희 정부에 대해 그렇게 비판적이지 않았다.●●

동아일보사 무력화 겨냥한 《신동아》 필화 사건, 여타 언론사들은 그 사건에 침묵

— 주요 신문들을 길들이는 데 성공했다고 여긴 박정희 정권의 다음 표적이 어디였을지는 자명해 보인다.

마지막 남은 동아일보가 그래서 1968년부터 집중적으로 당하게 된다. 1968년 3월 8일 자 동아일보에 〈한은, 정부에 긴축 정책 건의 "통화량 대폭 억제토록"〉이라는 기사를 썼다는 이유로 경제부 이채주 차장, 박창래 기자 등 여러 기자가 중앙정보부에 연행됐다.

●● 중앙일보는 창간 직후부터 재벌 신문의 한계에서 벗어나지 못했다는 비판을 여러 차례 받았다. 예컨대 1986년 보도지침을 폭로한 주역 중 한 사람인 김주언 전 언론재단 이사는 삼성·안기부 X파일 사건으로 온 나라가 떠들썩하던 2005년 오마이뉴스 기고를 통해 "중앙일보는 1965년 9월 22일 창간 이후 삼성 그룹의 나팔수 역할을 해왔으며 철저하게 삼성을 비호하는 논조를 펼쳐왔다"고 비판했다. 그런 사례 중 하나로 김 전 이사는 중앙일보 창간 이듬해인 1966년에 터진 사카린 밀수 사건 보도를 제시했다. 김 전 이사는 "사카린 밀수 사건이 폭로되자 중앙일보는 삼성 쪽 해명 논리를 연일 지면을 통해 쏟아냈다"고 지적했다. 그에 더해 "삼성 그룹이 거느리고 있던 동양방송까지 모기업 옹호에 나섰다"고 질타했다.

이때 취재원으로 지목된 한국은행 관계자는 바비큐 고문이라는 걸 심하게 당하는데, 전에 이야기한 물고문과 비슷한 것이다. 손발을 묶은 상태에서 작대기를 꽂아 몸을 두 개의 책상 사이에 걸어놓고 물고문과 구타를 하는 것이다. 이걸 당했다고 그런다.

이런 상황에서 이해 말, 예전에 경제 문제를 다룰 때에도 이야기했던 신동아 필화 사건이 터진다. 박정희 정권은 이 사안을 동아일보사를 때려잡을 중요 사건으로 여겼다. 계기는 《신동아》 1968년 12월호에 김진배, 박창래 두 사람이 '차관'이라는 꽤 긴 기사를 쓴 것이다. 차관이 어떤 식으로 들어오고 어떻게 해서 그 일부가 정치 자금으로 변질돼 이후락, 김성곤 등에 의해 정치 자금화하는가 등에 대해 자세하게 썼다. 그동안 들어온 차관 중 최소 5퍼센트는 정치 자금이 된 것 아니냐는 내용이 시사돼 있었다.

— 아픈 데를 찔린 박정희 정권은 발끈하지 않았나.

이 기사가 나가자 중앙정보부는 기사를 쓴 두 기자뿐만 아니라 《신동아》 홍승면 주간, 손세일 부장도 연행했다. 동아일보 관련 사업체에는 세무 사찰이 들어갔다. 그렇지만 김형욱 중앙정보부장 회고록에 "도대체 어디다 시비를 걸 수가 없을 만큼 빈틈없이 꾸며 놓고 있었다"고 나올 정도로 잘 쓴 기사였다. 이 글만 가지고는 동아일보를 때려잡을 방법을 찾기가 쉽지 않았다. 그런 상황에서 주필 천관우가 '신동아 필화'라는 사설을 동아일보에 썼다. 권력 쪽에서는 절호의 기회가 왔다고 보고, 이걸 기회로 삼아 부사장 겸 발행인으로 실력자이던 김상만, 그리고 천관우, 홍승면, 손세일을 싹 연행해 동아일보에 압력을 넣었다.

그런데 이것으로도 어떻게 할 수가 없으니까 그해 10월호《신동아》에 실린 글을 문제 삼았다. 미국에 머물던 조순승 교수가 쓴 〈북괴와 중소 분열〉을 《신동아》에서 번역해 실었는데, 이걸 트집 잡았다. 제목에도 그 당시에 하던 대로 '북괴'라고 했는데도 이 글을 걸고넘어졌다. 김일성을 당연히 공비 두목이라고 해야 하는데 원문대로 빨치산 지도자라고 번역했다는 게 문제가 됐다. 어떻게 김일성을 빨치산 지도자라고 쓰느냐며 반공법으로 몰아세웠다. 그것 앞에서는 꼼짝 못하게 된다. 그런 시대였다.

　　중앙정보부는 관련자들을 전부 해고할 것을 요구했다. 결국 천관우 주필, 홍승면《신동아》주간, 손세일《신동아》부장이 다 사표를 내게 된다. 이로 인해 동아일보는 결정적 타격을 받게 된다. 1950~1960년대 한국 언론에서 큰 역할을 했던 천관우도 이제 야인이 돼 재야로 들어갔다. 그러면서 동아일보는 언론으로서 제 역할을 하기가 무척 힘들게 됐다.

　　이렇게 중대한 사건이 연달아 일어났지만, 놀랍게도 주요 매체들은 이것에 대해 항의하기는커녕 사실조차 단 한 줄도 제대로 보도하지 않았다. 그러니 1969년 3선 개헌을 맞았을 때 일반 언론들이 1954년 자유당의 사사오입 개헌 때 정도로라도 비판적인 역할을 했어야 할 일인데도, 그런 자세를 찾아볼 수가 없었다. 3선 개헌에 대해 이리 돌리고 저리 돌려서, 그러니까 그나마 그렇게라도 비판의 의도를 담아 쓴 곳이 동아일보밖에 없었다. 그 사설을 나도 읽었는데, 이게 비판하는 건지 그렇지 않은지를 구분하기가 어려울 정도로 이리 돌리고 저리 돌린 글이었다. 그만큼 우리 언론이 죽어 있는 상태였다. 그런 상태에서 언론을 무력화한 요소가 하나 더 있었다.

《선데이 서울》창간호 표지.《선데이 서울》은 1968년 9월 22일에 창간해 1991년에 폐간했다. 정권을 비판하는 언론의 기능이 죽어 있는 상태에서 《선데이 서울》같은 선정적인 주간지들이 마구 창간됐다.

── 그게 무엇인가.

《선데이 서울》(1968년 창간) 같은 선정적인 주간지들이 막 나온 것이었다. 젊은 사람들이 특히 많이 봤는데, 여성의 벗은 몸으로 사람들을 현혹하는 것들이었다. 그래서 1969년에 가면 서울대 문리대 기독학생회 같은 데에서 노골적인 성인물 중심의 일부 주간지를 소각하면서 항의 시위도 벌이고 그랬다. 그런 황색 주간지 같은 걸 통해 인간을 타락시키는 방식으로 언론이 기능하도록 하는 것을 볼 수 있다. 상황이 이러했으니 3선 개헌이 일어나는 1969년, 그리고 1970년과 1971년에 언론이라는 것이 무슨 역할을 할 수 있었겠나.

그런 속에서 전에 이야기한 것처럼 학생들이 하도 비판을 하니까 언론인들이 충격을 받고 1971년에 자성하면서 언론 자유 수호

저항 세력의 무력화

를 위해 적극적으로 나선다. 그러나 그것도 큰 힘을 발휘하지 못하고, 언론 쪽은 유신 쿠데타가 날 때 이미 무력화돼 있었다.

언론인도, 문인도
진실을 쓰면 철퇴를 맞던 시대

―― 제대로 된 기사를 쓰려는 일부 언론인들을 겨냥한 공격은 1970년대에도 계속되지 않나.

1971년 10월 위수령 발동 이후 언론의 수난은 한층 심했다. 언론인들이 줄줄이 중앙정보부나 군 기관 등에 연행되고 폭행을 당했다. 중앙정보부나 보안사에 끌려간다는 게 얼마나 무섭고 두려운 일인가를 요즘 사람들은 잘 이해하지 못할 수 있다. 그냥 그 기관 건물에 끌려가는 그런 정도가 아니었다. 중앙정보부에 들어가면 여러 군데의 복도에 '음지에서 일하고 양지를 지향한다'고 쓰여 있었다. 정말 음산했다. 그러면서 여기저기서 이상한 소리가 나는 것 같았고, 밤에 잠을 못 자게 하는 고문을 할 때에는 고문 소리가 계속 옆방에서 들려오고 그랬다. 상당한 용기를 가진 사람이 아니면, 거기서 하룻밤만 있다가 나와도 '다시는 여기 오고 싶지 않다. 아주 정나미가 뚝 떨어지고 정말 무섭다', 이런 생각을 안 가질 수 없었다. 구속을 당하지 않아도 그랬다, 이 말이다. 그러니까 진실에 대해 침묵하거나 적당히 쓰고 넘어가려고 했다. 진실을 얘기하면 그런 데 끌려가는 일이 많았다. 그렇게 끌려가면 고문당하는 수도 있었고, 폭언과 폭행을 당하는 경우도 많았다.

1971년 《다리》지 필화 사건 공판 장면. 왼쪽부터 윤재식, 윤형두, 임중빈. 사진 출처: 오픈아카이브

12월 17일에는 정부가 발행하는 프레스카드를 소지해야만 취재 활동을 할 수 있게 하는 프레스카드제가 실시됐다. 정부가 언론을 통제할 수 있는 강력한 수단을 갖게 된 것이다. 그러면서 위수령 발동 이후 1972년 5월 5일까지 6개월 동안 471명이 권력에 의해 언론계에서 강제 추방을 당했고, 48명은 기관원 등에게 연행돼 폭행을 당하거나 심문을 받았다.

── 적잖은 문인들도 고초를 겪지 않았나.

이 시기에는 소설가, 시인 같은 문인들에 대한 구속도 여러 차례 일어났다. 예컨대 1965년 7월 9일 한일협정 반대 문인 성명서가 발표됐는데, 이날 남정현이 쓴 소설《분지》가 문제가 됐다. 반미 사상을 고취하고 북괴의 대남 전략에 동조했다면서 남정현을 반공법 위반 혐의로 구속했다. 그런데 이때만 해도 판사가 괜찮아서 이 양반은 선고 유예를 받았다.

김지하는 여러 번 감옥에 끌려간다. 우선 담시 〈오적〉으로 재벌, 국회의원, 고급 공무원, 장성, 장차관을 신랄하게 비난했다가 1970년에 반공법 위반 혐의로 구속됐다. 《사상계》가 이 시를 게재했는데, 정부가 이걸 빌미로 유서 깊은 《사상계》 등록을 취소해버리는 사태도 일어났다. 1972년에는 담시 〈비어蜚語〉를 발표하는데, 김지하는 이것으로도 반공법 위반 혐의로 구속됐다. 〈비어〉는 〈오적〉과 비슷한 가사체 형식을 띤 이야기시라고 보면 된다.

월간 《다리》 1970년 11월호에 임중빈이 쓴 글도 문제가 됐다. 《다리》 발행인은 김대중의 오른팔로 불리던 김상현이었다. 임중빈은 그 당시 대선에 사용하기 위해 김대중 회고록을 집필 중이었다고 한다. 임중빈은 《다리》에 〈사회 참여를 위한 학생 운동〉이라는 글을 썼다가, 대선을 두 달 앞둔 1972년 2월 반공법 위반 혐의로 구속됐다. 이때 임중빈뿐만 아니라 《다리》 편집인 윤형두, 김대중 공보 비서이기도 했던 발행인 윤재식도 걸려들었다.

정권의 손아귀에 꽉 잡힌 채
유신 쿠데타 맞이한 언론

── 곡필曲筆하지 않고 언론인, 문인으로 살기가 참 어려운 시대였다.

지금까지 살펴본 여러 가지 일이 거듭 발생하면서, 유신 쿠데타가 났을 때 언론은 비판은커녕 겉으로 보면 유신 쿠데타를 마치 적극 지지하는 것처럼 비치는, 권력 쪽이 요구하는 그런 기사를 계속 실을 수밖에 없었다. 문공부에서 지정한 "통일 위한 구국 영단 너도나도 지지하자", "새 시대에 새 헌법 새 역사를 창조하자", "뭉쳐서 헌정 유신 힘 모아 평화 통일" 같은 표어를 6단 크기로 신문 1면과 7면에 계속 실어야 했다. 그러면서 유신 지지와 관련된 여러 기사를 써대지 않으면 안 됐다. 그러니까 언론이 옛날 이승만 정부 시절, 4월혁명 시기, 또 장면 정부 때와 같은 기능을 한다는 건 이 시기에는 눈곱만큼도 기대할 수가 없었다.

　　언론이 다시 살아난다고 할까, 자유 수호 투쟁을 새롭게 벌이는 건 1974년 하반기에 가서 있게 된다. 1971년 언론 자유 수호 운동이 벌어진 지 3년여가 지난 시점에 다시 살아나게 된다. 그러면서 피투성이의 싸움이라고 할까, 언론인의 수난사, 언론 자유 수호 투쟁사가 전개된다. 동아투위 사건, 조선투위 사건으로 귀결되는데 그러한 언론 자유 수호 운동도 1975년 3월 이후에 막혀서 결국 1979년까지 제도 언론은 유신 체제의 손발 노릇을 하고 만다.

교련, 위수령, 대량 제적, 강제 입영
최악의 사태 만난 대학가

저항 세력의 무력화, 다섯 번째 마당

김 덕 련 유신 쿠데타 전후 사법부, 정치권, 군부, 언론이 각각 어떤 상황에 놓여 있었는지를 살폈다. 이번엔 학생 운동을 살폈으면 한다. 유신 쿠데타에 가장 적극적으로 맞설 만한 세력이 어디였을까를 생각해보면 자연스레 학생 운동을 떠올릴 수밖에 없다. 이 시기까지 학생 운동이 해온 역사적 역할을 봐도 그렇고, 노동 운동이 아직 큰 힘을 발휘하지 못하던 때이기 때문에 학생 운동이 맡아야 할 역할이 그만큼 더 막중했다는 점에서도 그러하다. 그렇지만 유신 쿠데타 후 한동안 학생 운동의 조직적인 저항을 찾아보기 어려웠다. 왜 그랬던 것인가.

서 중 석 유신 쿠데타에 대해 강력하게 제동을 걸 수 있었다고 할까, 비판적인 역할을 할 수 있었다고 하면 그건 바로 학생일 수 있다. 사실 박정희 집권 18년간 박정희를 제일 괴롭히고 강하게 비판한 세력은 줄곧 학생 운동 세력이었다.

그렇지만 유신 쿠데타가 일어났을 때에는 그렇게 반대 투쟁이 일어나지 않고 조용했다. 그전에 학생 운동 세력을 철저히 탄압했다고 할까, 때려잡았기 때문이다. 학생 운동 세력이 더 이상 학원 내에 존립하기가 어려울 정도로 몹시 심하게 타격을 입었던 것이 유신 쿠데타가 일어날 당시의 상황이었다.

교련에 대학 수업 시간 약 20퍼센트 할당, 교련 반대 시위 험악하게 진압

—— 1960년 4월혁명 때는 말할 것도 없고, 박정희 정권 출범 이후

에도 굴욕적 한일 회담 반대 운동 등에서 학생들은 역동적인 모습을 보였다. 그러했던 학생 운동이 어찌하다가 그렇게 된 것인가.

그걸 이해하기 위해서는 1960년대 후반부터 학생들이 어떻게 싸웠고 또 무력화됐는지를 간략히 살필 필요가 있다. 1968년경부터 유신 체제의 전 단계라고 볼 수도 있는 국가주의·전체주의 병영화 현상이 강화된다. 1·21 청와대 기습 사건이 일어난 1968년에 주민 등록증이라는 게 만들어지고 향토 예비군이 설치되지 않나. 그만큼 박정희 정권의 주민 통제가 강화됐다. 그것은 학생들에 대한 통제로 이어질 수 있었다. 1970년대 예비군 훈련 시간에 아주 지겹도록 '정신 교육'을 받지 않았나. 1968년 12월에는 국민교육헌장이 만들어졌는데 특히 학생, 공무원들은 이걸 달달 외도록 강요를 받았다.

그런 방식으로 국가주의, 권위주의에 복종하게끔 한 것이다. 또 국민교육헌장에는 유신 이데올로기에서 중요한 위치에 있는 복고주의적인 면이 들어 있었다. 그런 복고주의에도 순종하도록 한 것이다. 그래서 일제 때 교육칙어나 일제 말에 그렇게 달달 외도록 강요했던 황국신민서사, 그리고 1950년대에 이승만 정권이 그렇게 외우도록 했던 '우리의 맹세'가 국민교육헌장으로 다시 등장한 것 아니냐는 비판을 받았다. 국민교육헌장에서는 자유주의, 개인주의 같은 것이 비판의 대상이 됐다.•

• 1950년대에 학교에서는 조회 시간에 '우리의 맹세'를 외치게 했다. "우리는 대한민국의 아들딸 죽음으로써 나라를 지키자", "우리는 강철같이 단결하여 공산 침략자를 쳐부수자", "우리는 백두산 영봉에 태극기 날리고 남북 통일을 완수하자", 이런 내용이다.

1975년 6월 24일 여의도광장에서 열린 교련 합동 사열 및 실기 대회 모습. 교련은 학생들을 더 강하게 통제할 수 있는 수단이었다. 사진 출처: 서울사진아카이브

　그뿐 아니라 교육 제도를 개편해 1970년 2월부터 전문대를 포함한 모든 대학에서 일제 시기 '수신' 과목을 상기시키는 국민윤리를 필수 과목으로 지정했다. 국민교육헌장과 함께 또 하나의 이데올로기 교육, 국가주의 교육을 강행한 것이다. 이에 앞서 이미 1968년부터 반공 도덕 교육을 강화하고 있었다. 문교부는 전국 각급 학교에 매주 1시간 이상 반공 과목을 교육하고, 조회 시간을 통해 주 4회 이상 반공 교육을 실시하라는 지침을 시달했다. 또 대학생과 교원들을 대상으로 집단적인 반공 교육을 연간 3주 이상씩 실시하게 했다. 반공 웅변대회와 강연회도 일정한 횟수 이상 열도록 했다. 그러면서 학생들을 더 강하게 통제할 수 있는 수단을 박정희 정권이 내놓게 된다.

─── 그게 무엇인가.

바로 교련이다. 1968년 4월 정부는 1969년 신학기부터 남자 고등학교 2·3학년 학생들하고 ROTC(학군단) 소속이 아닌 남자 대학생들한테 군사 교육을 실시한다고 발표했다. 그러고 나서 학생 군사훈련을 전면적으로 실시하기 위한 전 단계로 각 시도에서 시범 고교를 선정해 시범 훈련을 시켰다. 1969년에 들어와서는 서울의 고교 및 대학의 전 학년에 걸쳐 군사 교육을 실시했다. 그러면서 교련이 여학생을 제외한 남학생들에게 정규 과목으로 이때부터 강행된다. 교련 시간에 고등학생들은 도수 각개 훈련 등 기초 과정을, 고등전문학교·초급대·교대 그리고 일반대 1, 2학년 학생들은 전술학 등 초급 과정을, 일반대 3, 4학년 학생들은 사격술 등 고급 과정 군사 훈련을 받게 한다는 계획이 수립됐다. 1970년 2학기에 가면 이제 여고생, 여대생도 교련을 이수해야 하게 됐다.

교련 강화는 대학 병영화를 그만큼 강화해서 대학 사회를 질식시키고, 대학에서 개성적인 활동 또는 비판적인 사고를 철저히 추방하는 역할을 수행하기 위한 조치였다. 그러한 교련 강화에 학생들이 당연히 반발하고 나섰지만, 정부는 반발에 아랑곳하지 않고 더 강하게 밀어붙였다. 1970년 12월에 오면 문교부가 대학 교련 교육의 시행 요강이라는 걸 발표하는데, 그 내용을 보면 문제가 아주 심각했다.

─── 당시 상황을 잘 모르는 오늘날 젊은 독자들 중에서는 '분단 국가이니 학생들에게 교련 교육을 몇 시간 정도 할 수도 있는 것 아닌가. 그것까지 거부하는 건 대학생들이 자유만 누리겠다는 것 아

1975년 4월 11일 서울여자고등학교에서 열린 여학생
교련 실기 대회 사열 모습. 1970년 2학기부터
여고생, 여대생도 교련을 정식 과목으로 이수해야
했다. 사진 출처: 국가기록원

저항 세력의 무력화

닌가', 이런 의문을 품는 이들도 있을 것 같다.

그게 그렇지가 않다. 당시 문교부가 발표한 시행 요강을 보면, 그 내용이 도무지 상상할 수 없는 수준이었다. 전체주의 국가, 군국주의 국가에서도 이렇게 할 수 있는 건가 싶을 정도였다. 뭐냐 하면 대학 4년간 전체 수업 시간의 약 20퍼센트에 해당하는 711시간 동안 교련을 받으라는 것이었다. 그리고 군사 교육을 시킬 사람으로 현역 군인을 대학에 배치한다는 것이었다. 도대체 대학 전체 수업 시간의 약 20퍼센트에 해당하는 시간 동안 교련을 받으라는 건 상상할 수 없는 것 아닌가. 문명 세계에 이런 식으로 한 데가 있었는지 의문스러울 정도였다.

— 대학가 반응은 어떠했나.

그렇게 되니까 당연하게도 학생들이 반발하고 나섰다. 1970년 11월 3일 학생의 날에 고려대, 서강대, 서울대, 성균관대, 연세대 총학생회에서 공동 선언문을 발표했다. 학생들은 선언문에서 대학의 비판 정신을 억압하고 학원 자율성을 침해하는 데 교련 강화가 중요한 역할을 할 것이라고 지적했다. 12월 2일에는 연세대 학생들이 교련 강화와 언론 탄압에 반대하는 시위를 벌였다. 연세대 학생들은 7일에도 "학원 병영화 반대"를 외치며 시위했다. 같은 날 경북대에서도 성토대회가 열렸다.

1971년 새 학기가 시작되면서 교련 반대 운동이 학생회를 중심으로 해서 강하게 일어나게 된다. 3월 23일 전국 12개 대학 학생회는 〈전국 대학 공동 선언문〉을 발표했다. 선언문에서 학생들은

1971년 4월 15일 교련 반대 시위로 인해 휴강 공고가 붙은 서울대 가정대학교 교문 앞을 지키키고 있는 경찰들. 당시 무장 경찰들은 서울대 사범대로 난입해서 남녀 학생을 가리지 않고 마구잡이로 구타하고 잡아갔다. 사진 출처: 오픈아카이브

박정희 정권이 학원을 병영화해 "무사상 무비판 획일적 맹종형 인간을 양성하려" 한다고 비판하고, 군사 교육 전면 철폐를 위해 투쟁할 것이라고 선언했다.

4월에 들어서자 시위 투쟁이 전개됐다. 1969년에 있었던 3선 개헌 반대 학생 데모 이후 최대 규모의 시위였다. 먼저 4월 2일 연세대생들이 교련 강화 반대를 외치면서 신촌 로터리로 진출했다. 6일에는 서울대 상대, 고려대, 성균관대 학생들이 가두 진출을 시도했다. 서울대 상대생들은 언론인에게 보내는 성명서도 발표했고, 일부 학생은 동아일보사 앞에서 연좌시위를 벌였다. 이어서 고려대생들이 경찰과 투석전을 벌이는 격렬한 시위 투쟁을 전개했다. 4월 13일과 14일에는 서울대, 연세대, 고려대, 성균관대, 중앙대, 감리교

신학대 등에서 대대적인 시위가 전개됐다. 경북대, 부산대, 전남대에서도 시위를 벌이거나 성토대회를 열거나 단식 농성에 들어갔다. 그러던 중 4월 14일 서울대 사범대에서 살벌한 공포 분위기가 조성됐다.

─── 특별한 계기가 있었나?

교련 반대 시위를 하던 서울대 사범대생들이 던진 돌이 지나가던 대통령 경호 차량을 맞힌 것이다. 이러니까 경호를 담당하는 무장 경찰들이 제기동 근처에서 서울대 사범대로 마구 난입해 남녀 학생을 가리지 않고 마구잡이로 구타하고 잡아갔다. 그러면서 사범대생 58명이 연행되고 그랬다. 이때 분위기가 험악했다. 사범대생들이 깜짝 놀라고 두려워할 수밖에 없을 정도로 아주 험악한 분위기였다.

4월 15일에는 고려대생이 대규모 성토대회를 열었다. 여기에 3,500명이나 모였는데, 경찰이 헬리콥터를 동원해 교내에 최루탄을 투하하는 바람에 부상자가 속출했다. 연세대, 외국어대, 한양대, 서강대 그리고 부산대, 충남대, 전남대, 청주대 등에서도 시위가 일어났다. 그 후 4월 20일과 21일에 영남대와 강원대 등에서 시위가 전개되는데, 이때쯤 되면 데모는 소강상태에 들어가게 된다. 대통령 선거일인 4월 27일이 며칠 안 남은 때였기 때문에 일종의 휴전 비슷한 상태에 접어든 것이다.

그러면서 학생들은 공명선거 쟁취 운동을 전개하게 된다. 아울러 수많은 학생들이 역사상 처음으로 전국 각지에 가서 선거 참관 활동에 돌입했다. 학생들이 대선에 특별한 관심을 표명하면서 공명 선거 쟁취 운동을 벌이고 선거 참관인으로 가고 한 데에는 이유가 있다. 이 선거에서 박정희 후보가 이기면 총통제 같은 걸 실행해 영구 집권으로 나아갈 것이고, 그와 함께 대학과 사회의 병영화가 한층 더 강화될 것으로 봤기 때문이다. 그런 와중에 보안사령부에서 사건을 하나 터트린다.

조국을 알고 싶었던 재일 교포 유학생들, 대선 앞두고 간첩단 사건으로 끌려가다

── 어떤 사건이었나.

이때는 김재규가 보안사령관이었는데, 4월 20일 재일 교포 유학생 간첩단 사건이라는 것을 터트린다. 고려대, 서울대 등에 재학 중인 재일 교포 학생들이 "민중 봉기를 일으켜 정부를 전복하고자 암약"하다가 검거됐다고 발표했다. "학생 운동 투쟁 기세를 계속 고조시키고 휴교 반대 투쟁을 강력히 전개하라"고 북한이 이들에게 지시했다는 내용도 들어 있었다.

이건 학생 운동을 위협한 면도 있었지만 사실은 대학 바깥의 사회를 더 겨냥한 것 아니냐, 이렇게 볼 수 있다. 대선 때마다 등장하던 그런 공안 사건을 터트려 박정희 후보한테 유리한 국면을 만들어내려 한 것 아니냐는 얘기를 들었다. 이 사건에서는 서울대에 다니던 재일 교포 서승, 서준식 형제 등을 포함해 나중에 다 합쳐서 50여 명이 반공법, 국가보안법 위반 혐의로 조사를 받고 그중 17명이 기소됐다.※

저항 세력의 무력화

이런 사건은 재일 교포 학생들의 비극을 너무나 잘 보여준다. 1950~1960년대만 하더라도 재일 교포들이 일본에서 굉장히 심하게 차별을 받지 않았나. 그렇기 때문에 젊은 학생들이 민족의식이라는 게 유난히 강할 수밖에 없었다. '우리는 어떻게 살아야 하느냐', 이게 심각한 문제였다. 그러면서 조국이라는 것을 어느 누구보다도 필요로 했고 그 조국을 알고자 했다.

그런데 그 조국은 남과 북으로 갈라져 있지 않았나. 남한과 북한이 심하게 대치하는 국면이었지만 젊은 학생 재일 교포들로서는 남한에도, 북한에도 관심을 안 가질 수가 없었다. 그래서 북한의 선전, 꼬임에 빠졌다고 일부에서 주장하기도 하지만, 북한 상황도 잘 알고 싶고 해서 북한에도 가보는 이들이 있고 그랬다. 그러다가 나중에 남쪽으로 유학을 와 가지고 조국이라는 것을 느껴보고 그러면서 진지하게 학문도 하려고 한 사람들을 국가보안법, 반공법 위반으로 잡아넣고 사형도 선고하지 않았나. 정치적 목적이 크게 작용해 생긴 일이었는데, 상당히 많은 사람이 이런 식으로 걸려들어 사형 선고까지 받고 그랬다. 이들 중에서 근래에 재심을 신청한 사람들은 무죄 판결을 받고 있다.

— 4월 27일 대선이 끝난 후 학생들은 어떤 활동을 했나.

보안사에서 조사를 받는 과정에서 서승은 심한 고문을 당했다. 너무나 고통스러워서 난로의 기름을 몸에 끼얹고 분신자살을 시도할 정도였다. 서승은 갇힌 지 19년 만인 1990년에야 풀려난다. 동생 서준식도 17년을 감옥에서 보내야 했다. 7년을 만기 복역한 1978년에도 서준식은 풀려나지 못했다. 강제 전향을 거부했다는 이유로 사회안전법에 의해 보호 관찰 처분을 받아 10년 더 감옥에 갇혀 있어야 했다. 1988년 비전향 장기수로는 처음으로 출소한 서준식은 1993년 몇몇 동료들과 함께 인권 단체를 만든다. 오늘날 한국을 대표하는 인권 운동 단체 중 하나인 인권운동사랑방은 그렇게 탄생했다.

대통령 선거가 끝나자 학생들은 바로 부정 선거 규탄에 돌입했다. 일부 학생들은 '대선에서 참관인도 해봤는데 부정 선거가 정말 심했다. 그런 상황에서 무엇 때문에 5·25총선에 참가하려 하느냐'고 하면서 민주수호국민협의회라는 재야 단체와 함께 총선 거부 투쟁으로 나아가게 된다. 그 과정에서 5월 17일 서울대 학생들이 총선 거부를 요구하며 신민당사 농성을 벌이다가 그중 8명이 구속되는 사건이 일어났다. 그러자 학생들은 '구속 학생 석방'을 '교련 반대'와 함께 들고나왔다. 5월 27일 문교부는 서울대 문리대·법대·사범대·상대에 휴업령을 내렸다. 6월 2일에는 서울대 공대 및 같은 캠퍼스에 있는 교양 학부 학생 2,000여 명이 시위를 벌였다. 학생 시위가 끊이지 않자 서울대 당국은 주동자들을 무더기로 징계했다. 이에 맞서 서울대 치대·미대·농대·약대 학생들이 처벌 백지화, 휴업령 철회를 요구하며 단식 농성 등을 전개했다. 학생들은 중앙정보부 해체도 요구했다. 서울대 휴업령은 6월 23일 해제됐다. 6월 25일 박정희 정권은 교련 교육 시간을 대폭 단축하겠다고 발표했다.

── 이 무렵 일본 수상의 한국 방문에 반대하는 시위도 전개되지 않았나.

사토 에이사쿠 일본 수상 및 자위대 간부 수십 명의 방한 소식이 알려지자 청년 단체와 학생들이 이를 반대하는 운동을 벌였다. 6월 3일, 6·3 시위 7주년을 맞아 6·3동지회는 이들의 방한은 일본이 경제 방면으로 한국에 진출하는 것을 넘어 정치, 군사적으로 진출하려는 것을 뜻한다며 방한 취소를 요구했다. 민주수호청년협의

저항 세력의 무력화

1971년 10월 15일 위수령이 발동되자 휴업을 한 서울대학교 정문에서 검문을 하고 있는 전투 경찰들. 사진 출처: 국가기록원

회도 자위대 간부의 방한을 "새로운 군국주의의 탐색 작업"으로 규정하고 반대했다. 청년 단체와 학생들은 일본 신식민주의, 신군국주의의 한국 부식扶植을 배격한다는 성명서를 발표했다. 서울대의 여러 단과대 학생들은 '사토 수상과 자위대 간부의 방한 결사반대'를 외치며 시위했다.

방학이 끝나자마자 규모가 큰 시위가 다시금 벌어지게 됐다. 학생들은 방학이 끝나자 다시 교련 철폐 투쟁을 전개했다. 이미 8월 하순에 고려대, 서강대, 연세대, 그리고 서울대의 몇 개 단과 대학에서 교련 수강 거부 운동을 폈다. 처음에는 성명서 등을 통해 각 대학의 학생들이 교련 반대 운동을 하다가 9월 28일에 약 800명의 연세대 학생들이 "교련 담당 현역 군인은 즉시 학원에서 철수하라"고 외치며 가두시위를 벌였다. 큰 시위는 그때부터 10월 13일 사이에 주로 벌어진다. 보름 정도 시위가 전개된 것이다.

그러나 그전과 비교하면 시위 규모가 크다고 볼 수는 없었다. 그런데도 정부는 초강경 태세로 대응했다. 이러한 대응은 10월 15일 위수령으로 절정에 이른다.

타오르는 저항의 불길
초강경 조치와 위수령으로 내리눌러

── 국가 비상사태 선언에 앞서 1971년 10월 15일 박정희 정권은 위수령을 발동한다. 위수령을 발동할 때까지 학생들은 어떤 모습을 보였나.

10월 5일에 큰 사건 세 가지가 일어났다. 우선 전에 이야기한 10·2 항명 파동으로 김성곤, 길재호가 바로 이날 공화당에서 축출을 당한다. 다른 하나는 이날 새벽 1시 30분경 수도경비사령부 제5헌병대 군인들이 고려대에 난입해, 철야 농성 중이던 학생 5명을 수경사로 불법 납치, 구타한 사건이 발생한 것이다.

이 사건이 발생한 직접적인 계기는 고려대에서 학생들이 9월 30일과 10월 4일, 이렇게 두 차례에 걸쳐 부정부패 원흉을 처단하라는 내용의 벽보를 붙인 것이다. 이때쯤 되면 교련 철폐 투쟁과 부정부패 원흉 처단, 그러니까 박정희 정권의 부정부패에 대한 항의 운동이 함께 일어나는데 10월 4일 고려대에 붙은 벽보에는 부정부패 원흉으로 지목된 사람들의 이름이 하나하나 거론돼 있었다. 예컨대 이후락, 김진만 같은 유명한 부정 축재자들의 이름을 써넣는

데 거기에 윤필용 수경사령관의 이름도 들어 있었다. 그러자 수경사 군인들이 그렇게 고려대에 난입해 불법 테러 행위를 자행한 것이다.

이게 국가 기강이나 군대 기강이 서 있는 나라에서 일어날 수 있는 일인가. 만약 법적인 조치를 해야 할 필요가 있는 일이라면 법에 따라 조치를 해야지, 어떻게 군인들이 떼를 지어 학교에 난입해 학생들을 붙잡아다가 자기들 부대로 끌고 가서 구타하나. 이런 일이 일어난 건 이런 행위가 과거부터 방치, 조장돼온 것과 무관하지 않다. 1960년대 중후반 특수 기관에 의한 테러처럼 그런 행위를 해도 괜찮다는 뭔가가 있었기 때문에 이런 일이 일어난 것 아니겠느냐, 이 말이다.

이때 고려대 김상협 총장이 강경하게 항의해 학생들은 7일 아침 6시경 학교로 돌아왔다. 이 사실을 알게 된 학생들은 7일 "정부는 부정부패 원흉을 처단하고 오도된 근대화에 대해 책임을 져라", "정부는 야음을 틈타 조국의 민주를 유린한 군 집단의 야만적 행위의 책임자를 처단하고 학원과 민권의 자유를 보장하라"고 요구하면서 시위에 들어갔다. 그다음 날인 10월 8일에는 고려대에서 긴급 비상 학생 총회가 열렸다. 이날 학생 3,000여 명이 경찰과 투석전을 벌이며 아주 격렬한 시위를 전개했다.

— 10월 5일에 일어난 큰 사건 세 가지 중 마지막 하나는 무엇인가.

10월 5일 김성곤과 길재호 사건, 고려대 사건과 더불어 일어난 또 하나의 의미 있는 사건이 원주에서 열린 부정부패 규탄 대회다.

1971년 10월 15일 김성진 청와대 대변인이 학원 소요 사태에 대한 박정희 대통령의 특별 담화를 발표하고 있다. 이날 박정희는 9개 항목으로 된 '학원 질서 확립을 위한 특별 법령'을 발표하고 서울시 일원에 위수령을 내렸다. 사진 출처: e영상역사관

전에도 이야기한 것처럼 지학순 주교를 중심으로 해서 원주 교구에서 많은 천주교인과 시민들이 7일까지 부정부패 규탄 가두시위를 전개했다. 이들은 부정부패 추방을 넘어 중앙정보부 해체, 반공법 폐기까지 요구했다. 천주교 원주 교구의 시위를 계기로 부정부패 추방 운동은 개신교와 가톨릭 청년 학생 단체로 퍼져나간다. 이 사건은 천주교가 우리나라 민주화 운동에서 큰 역할을 하는 시발점이 됐다는 점에서도 역사적 의의가 크다.

원주 교구의 시위는 기독교계로 퍼졌다. 개신교와 가톨릭이 함께 결성한 '크리스챤 사회행동협의체'에서 10월 8일 침묵시위를 벌였다. 3일 후인 11일에는 한국기독교학생총연맹, 한국가톨릭학생연

저항 세력의 무력화

합회, 서울 지구 교회청년협의회에서 '부정부패 규탄 민주 수호 기독청년협의회'를 만들었다.

— 대학가에서는 어떤 움직임이 있었나.

10월 7일 서울대 문리대·법대·상대 학생들이 부정부패 추방 시위 투쟁을 격렬하게 벌였다. 이날 문리대 학생들은 '부정부패 특권층 화형식'도 거행했다. 그것에 이어 서울대 총학생회는 중앙정보부 철폐, 부정부패 특권분자 처단, 민중 생존권 보장, 학원 탄압 관계자 처단을 요구하는 성명서를 발표했다. 10월 12일 전남대 학생들은 부정부패를 규탄하는 시위를 벌였고, 광주 대건신학대 학생들은 "경제 폭군 타도하자"며 시위에 나섰다. 10월 11, 12일에 가면 연세대, 성균관대, 동국대, 동아대, 부산수산대에서 교련을 반대하고 무장 군인의 학원 난입을 규탄하는 시위가 벌어졌다. 13일에도 고려대, 서강대, 서울대, 연세대, 경북대, 부산대, 전남대 등 전국의 14개 대학 학생 대표가 서울대 문리대 4·19탑 앞에 모여서 부정부패 및 무장 군인 난입 규탄 대회를 열었다.

— 박정희 정권은 어떻게 대응했나.

정부는 초강경 대책을 잇달아 발표했다. 10월 12일 국방부 장관과 문교부 장관은 교련 수업을 거부하는 학생들을 강제 징집하겠다는 내용의 공동 담화문을 발표했다. 그런데 수강을 거부했다고 해서 강제 징집을 한다는 게 말이 되는 일인가? 전에도 그랬지만 군 복무를 징벌 수단으로 사용하겠다는 조치를 발표한 것이다. 그것에 이어 14일 문교부는 전국 총·학장 회의를 열고 학생들을 철저히 지도하라고 하면서, 허가 없이 간행물을 발간하는 주동 학생들을 엄단하겠다고 강조했다.

드디어 10월 15일 박정희 대통령은 9개 항목으로 된 '학원 질서 확립을 위한 특별 법령'을 발표하고 서울시 일원에 위수령을 내렸다. 그 9개 조항은 '학원 질서를 파괴하는 모든 주도 학생을 학원에서 추방하라', '앞으로 학생들의 여하한 불법적 데모, 성토, 농성, 등교 거부 및 수강 방해 등 난동 행위는 일절 용납할 수 없다. 이러한 행동을 주도한 학생은 전원 학적에서 제적하라', '학술 목적을 제외한 각 대학 내의 모든 서클은 곧 해산케 할 것이며 학술 서클이라 할지라도 주임 교수가 그 지도와 결과에 대해 책임을 지도록 하라', '대학에서 정당히 인가한 이외의 여하한 신문, 잡지, 기타 간행물도 발간할 수 없다', '군은 필요한 때에 절차에 따라 문교부, 내무부 및 지방 장관의 요청에 적극 협조하라', '교련은 중단될 수 없으며 교관단은 긍지와 사명감을 갖고 충실한 교련 강의에 임하라', '각 대학의 학칙을 더욱 엄격히 보강케 하고 학교 자체의 질서 확립과 교권 확립에 기하게 하라', 이런 것들이었다. 대통령이 학생들의 움직임을 '난동 행위'로 단정하고 초강경 조치를 내렸던 것이다. 그러면서 대학들에 군이 투입된다.

위수령이 선포되자 문교부는 각 대학에 '시위 주동 학생을 제적할 것', '교련 미수강자를 가려낼 것', '제적 학생의 재입학과 편입학을 불허하도록 할 것', '지하신문 등 간행물 발간을 정지할 것', '자치 활동 정지' 등을 지시했다. 이날 가톨릭과 개신교 단체 대표 50여 명은 위수령 철폐, 부정부패 원흉 처단, 정보 정치 중단, 노동자와 농민 그리고 소시민의 생존권 보장을 요구하는 결의문을 발표했다.

非常에 묶인 大學街

―――― 굳게닫힌 校門…衛戍·休業令속 캠퍼스

軍人들, 校庭서 野營

登校했던學生들 公告보고 발길돌려

休業令長期化

무더기

法대 授業日 未遠望

1971년 10월 16일 자 경향신문. 군인들이 대학 교정에 텐트를 치고 야영을 하며 총검술 연습을 하기도 한다고 보도하고 있다.

전쟁 포로 다루듯이
학생들을 짓밟은 박정희의 군인들

── 위수령 발동 후 대학에서는 어떤 일이 벌어졌나.

10월 15일 서울대에는 완전 무장한 군인들로 가득 찬 27대의 군 트럭이 헌병 차량의 호송을 받으며 문리대 정문에 들이닥쳤다. 그런데 이날은 서울대 개교기념일이어서 학생들이 대부분 학교에 나오지 않았다. 그래서 별 충돌이 없었다.

문제는 이보다 1시간 전쯤 수경사 소속 무장 헌병 200여 명이 20여 대의 군 트럭에 나눠 타고, '싸이카'로 불리는 오토바이 2대와 9대의 장갑차까지 몰고 고려대로 진입하면서 벌어졌다. 군인들은 앞에총 자세로 학생들에게 접근해서 학생들을 붙잡아 손을 머리 뒤로 하게 했다. 그러니까 영화에 나오는 전쟁 포로처럼 하게 한 건데 그 후로도 계속, 특히 1980년 광주에서도 군인들이 많이 하는 짓 아닌가. 어쨌건 그렇게 손을 머리 뒤로 하고 땅바닥에 머리를 숙인 채 꿇어앉게 했다. 머리를 드는 학생에게는 총 개머리판과 야전 곡괭이 자루가 막 날아갔다. 여자 옷도 찢기고 남학생들 머리엔 선혈이 낭자했다고 그런다.

이걸 쳐다보던 학생들이 돌을 던지자, 군인들은 최루탄으로 응수했다. 학생들이 여기저기 건물 안으로 들어가서 숨자, 군인들은 학교 건물 유리창을 깨면서 그 안에다 사정없이 최루탄을 쏴댔다. 군인들은 물론 방독면을 쓴 상태였다. 그러면서 강의실, 휴게실, 창고 할 것 없이 싹 뒤져서 학생들을 끌고 나왔다. 이날 정오 무렵 시작된 학생 체포 작전은 오후 6시경에야 끝났다고 한다.

─── 연행된 학생이 얼마나 되나.

　　10월 15일 7개 대학(서울대, 고려대, 연세대, 서강대, 성균관대, 경희대, 외국어대)에서 연행된 학생들은 모두 1,889명에 이르렀다. 군대는 10월 23일까지 각 대학에 주둔했다. 군인들이 철수할 때까지 전국 23개 대학에서 174명이 제적 처리됐고, 35개 대학에서 교련 미수강자 6,322명을 비롯한 1만 3,505명이 학적 이동자로 병무청에 신고됐다. 서울대 61명, 고려대 21명, 연세대 15명, 성균관대 11명, 외국어대 9명, 전남대 8명, 서강대 7명 등이 제적됐다. 위수령 선포 직후 문교부가 각 대학에 지시한 것 중에는 '제적 학생의 재입학, 편입학을 불허하도록 할 것'이 들어 있었다. 전국의 84개 대학 전체가 문교부 지시대로 학칙을 수정했다.

　　그리고 문제가 된 서클이 6개 대학 74개, 폐간된 학생 간행물은 4개 대학 13종, 학생 자치 단체 기능이 정지된 곳이 7개 대학이었다. 1960년대 중반이나 1967년 6·8 부정 선거 반대 데모 때나 1969년 3선 개헌 반대 데모 때에는 학생회 간부가 학생 운동을 주도하는 경우가 많지 않았다. 하지만 1971년에는 중요 대학 학생회를 운동권 학생들이 많이 차지하고 있었다. 학생 자치 단체 기능이 정지된 대학 7개도 대개 그러했다. 하여튼 이렇게 많은 학생이 제적된 것에 대해 한 야당 의원은 "일제 때 항일 운동 시기에도 없었던 일"이라고 개탄했다. 이 시기에 학생 운동권은 수사 기관에 검거돼 심하게 고문을 당한 다음에 강제 징집을 당했다. 박정희 정권은 6,000여 명에 달하는 교련 미수강자도 전부 강제 징집하려 했지만, 사회의 비난 여론 때문에 미수강자들이 교련 이수 서약서를 제출하는 것으로 대체하게 했다.

조직적으로 대규모 강제 징집 후
전방 소총 부대 배치

── 이때 강제 징집을 당한 학생은 어느 정도 되나.

그런 학생이 몇 명인지는 정확하게 알기가 어렵다. 다만 7·1동
지회, 그러니까 1971년에 쫓겨난 학생들이 만든 이 단체에서 나온
자료에는 177명이 제적되고 100여 명이 강제 입영된 것 아니냐고
돼 있다. 이 100여 명에겐 아스피린이라는 딱지가 붙었다. 그때 그
렇게 불렸다. 정확히 이야기하면 ASP, 그러니까 보안사에서 이 사
람들한테 붙인 딱지로 보이는데 병적부에 Anti-Student Power, 즉
반정부 학생 세력이라는 딱지를 붙였다. 그걸 우리가 잘 먹는 약의
이름인 아스피린으로 일반 사람들은 부르고 그랬다.

── 박정희 집권 후 학생들을 이런 식으로 강제 징집한 건 이때 처
　　음 있는 일이었나.

딱 잘라 말하기가 애매한 면이 있다. 1971년 이전에도 학생 운
동을 하다가 원치 않은 시기에 군대에 가게 되는 경우가 적지 않았
다. 예컨대 나만 해도 1971년 이전에 사실상 강제 징집을 당했다고
볼 수 있긴 한데, 그때는 보안사에서 사찰하거나 감시하는 일은 없
었다. 갑자기 군대에 끌려갔을 뿐이었다. 겉으로는 법적인 수속을
밟는 식이었다. 그리고 6·3운동이 전개된 1964년, 그리고 1965년에
도 학생 운동을 하다가 군대에 끌려가는 일이 꽤 있었던 것으로 알
고 있다. 그렇지만 이런 것들은 특정한 개인을 대상으로 이뤄진 것

이라고 할 수 있다. 그와 달리 1971년 이때는 조직적이고 규모가 큰 강제 징집이 첫 번째로 이뤄졌다고 이야기할 수 있다.

1971년 이때 끌려간 사람들은 처음에는 다들 전방 소총 부대에 배치됐던 것으로 기억한다. 그때 군대 내에서 여러 사람과 연락했는데, 다 그런 부대에 있더라. 1971년 이전에 군대에 가게 된 나 같은 경우 전방이긴 해도 병참 부대에 배치됐다. 그러니까 1971년 이전에 군대에 끌려간 사람들에게는 그렇게까지는 안 했는데, 1971년 이때 강제 징집된 사람들은 다들 전방 소총 부대에 배속됐다.

유신 쿠데타 직후 학생들은
저항할 수 있는 상태가 아니었다

── 대규모 연행, 제적, 강제 입영 등으로 학생 운동은 그야말로 궤멸적인 타격을 입을 수밖에 없었으리라는 생각이 든다.

그런 식으로 학생들을 제적하고 강제 입영을 시키고 여러 간행물을 폐간시키고 하면서 11월에 가면 중앙정보부가 서울대생 내란 예비 음모 사건이라는 것을 발표한다. 서울대생인 심재권, 이신범, 장기표, 김근태, 이렇게 네 사람과 사법연수생이던 조영래 등이 폭력 시위를 통해 정부 기관을 습격, 전복한 뒤 민주수호국민협의회 및 학생 대표들과 혁명위원회를 구성한다는 등의 9단계 국가 전복 계획을 추진했다고 하면서 이들한테 실형을 선고했다. 다 유명한 사람들이다.

1972년 10월 17일을 맞이했을 때 대학생들은 유신 쿠데타가 어떤 쿠데타라는 걸 잘 알고 있으면서도 침묵으로 맞을 수밖에 없었다. 학생들이 다시 시위로 나아가는 모습은 그로부터 1년 후, 1971년 10월 15일 위수령을 기준으로 하면 2년 후가 되는 1973년 10월 2일이 돼서야 나타난다. 그날 서울대 문리대에서 시위를 벌이는데, 이걸 시작으로 여러 대학에서 다시 투쟁을 벌이게 된다.

다시 말해, 서울대건 어디건 유신 쿠데타가 났을 때 학생들은 저항하기가 쉽지 않았다. 언론도, 야당도 마찬가지 아니었나. 이처럼 어느 곳도 저항하기 어려웠기 때문에 박정희가 자신감을 가지고 유신 쿠데타를 일으킬 수 있었다. 이상하게도 유신 쿠데타를 살필 때 지금까지 대다수가 이 점을 간과했는데, 이 부분을 이해하는 것이 아주 중요하다.

한국형 군국주의 파시즘에
대중은 어떻게 반응했나

저항 세력의 무력화, 여섯 번째 마당

일제 유산이 가장 많이 남아 있었던
군부와 경찰, 검찰, 관공서

김 덕 련 왜 유신 쿠데타 후 한동안 눈에 띄는 저항을 찾아보기 어려웠는지, 그리고 박정희가 '유신 쿠데타를 일으켜도 저항은 없을 것'이라는 자신감을 가진 근거가 무엇이었는지를 그동안 부문별로 살폈다. 1971년 말쯤 되면 학생, 언론 등 여러 세력이 유신 쿠데타 같은 것을 비판하거나 그것에 저항할 힘을 갖기 어려운 상태에 접어들었고 그만큼 철저하게 탄압을 받았다고 지적했다. 다른 나라 사례를 살펴보더라도 탱크까지 몰고 나온 무장한 군대에 맞서 바로 저항하는 것은 쉽지 않은 일이라는 이야기도 했다. 이러한 것들에 더해, 유신 쿠데타 당시 상황 및 유신 체제를 이해하기 위해 더 생각해볼 만한 사안으로 어떤 것이 있나.

서 중 석 한국에선 일제 유산을 청산하지 못한 상태가 계속됐다. 특히 유신 체제는 일제 유산을 청산하지 못한 상태에서 군국주의 파시즘이 한국형으로 출현한 것이라고 이야기할 수 있다.

일본의 경우 1930년대 이후 군국주의 파시즘 내지 천황제 파시즘에 의해 그 사회가 지배받지만, 1945년 일제가 패망한 후에는 일본 사회 자체를 그렇게까지 이야기할 수는 없다. 일제 때의 지배 세력이 패망 이후에도 짧은 기간을 제외하고는 미국의 지지 아래 계속 지배 세력으로 활약하지만, 절차적 민주주의는 어쨌건 지켜지지 않나.

그런데 한국에서는 군국주의 파시즘 같은 분위기가 해방 후에도 계속 조성되고 있었다. 그것이 적극적인 운동의 형태로 나타난

적은 없지만, 그런 것에 젖어 있는 세력이나 개인이 있었다. 그러면 서 박정희처럼 특수한 군인 정신을 가진 사람이 결국 국가 변란을 일으켜 유신 체제를 만들게 된다. 그 결과 군국주의 파시즘이 동아시아에서 한국에 나타나는, 즉 일제 잔재를 가장 철저하게 청산해야 할 나라가 오히려 일제 유산을 제일 극단적인 형태로 실현하는, 한국형으로 그걸 실현하는 아이로니컬한 모습을 보여줬다.

— 박정희는 성년이 된 후 대통령 자리에 오를 때까지 대부분의 시간을 군인으로 살았다. 박정희가 몸담았던 군부의 일제 잔재, 어느 정도였나.

그러한 일제 유산이 가장 많이 남아 있던 부문은 군부라고 볼 수 있다. 군부의 대종은 육군인데, 한때 육군이 자신들의 연원을 군사영어학교에 둔 적이 있었다. 군사영어학교에 다닌 사람들은 거의 다 일본 육사나 만주군관학교를 나온 사람들이었다. 이름도 군사영어학교이고 그 출신들이 거의 다 친일 경력이 있던 사람들이어서 차마 육군의 연원으로 할 수 없었기 때문에 나중에 국방경비대로 바꾼 것으로 보인다. 참모총장을 살펴봐도, 1960년대 후반까지 역대 육군 참모총장 중에서 일본군이나 만주군 경력이 없는 사람이 없었던 것으로 기억한다.

당시 장성을 비롯한 군 장교들의 다수가 '민주주의는 한국에 맞지 않다', 이런 생각을 상당히 갖고 있었다. 또한 이 사람들에게는 극우 반공주의가 아주 철저히 배어 있었다. '이승만의 반공·반북주의가 맞다. 옳다'고 많은 군인들이 자신들의 정치 이념으로 견지하고 있었다. 박정희의 반공·반북주의에 대해서도 마찬가지였다. 이승만이나 박정희를 비판적으로 보더라도 반공·반북주의만은 철저히 견지한 사람이 군인들 가운데 많았다. 김형욱도 그렇지 않았나. 이 사람들은 해방 후 순식간에, 놀랍게도 친미로 대부분 변신은 했지만 파시즘 성향은 버리지 않고 있었다. 그런 사람들이었으니, 유신 쿠데타가 일어났을 때 그것에 저항감을 갖기가 어렵지 않았겠나.

대한민국 정부는 대한민국 임시정부에 그 연원을 두고 있다. 그걸 이어받았다고 하고 있다, 이 말이다. 그러면 우리 군은 최소한 광복군을 이어받았다고 해야 하는 것 아닌가. 더 정확하게 이야기하면, 대한제국에서 만든 대한제국 무관학교를 신흥무관학교가 이어받은 점이 있고 그것이 광복군으로 이어지는 것이니 그 맥을 이어받았다고 육군이 주장하면 무척 좋지 않겠나. 그런데 아직도 그런 생각을 그다지 하지 않고 있다. 지금도 그러한데, 친일 행위를 한 자들이 군 수뇌부에 많았던 1960년대 같은 때에는 더 심하지 않았겠나. 물론 그중에는 민주주의자도, 일부이지만 분명히 있었다. 예를 들면, 이번 인터뷰 초반에 이야기한 한신, 1971년 대선 때 장병들에게 공정한 투표를 보장했다가 나중에 참모총장이 되지 못한 그 사람도 그렇게 봐야 하지 않겠나.

—— 군부가 그런 상태가 되는 데 미국도 상당한 역할을 하지 않았나.

일제 유산이 군부에 제일 많이 남아 있었던 이유 중 하나로 미군의 역할을 생각할 수 있다. 해방 후 미군이 우리나라 군부를 키우지 않았나. 미국 없는 한국 군부를 생각하기 어려울 정도로 미국이

1954년 5월 15일 미국 군인의 날 기념식을 마치고 중앙청 앞 광화문에서 시가행진을 하는 미군. 일제 유산이 한국 군부에 많이 남아 있었던 이유 중 하나로 미군의 역할을 생각할 수 있다. 미군들은 자신들이 비교적 다루기 쉬운, 일본 육사나 만주군관학교를 나온 젊은 사람들을 아주 좋아했다. 이 사람들은 미국 말도 잘 듣고 미국 문화에도 쉽게 적응했다. 사진 출처: e영상역사관

중요한 역할을 했는데, 미군들은 자신들이 비교적 다루기 쉬운, 일본 육사나 만주군관학교를 나온 젊은 군인들을 아주 좋아했다. 미군이 보기에 광복군 출신들은 뻣뻣하고 자신들의 말을 잘 안 듣는다, 이 말이다. 그런데 일본 육사나 만주군관학교를 나온 사람들은 변신을 잘했다. 이 사람들은 미국 말도 잘 듣고 미국 문화에도 쉽게 적응했다.

그런 점이 하나 있었고, 반민법(반민족행위처벌법)을 시행할 때 군부만은 성역이 돼버린 점도 작용했다. 일제 때 육군 중좌(중령)였던 당시 총참모장 채병덕이 '군부에는 반민법이 적용될 수 없다'는 식으로 공공연히 이야기했다. 그래서 반민법을 시행할 때 악질 친일 경찰 등이 살아남기 위해 군부로 많이 들어가는 걸 볼 수 있다. 많은 친일파가 군부에 들어가 있었는데도 그걸 어떻게 할 수가 없었다. 그렇기 때문에도 군부에 일제 유산이 가장 많이 남아 있을 수 있었다. 다른 관공서, 검찰 등 법조계, 경찰도 일제 유산이 아주 많이 남아 있던 곳이지만 군부가 더 그랬다.

일제 유산을 바탕으로 출현한
한국형 군국주의 파시즘, 유신 체제

— 다른 부문은 어떠했나. 특히 일제의 유산 하면 빼놓을 수 없는 곳이 경찰 아닌가.

경찰의 경우 고위 간부 중에 친일파들이 일부 있었지만 장면 정부, 박정희 정부에 들어와 많이 바뀐다. 나이 때문에도 친일 경찰

문화 예술인들 중에도 권력을 추종하는 사람이 많았다. 특히 관변 성향의 극우 문학 단체에서 활동한 사람들이 박정희 권력을 옹호하는 역할을 많이 했다. 사진은 1961년 6월 30일 5·16쿠데타를 지지하는 문화 예술인들이 '군사 혁명 완수'라고 적힌 팻말을 들고 행진하고 있는 모습이다.
사진 출처: 국가기록원

들이 점차 밀려나지 않을 수 없었다. 그러나 경찰 역시 그 성향이나 생리로 인해 일제의 유산을 다분히, 계속 갖고 있었다. 민주주의나 자유주의 같은 쪽에 익숙하지 않았다. 권력이 요구하는 대로 그 명령을 잘 들을 수 있었다.

검찰 쪽이나 관공리도 대체로 그와 비슷한 성향을 갖고 있지 않았나 싶다. 물론 1960년대 장면 정부 때부터 대학 교육을 받은 사람들이 새롭게 관공리로 많이 들어간다. 그건 사실이다. 그러나 상층부는 그렇지 않았다. 그런 속에서 형성된 전체적인 분위기를 살펴보면, 유신 체제에 관공리가 저항한다는 건 생각하기 어려웠다.

— 민간 부문은 어떤 상황에 놓여 있었나.

문화 예술인들 중에도 권력을 추종하는 사람이 많았다. 특히 관변 성향의 문학 단체에서 활동한 자들이, 이들은 대개가 친일 문인이었는데, 문단을 좌지우지했고, 예술계도 비슷했다. 진짜 자유주의자, 개인주의자라고 볼 수 있는 사람이 많지 않았다. 시인들 가운데에는 자유를 갈구한 사람들이 있었고 4월혁명을 높이 평가하기도 했지만, 1950년대에서 1960년대에 주로 활동한 신동엽, 김수영 같은 사람들은 어떤 면에서 소수에 속한 것 아니냐고 볼 수 있다. 사회 분위기를 형성하는 데 문화 예술인들이 큰 역할을 하지 않나. 그런데 문화 예술인들, 그중에서도 특히 순수 예술을 주장한 사람들은 한국형 파시즘이라고 할까, 군국주의 파시즘의 한 유형인 유신 체제를 비판하거나 그것에 저항하지 않았다. 이들 중에는 오히려 그걸 지지하는 사람들이 있고 그랬다.

정치인을 살펴보면 여당이건 야당이건 민주주의에 대한 신념을 가진 소수가 있긴 했으나, 이 사람들은 말 그대로 소수였다고 볼 수 있다. 야당 정치인들은 다들 민주주의에 대한 신념을 가졌을 것이다? 그렇게 이야기하기가 쉽지 않다. 다만 야당 의원들은 분위기에 따라서 야당성을 주장하는 경우가 많았다. 민주주의에 대한 신념과는 상관없이 그랬다. 그런 정치가들이 꽤 있었다. 정상배라고 할 수도 있지만 실상이 그랬다. 오늘날의 야당 의원들하고도 상당히 차이가 난다. 1970년대까지 야당 의원들을 보면, 물론 그중에는 독재와 맞서 싸운 사람도 일부 있긴 했지만, 대부분은 아주 보수적이었고 이승만이나 박정희를 미워하거나 싫어해도 그들의 반공·반북주의만은 강력히 지지하는 사람들이 많았다.

재벌이나 기업인들은 대체로 유신 체제를 지지하는 모습을 보였다. 유신 체제가 노동 운동 같은 걸 적극 억압하고, 자기들한테는 여러 가지 특혜를 베풀지 않았나. 그런 점 때문에도 재벌이나 기업인들은 광고 같은 걸 통해 10·17쿠데타를 지지하는 분명한 세력으로, 반공 어용 단체라고 불리는 단체들과 함께 활동한다. 그렇긴 하지만, 이 사람들이 유신 체제에 대한 정말 확고한 지지층이었다고 보기도 좀 애매한 면이 있다.

4·19 관계자들조차 일부는 유신 체제를 지지하는 데 나서고 그랬다. 혁신계에서도 소수이긴 하지만 '통일을 위해 유신 체제가 필요하다'는 생각을 처음에는 했던 이들이 있었던 것으로 보인다. 그에 따라 유신 체제 같은 걸 용납할 수 있지 않느냐는 생각을 초기에는 가졌던 것 같다.

대중은 유신 체제에
어떻게 반응했나

— 당시 대중의 다수는 어떤 상태였다고 볼 수 있을까.

사실 1950년대는 말할 것도 없고 1960~1970년대만 하더라도 지식인을 포함해 상당수의 한국인이 식민 사관이나 군국주의 파시즘 또는 봉건적인 낡은 의식, 이건 일제 때하고 조금 다르다고 볼 수 있는데 어쨌건 그런 봉건적인 낡은 의식을 지니고 있었다. 그런 사람이 꽤 많았다. '한국인에겐 독재를 하는 게 맞다', 이런 생각은 식민 사관, 군국주의 파시즘에 내장돼 있는 건데 그렇게 생각하는 사람들이 지금도 꽤 있다고 볼 수 있지 않나. 정확히 어느 정도였는지까지 이야기하기는 쉽지 않지만, 이때는 그런 사람들이 더 많이 있었다.

　　소시민층 또는 사회 불만층 중에는 독일, 이탈리아, 스페인에서처럼 운동 차원에서 전개하지는 않았지만 군국주의 파시즘을 수동적으로 환영하거나 묵종하는 면이 부분적으로 있었다. 여기서 한 가지 생각할 건 한국 사회에서 파시즘을 전면에 내세울 수도, 노골적으로 지지할 수도 없었다는 점이다. 자신의 마음속에 있는 그런 생각을 술좌석이라면 몰라도 공공장소에서 밝힐 수는 없었다. 한국적 민주주의, 민족적 민주주의 같은 이름이 붙은 것도 한국 사회의 그런 특징 때문이었다. 어느 누구도 한국 사회에서 파시즘 운동을 벌이려고 하지는 않았다. 이 점은 아주 중요하다.

　　그러면서 수동적으로 묵종하거나 수동적으로 환영도 하는 사람들이 상당수 존재했다. 이 사람들은 그러다가도 상황이 바뀌거나 경제 사정이 나빠지면 '박정희가 너무 잘못하는 것 아냐?' 하면서 언제든 유신 체제에 대한 지지를 철회하거나 유신 체제와 거리를 두는 면도 갖고 있었다. 그러니까 파시즘적 경향이 있다고 하더라도, '한국인은 독재에 딱 맞는 사람들'이라는 소리를 술집에서 한다고 하더라도 박정희나 유신 체제를 항상 지지한 건 아니었다. 이게 상당히 미묘한 것들이긴 한데, 이런 점을 생각하면서 당시 상황을 구체적으로 살필 필요가 있다.

— 수동적 환영, 묵종을 이야기했다. 이는 해방 공간에서 수많은 한국인이 보여준 역동성과는 대조적인 모습이다. 어떤 과정을 거쳐 그렇게 된 것인가.

해방 직후 상황을 이야기했는데 1948년 5·10선거, 1950년 5·30선거만 보더라도 상당히 잘 치른 선거라고 할 수 있다. 이 무렵 이승만 정권이 빨갱이몰이를 아주 많이 하지 않았나. 많은 연구자가 1948년 여순사건을 전후한 때부터 그런 빨갱이몰이가 심했다는 연구 결과를 내놓았다. 그렇다고 하더라도, 극우 반공주의에 순응하거나 그게 옳다고 보는 사람은 당시 그렇게 많지 않았다. 이승만 지지 세력이라는 건 제한돼 있었다, 이 말이다. 5·30선거를 가지고도 그런 이야기들을 많이 한다.

그렇지만 한국전쟁을 겪으면서, 또 제주 4·3사건과 여순사건을 거치며, 전쟁 전후에 대규모 주민 집단 학살이 잇따라 일어나면서, 그리고 빨갱이몰이가 1948년과 1949년에 심하게 이뤄지고 그 이후에도 계속되는 등 아주 강력한 반공 억압 정책이 나타나면서 분위기가 바뀌게 된다. 그런 속에서 많은 사람이 민주주의 의식을 제대로 갖기가 어려웠다. 그러면서도 1971년 대선과 총선 같은 걸 보면 또 유권자 의식을 분명히 보여주는 면을 여전히 갖고 있었다. 그러다가도 유신 쿠데타 같은 강풍이 불면 고개 숙이고 체념하는 모습을 보여줬다.

그래서 함석헌 같은 분은 1950년대부터 이미 '체념이 한국인

1972년 5월 18일 제주도 새마을운동 봉사단이 아침 일터로 가는 모습이다. 새마을운동에 관여한 사람들 중에서도 일부는 아주 적극적으로 박정희와 유신 체제를 지지하는 모습을 보였다. 사진 출처: e영상역사관

의 민족성처럼 됐다'며 체념, 묵종 같은 걸 아주 강하게 비판했다. 조봉암 같은 사람도 '골방에 들어앉아서 지식인들이 제 할 일을 하지 않고 있다. 잘못된 권력을 수수방관하거나 그것에 묵종하고 있다', 이런 비판을 했다.

해방으로 한국 사회는 혁명적 변화, 엄청난 변화, 그야말로 유사 이래 최대의 변화를 맞이했고 민주주의와 자유를 쟁취했다. 그

전국 새마을 지도자 대회 포스터.

런데 이건 철저하게 쟁취한 것이 아니었다. 해방과 함께 저절로 온면이 상당 부분 있었다. 그러다보니까 민주주의가 체화, 내면화되지는 못했다고 볼 수 있다. 다시 말해 시민 혁명을 철저하게 겪지못한 채 시민 혁명의 부수적 효과를 많이 갖게 된 상태였다. 그러고는 미군정·이승만 정권 아래에서 친일 세력이 강고하게 자리 잡아친일파 정권이라는 말까지 나올 정도가 되고 유신 체제까지 등장하니까, 그것에 대해 강한 민주주의 의식을 보여준다는 건 쉽지 않았다.

── 박정희 쪽은 특정 지역의 지지를 발판으로 해서 유신 체제를
  유지하려 했다고 전에 이야기했다. 지역 간 격차를 더 크게 만
  들고 갈등을 부추기는 통치 전략도 사회 전반의 민주주의 역

량이 제대로 발휘되는 걸 가로막은 요인 중 하나라는 생각이 든다.

유신 체제는 지역 분할적인 면을 갖고 있었다. 당시 군이나 검찰, 경찰이나 내무부, 재무부, 경제기획원, 중앙정보부 같은 주요 기관, 그리고 국영 기업체에 있던 사람들을 포함한 엘리트층을 보면 특정 지역 사람들이 이런 곳들의 간부나 요직, 일반 직원으로 취직을 많이 했다는 걸 알 수 있다.

특정 지역이 다른 지역들보다 더 많은 혜택을 누리는 모습은 다른 데서도 찾아볼 수 있다. 예컨대 농민들의 경우 1970년대에 들어가면 비료 같은 문제는 점차 해결되지만, 별것 아닌 것이라 하더라도 특정 지역 농민들이 다른 지역 농민들에 비해 혜택을 받는 게 좀 있었다. 도로를 만든다거나 조그만 공장을 세우는 것 같은 데서도 아무래도 다른 지역보다 우선해서 되는 게 있었다. 그러면서 특정 지역 주민들이 다른 지역 주민들에 비해 유신 체제를 지지하는 면이 일정하게 있었다.

그런데 심지어 공화당이나 친여 세력에서도 유신 체제에 협력하지 않은, 유신 체제가 되니까 빠져나간 사람들이 분명히 있었다. 다시 말해 유신 체제를 적극적으로 지지한 자들은 사실 그렇게 많지 않았다고 볼 수 있다.

그리고 지지 세력으로 군인, 경찰, 검찰, 관공리, 재벌, 기업인 등을 앞에서 이야기했는데 새마을운동 쪽도 생각해볼 수 있다. 새마을운동 중앙 간부야 권력에 들어가 있으니까 그렇다 쳐도 리, 동, 면 간부들은 뭘 받는다고 해도 푼돈에 불과했다. 그러나 이 사람들 중에서도 일부는 아주 적극적으로 박정희를 지지하고 그러면서 유신 체제도 지지하는 모습을 보였다. 새마을운동에 관여한 사람들을 살펴보면, 일시적으로 그렇게 지지한 사람도 있었지만 그 후 지금까지 굳건하게 지지하는 사람도 많다. 예컨대 새마을부녀회 같은 데서 맹렬히 활동한 여성들이나 리, 마을 단위에서 새마을 모자를 쓰고 다닌 사람들 가운데 그런 모습이 나타났다. 어쩌면 공산주의 사회의 열성분자가 떠오를지도 모르겠다. 마지막으로 우리가 잊지 말아야 할 것이 있다.

— 무엇인가.

대만, 스페인에서는 장개석, 프랑코 등이 잊힌 인물, 기억하고 싶지도 않은 인물, 잊어버려야 할 인물로 돼 있다. 이 점은 한국과 크게 다르다. 그렇지만 다른 한편으로는 이들 나라와는 비교가 안 될 정도로 한국에서는 반유신 투쟁, 전두환·신군부 반대 투쟁이 민주화 운동으로 아주 강렬하게 전개됐다. 이건 다른 지역에서 찾아보기가 쉽지 않은, 한국에서 가장 강한 형태로 나타난 현상이다.

유신 쿠데타 막을 수 있었던 건 미국뿐?
미국은 한국 민주주의에 큰 관심 없었다

저항 세력의 무력화, 일곱 번째 마당

김 덕 련 다른 문제를 짚었으면 한다. 국내의 여러 세력이 유신 쿠데타에 맞서기 어려운 상황에서 현실적으로 유신 쿠데타를 저지할 힘을 지닌 건 미국 아니었느냐며 이 시기 미국의 역할에 눈을 돌리는 시각도 있다. 어떻게 보나.

서 중 석 유신 체제를 반대하거나 견제할 수 있는 가장 강력한 세력은 미국이었다고 주장하는 이들이 일각에 있다. 그런데도 미국이 유신 체제를 적극적으로 반대하지 않았다는 주장도 있다. 미국은 유신 쿠데타가 일어난다는 통고도 쿠데타 전날에야 받았지만, 일부에서 '미국이 유신 체제를 강하게 반대하거나 저지할 수 있었다'고 이야기하는 것과 달리 이 시기에 미국은 그렇게 할 수가 없게 돼 있었다. 그런 주장은 미국을 과대하게 평가한 것이다.

5·16 때와 달리 유신 쿠데타 때에는
미국이 저지하기 어렵게 돼 있었다

── 그렇게 판단하는 근거는 무엇인가.

1961년 5·16쿠데타 시기라면 존 F. 케네디 행정부에서 '이것 안 되겠다'고 판단했을 경우 아마도 간단하게 쿠데타를 진압할 수 있었을 것이다. 윤보선 대통령이 쿠데타 진압에 미온적인 태도를 취하더라도, 예컨대 미국 측에서 민주주의 절차에 따라 성립한 장면 민주당 정부를 존중하고 '5·16쿠데타는 우리 미국의 이해관계와 정면충돌한다'고 봤다면 그렇게 했을 것이다. 당시에는 미국에 그럴 수 있는 힘이 있었다. 그러나 미국 정부는 그럴 필요성을 전혀 느끼지 않고 있었다. 한국에서 정당성이나 정통성을 지닌 정부, 민주주의 정부는 미국에 그다지 중요하지 않았다. 혁신계의 활동이나 통일 운동은 미국의 반공 정책을 어렵게 만들 수 있다고 봤다. 그렇기 때문에 그렇게 행동하지 않았다.

그 후 박정희는 미군의 작전권에 속하지 않고 대통령이 독자적으로 지휘권을 갖는 군대를 확보해갔다. 미군의 작전권에서 빼냈다고 볼 수 있다. 수경사는 5·16쿠데타 이후 새로 조직된 부대인데, 미군의 작전권 대상에 안 들어가 있었다. 특전사도 마찬가지였다. 그리고 유엔군 사령부의 입김이 세게 먹혔던 1950년대와 달리 군 요직이 박정희에 대한 절대 충성파로 채워져 있었다. 서부 전선에 있던 사단장급 이상은 특히 그런 사람들이라고 봐야 한다. 그런 상황에서 미국이 군을 동원해 10·17쿠데타를 저지한다? 그렇게 하기가 아주 어렵게 돼 있었다. 5·16쿠데타가 날 때와는 상황이 매우 달랐다.*

박정희에게 맞서는 군사 행동을 미국이 사주한다는 것도 쉽지 않았지만 성공하기도 어려웠다. 그 이유 중 하나는 박정희가 쿠데타 방지에 아주 예리하고 철저하게 신경을 썼다는 점이다. 그래서

---

* 수경사는 본래 1949년 6월 창설됐지만, 한국전쟁 발발 직후인 1950년 7월 5일 수도 사단에 편입됐다. 그로부터 11년 후인 1961년 6월 1일 수도방위사령부(수방사)가 창설된다. 5·16쿠데타 직후인 이때 수방사가 만들어진 건 쿠데타 세력과 미군이 벌인 협상의 산물이었다. 서울을 확고히 방어할 부대가 없던 틈새를 노려 권력을 잡은 쿠데타 세력에겐 자신들을 보호할 새로운 부대가 필요했고, 쿠데타 세력의 자의적인 군대 동원으로 작전권을 침해당한 미군은 작전권 회복을 원하는 상황이었다. 쿠데타 세력은 미군의 작전권 회복에 동의하고, 그 반대급부로 미군의 작전권에 포함되지 않는 부대인 수방사 창설을 얻어냈다. 1963년 수경사로 이름을 바꾼 수방사는 1984년 중·창설하며 수방사로 다시 이름을 바꾼다.

설령 일부 군대가 박정희에게 맞서 들고일어난다 하더라도 쿠데타 군대가 과연 청와대에 근접할 수 있었을 것인가를 생각해보면, 그 것도 쉽지 않았다. 박정희는 청와대를 쿠데타군으로부터 방어할 수 있도록 여러 가지 조치를 아주 철저하게 취했다고 한다.

— 적극적인 개입 쪽으로 방침을 정했을 경우 미국이 활용할 수 있었던 방법은 군사적 수단 이외에도 있지 않았나.

미국이 손을 쓸 수 있는 또 하나의 방법이 있었다면 그건 경제 적 제재 아니었겠는가, 그렇게 얘기할 수 있다. 사실 5·16쿠데타 후 미국은 경제적 무기를 많이 활용했다. 예컨대 1963년 2월 18일 민 정 불참을 선언하고 2월 27일에는 국민 앞에서 엄숙히 선서했던 박 정희가 3월 16일 군정 연장 쪽으로 방향을 확 틀었을 때, 그걸 정면 으로 가로막고 제압한 건 미국의 경제적 제재였다. 특히 식량 같은 걸 활용해 군사 정권에 압력을 넣었는데, 박정희 세력으로선 견디 기 어려운 압력이었다.

물론 밀가루 선거로 불리는 1963년 대선을 앞둔 시점에 미국 이 밀가루를 넘겨주며 박정희 쪽에 도움을 주기는 하지만, 군사 정 권 때나 박정희 정권 초기에는 그래도 미국의 경제적 제재가 먹혀 들 수 있었다. 그러나 1970년대에 들어오면 사정이 달라진다. 이때 쯤에는 식량 사정이 호전됐고, 통일벼가 보급되고 하면서 1970년대 중반이 되면 식량 자급을 하게 된다고들 이야기한다.

— 이 무렵 미국이 대내외적으로 여러 난관에 봉착해 있었다는 점도 작용했을 것으로 보인다.

1960년대 말, 1970년대 초에 미국은 경제적으로 매우 어려웠다. 베트남전쟁의 영향이기도 한데, 1969년 7월 닉슨 독트린을 발표하지 않을 수 없었고 1971년 12월에는 2차 세계대전 이후 처음으로 달러화를 공식 평가 절하한다는 발표를 할 수밖에 없게 된다. 이런 것들 때문에도 한국에 대한 경제적 제재를 한다는 건 아주 힘들었다. 물론 꼭 하겠다고 한다면 수단이야 있었겠지만, 그렇게까지 큰마음을 먹고 할 필요가 뭐가 있었겠나. 예컨대 수입을 전면 금지한다든가 하는, 다시 말해 쿠바에 대해 쓰던 그런 정책을 쓴다면 또 모르겠지만 그건 그야말로 미국이 큰 칼을 빼들었을 때에야 가능한 것 아니겠나.

월남전을 수행하는 문제도 있었다. 이 무렵 미국에서 반전 운동이 아주 격화되지 않았나. 그 때문에 미국이 전쟁을 수행하기가 굉장히 어려웠다. 유신 쿠데타가 나기 6개월 전인 1972년 4월, 월맹군이 쾅트리성 신방위선을 돌파했다. 또한 1972년 4월을 전후한 시기에 미국의 100개 대학에서 반전 데모를 했다. 결국 미국은 철수할 수밖에 없는 상황으로 내몰렸고, 조금이라도 한국군이 늦게 철수하기를 바랄 수밖에 없었다. 이미 1969년 4월 3일 시점에 월남전에서 죽은 미군이 3만 3,641명으로 한국전쟁에서 죽은 3만 3,629명, 이 수치는 통계마다 조금씩 차이가 있긴 한데 하여튼 이것을 넘어섰다.

그에 더해 1973년 11월에는 전쟁 선포 권한, 미군의 해외 파병 및 철군에 관해 대통령이 갖고 있던 권한을 의회가 확보하는 법안(전쟁권한법 또는 전쟁수행법, War Powers Act)을 미국 의회에서 통과시켰다. 의회의 승인을 얻지 못하면 해외에서 미군의 전투 행위를 60일 이내에 정지시켜야 한다는 것 등이 그 골자였다. 미국 상하 양원에서 통과시킨 이 법에 대해 리처드 닉슨 대통령이 거부권을 행사하자, 상하 양원이 다시 가결해 정식으로 발효시켜버렸다. 이 무렵 미국은 이런 상태였다. 그렇기 때문에도 박정희 정부에 압력을 강하게 넣으려는 생각을 하지 않았다.

그와 함께 닉슨 대통령의 경우 박정희와 갈등을 빚어 중국이나 북한에 유리한 국면을 조성하는 것이 미국의 국익에 부합하는 것이라는 생각을 결코 하지 않았다. 여전히 한국은 중국과 소련에 대한 전초 기지였고, 주한 미군은 소련과 중국을 강력하게 견제할 수 있는 군대라고 보고 있었다. 그런 점에서 남한은 미국의 맹방이었고, 남한이 큰 혼란에 빠져서는 안 됐다. 그렇기 때문에 박정희와 표면적인 갈등을 심하게 노정하기를 바라지 않았다. 이와 관련해 한 가지 더 생각할 것이 있다.

한국의 민주주의는
미국의 주요 관심사가 아니었다

── 그게 무엇인가.

닉슨을 말할 때 대국주의라는 이야기들을 한다. 좋게 말하면 전략적 사고를 하는 사람이었고 그래서 미국과 중국의 화해 정책이 나타나는 것이라고 이야기하지만, 한국의 민주주의를 그렇게 중시하지 않았다. 한국이 민주주의 국가가 돼야 한다고 닉슨이 생각했다고 볼 수 있는 뭔가가 없다, 이 말이다.

사실 미국은 1960년 4·19가 나기 전까지는 3·15 부정 선거에

1971년 10월 16일 박정희 대통령이 로널드 레이건 미국 특사를 접견하고 있다. 미국은 한국의 민주주의를 그렇게 중시하지 않았다. 5·16쿠데타나 10·26 이후 미국이 보인 태도를 보면 미국의 한국에 대한 관점을 잘 알 수 있다. 사진 출처: e영상역사관

대해 그다지 문제를 제기하지 않았고, 이승만 대통령을 지지했다. 그해 4월 26일 이승만이 하야를 발표할 때에도 과연 얼마만큼 한국의 민주주의에 관심을 가졌느냐, 이 점을 생각해볼 필요가 있다. 그때 미국 국무부가 주한 미군 사령부를 통해 "대단한 변동을 겪는 한국에서 미국 정부는 앞으로 송요찬 장군(당시 육군 참모총장 겸 계엄사령관)을 수반으로 하는 정부를 적극적으로 지원할 것이다"라는 공문을 보낸 바 있지 않나. 김정열 국방부 장관이 즉각 반대하는 등 한국 측에서 '그건 있을 수 없다'고 해서 없어졌지만, 이 문서가 명백히 말해주듯이 그때도 미국이 한국의 민주주의에 대해 큰 관심

저항 세력의 무력화

이 있었다고 보기 어렵다. 미국이 한국의 민주주의 문제에 어떤 태도를 취하는지는 5·16쿠데타에서도 나타나지 않나. 또 10·26 이후 1980년 봄에 미국이 보인 태도를 보더라도 과연 미국이 한국의 민주주의를, 4월혁명으로부터 20년이나 지났지만 1980년 '서울의 봄' 그 시점에서도 중시했다고 할 수 있느냐, 이런 걸 물어볼 수 있다.

거기다가 닉슨은 1972년 대선에서 압승했지만 몇 달 후 워터게이트 사건에 본격적으로 빠져들지 않나. 1973년 5월에는 워터게이트 사건을 수사할 특별 검찰관이 지명되고 상원에서 청문회가 시작되기에 이르렀다. 이런 수렁 속에 빠져든 사람이 굉장히 미묘한 점이 많은 한국 문제에 개입할 수 있었겠나. 그러니까 유신 체제를 내버려둔 것이다. 그런 상태로 가게 된다고 볼 수 있다.

나가는 말

1

지난날을 돌아보며 오늘날을 올바로 살아가기 위한 힘을 얻는 것, 더 나아가 미래를 제대로 열어가는 데 필요한 지혜의 바다와 만나는 것. 역사를 살피는 근본 이유가 그것이 아닐까 하는 생각을 해봅니다.

그러한 마음으로 역사를 살피다 보면 반면교사라는 말이 절로 떠오르는 시대를 곳곳에서 마주치곤 합니다. 그때 같은 모습으로 돌아가서는 안 되는 시대, 그때 같은 상태로 전락하지 않도록 경계하고 또 경계해야 하는 시대. 해방 후 한국 정치사에서 가장 후진적인 시기로 꼽히는 유신 시대도 그중 하나입니다.

1972년 10월 17일 유신 쿠데타로 문을 연 이 시대는 1979년 10월 26일 궁정동의 총성으로 막을 내렸습니다. 여기서 물음을 한 가지 던져보는 건 어떨까요? 박정희의 죽음으로 유신 체제는 이젠 흘러가 버린 옛이야기 정도로 여겨도 무방하게 된 것일까요?

지극히 제한적인 측면에서, 즉 10·26 이후 아직까지는 유신 체제만큼 극단적인 체제가 나타나지 않았다는 점에서는 그렇다고 볼 수도 있을 것입니다. 전두환·신군부 정권이 유신 정권 못지않게 폭압적이긴 했지만, 유신 체제만큼 국민들을 옥죌 수는 없었습니다. 유신 체제와 똑같이 또는 그보다 더 심하게 했다가는 정권을 유지하기가 어려웠기 때문이라고 볼 수 있습니다. 그만큼 유신 체제가 지독했음을 보여주는 방증이기도 합니다.

　그렇지만 이처럼 지극히 제한적인 측면을 넘어 앞의 물음을 다시 생각해보면, 흘러간 옛이야기로 치부하고 안심해도 괜찮은 상황이 결코 아닙니다. 유신 체제를 떠받치고 그 체제에서 특혜를 누리며 막대한 부와 거대한 힘을 비축한 세력(과 그 후예)들이 여전히 막강하다는 것에서도 이 점은 단적으로 드러납니다. 정계, 재계, 언론계를 비롯해 이들이 똬리를 틀고 있지 않은 부문을 찾기 어려운 게 현실입니다.

　이들이 지금도 강력한 힘을 발휘하고 있는 것은 민주화 과정에서 과거 청산이 제대로 이뤄지지 않았기 때문입니다. 1987년 6월항쟁과 노동자 대투쟁을 분수령으로 민주화가 진전됐지만 그것은 제한적이고 절충적이었습니다. 유신 체제를 비롯한 극우 반공 독재 체제를 지탱한 세력들에게 그 책임을 엄중히 묻지 못했습니다.

　그러한 과정을 거친 후 이 세력들은 박근혜 같은 사람(박근혜의 본모습이 어떤지, 깜냥이 어느 정도인지는 대다수의 독자가 잘 알고 있으리라 믿습니다)이 청와대 주인 노릇을 할 수 있도록 밀어 올렸습니다. 박근혜가 그 자리에 걸맞은 깜냥을 갖고 있다고 믿어서 그렇게 한 것일까요? 그것보다는 박근혜가 자신들의 특권을 확실하게 지켜주는 것은 물론 더 큰 특권을 누리게 해줄 것이라고 판단해 그렇게 한 측면이 훨씬 강할 것입니다.

박근혜는 그 기대에 부응했습니다. 심각한 불평등 문제를 더 악화시킨 재벌 편향 정책, 거듭된 노동 탄압, 시대착오적인 극우 반공 정책 등 그러한 사례는 차고 넘칩니다. 그것도 많은 사람이 유신 독재를 떠올릴 수밖에 없는 방식으로 밀어붙였습니다. 그러다가 박근혜·최순실 게이트로 탄핵을 당하고 이어서 수인 번호 503 배지를 가슴에 달게 됐습니다.

그러나 유신 체제를 떠받쳤고 나중에는 박근혜를 대통령으로 밀어 올린 그 세력들은 건재합니다. 유신 쿠데타를 일으킨 박정희는 심복의 총에 맞아 죽었고 그 딸 박근혜는 국민들에 의해 쫓겨났지만, 그럼에도 유신 체제의 문제를 흘러간 옛이야기로 여길 수 없는 이유입니다. 그대로 두면 이 세력들은 앞으로도 두고두고 적폐로 작용할 것이 분명합니다. 이들의 부당한 특권을 거둬들이고 잘못에 상응하는 책임을 지게 하는 것은 민주주의를 진전시키기 위한 핵심 과제입니다.

그런 의미에서 유신 체제와 관련된 문제들은 유신 체제가 무너진 지 40년 가까운 시간이 흘렀음에도 여전히 살아 있습니다. 물론 오늘날 한국 사회가 맞닥뜨린 문제들이 전부 유신 체제와 관련된 것은 아닙니다. 그때는 나타나지 않았던 새로운 문제들이 많이 부각됐고, 대립 구도도 그때보다 여러모로 복잡합니다. 유신 체제 시기 보수 야당이었던 세력(과 그 후예)들이 1997년 대선에서 승리한 후 10년 집권기 동안 신자유주의를 확산해 격차 문제와 양극화를 극심하게 만든 것도 그 구도를 복잡하게 만든 중요한 요인 중 하나입니다.

그러한 점들을 당연히 고려해야 하지만, 그럼에도 유신 체제를 지탱한 저들이 오늘날에도 민주주의와 국민 주권을 가로막는 세력들의 주축이라는 사실은 변함이 없습니다. '서중석의 현대사 이야기' 연재에서 '유신 쿠데타', '유신 체제', '유신의 몰락'이라는 세 주제로 나눠 유신 체제 문제를 1년에 걸쳐 깊이 있게, 상세히 다룬 이유도 그것과 무관치 않습니다.

2

이번에 내놓는 《서중석의 현대사 이야기》 9~11권은 그 가운데 '유신 쿠데타' 37개 마당(2015년 9월부터 2016년 1월까지 프레시안 연재)의 내용을 더 충실히 하고 새롭게 구성한 결과물입니다. 1965년 한일협정이 체결된 후부터 유신 쿠데타가 일어난 1972년에 이르는 시기를 중심에 놓고 현대사를 살폈습니다.

9권에서는 박정희가 왜 그 시점에 유신 쿠데타를 일으켰는가를 중심으로 짚었습니다. 이에 대한 연구자들의 견해는 엇갈립니다. 유신 쿠데타를 데탕트라는 국제 정세 변화와 연결해 파악하는 사람도 있고, 1968년과 1969년에 북한이 펼친 잇단 무력 공세에 주목하는 사람도 있습니다. 중화학 공업화를 비롯한 경제 문제와 연결해 유신 쿠데타를 설명하는 경우도 있고, 유신 쿠데타의 발생 원인을 노동 문제에서 찾으려 하는 경우도 있습니다.

9권에서는 그러한 견해들의 타당성을 검토하고, 대안적인 설명을 모색했습니다. 1960년대에 통일 논의조차 탄압했던 박정희는 유신 쿠데타를 일으킨 1972년에는 '평화 통일을 위해 유신 체제가 필요하다'고 거듭 강변했습니다. 유신 쿠데타를 제대로 이해하기 위해서는 박정희가 어떻게 평화 통일을 내세워 1인 독재 체제를 구축했는지, 왜 7·4남북공동성명 후 유신 쿠데타가 일어났는지 등을 면밀히 살필 필요가 있습니다.

박정희가 유신 체제를 만든 기본 목적은 절대 권력을 휘두르며 영구 집권하겠다는 망상에 더해, 이른바 '한국적 민주주의'를 구현하고야 말겠다는 비뚤어진 집념과 떼어놓고 생각할 수 없습니다. 박정희가 '한국적 민주주의'를 삶의 마지막 순간까지 강조한 것을 어떻게 볼 것인가 하는 문제도 9권에서 짚었습니다. 그에 더해 장제스(대만)·프랑코(스페인) 독재, 그리고 유신 쿠데타가 일어난 그해에 선포된 김일성 유일 체제의 성립 과정과 비교해 살펴보면 유신 쿠데타의 속성을 더 잘 이해할 수 있을 것입니다.

10권은 두 부분으로 이뤄져 있습니다. 앞부분에서는 유신 쿠데타 전해인 1971년에 발생한 대형 사건들을, 뒷부분에서는 유신 쿠데타 무렵 사회 각 부문은 어떤 상태에 놓여 있었는가를 짚었습니다.

1971년에는 언론 자유 운동, 사법부 파동, 광주 대단지 사건, 실미도 사건 등 굵직굵직한 사건이 연이어 발생했습니다. 1971년에 일어난 큰 사건들을 유신 쿠데타의 계기로 주목하는 경우도 있습니다. 10권 앞부분에서는 1971년에 그러한 사건들이 실제로 어떻게 전개됐는지, 정말 유신 쿠데타의 계기로 작용했는지를 살폈습니다.

그와 함께 1971년 하면 빼놓을 수 없는 대선과 그에 뒤이어 치러진 총선도 짚었습니다. 이 중에서도 대선은 유신 쿠데타를 논할 때 빠지지 않고 거론되는 사안입니다. 현직 대통령이자 여당 후보로서 조직, 자금 등 외적인 측면에서 압도적 우위였던 박정희가 야당 후보 김대중에게 고전한 이 선거가 유신 쿠데타와 어떤 관계를 맺고 있는지를 분석했습니다.

10권 뒷부분에서 다룬 핵심 주제는 왜 유신 쿠데타를 막지 못했

는가 하는 것입니다. 이것을 이해하기 위해서는 유신 쿠데타가 일어
날 무렵 사법부, 정치권, 군부, 언론, 대학가 등 사회의 주요 부문이
어떤 상태였는가를 파악해야 합니다. 이 문제는 박정희가 유신 쿠데
타를 자신 있게 일으킬 수 있었던 이유와 직결돼 있을 뿐만 아니라,
왜 유신 쿠데타가 일어났을 때 그리고 그 후 한동안 쿠데타에 저항하
는 움직임을 찾기 어려웠는가 하는 것과도 이어져 있습니다.

　11권도 두 부분으로 이뤄져 있습니다. 하나는 유신 쿠데타의 배
경, 다른 하나는 유신 쿠데타의 뿌리입니다. 배경 부분에서는 먼저
5·16쿠데타(1961년) 때부터 비상대권을 강하게 추구한 박정희의 행적
을 되짚었습니다. 그것에 이어서 1967년 대선과 6·8총선을 짚었습니
다. 6·8 부정 선거, 망국 선거로 불리는 이 총선 결과를 발판으로 박
정희는 3선 개헌을 밀어붙였습니다. 그렇게 우격다짐으로 열어젖힌
장기 집권의 문은 결국 유신 쿠데타로 이어지게 됩니다.

　뿌리 부분에서는 박정희의 역사관과 정치 이념을 파헤쳤습니
다. 그러한 작업에서 반드시 살펴야 할 자료가 식민 사관으로 점철된
박정희의 두 저서 《우리 민족의 나갈 길》과 《국가와 혁명과 나》입니
다. 박정희의 역사관과 정치 이념은 어떠했는지, 그것은 어디에서 비
롯됐는지를 파헤치다 보면 일본 군국주의를 만나게 됩니다. 유신 쿠
데타의 본질을 파악하기 위해 1936년 일본 군국주의자들이 일으킨

2·26쿠데타를 살피지 않을 수 없는 이유입니다.

덧붙이면, 9~11권은 시간 순서대로 구성돼 있지 않습니다. 9권에서는 유신 쿠데타가 일어난 1972년을 전후한 시기를 중심으로 다뤘고, 10권에서는 그 앞 시기인 1960년대를 중심으로 살폈으며, 11권에서는 일제 강점기로 거슬러 올라갔습니다. 시간 순서에 따라 서술하는 대개의 역사책과 달리 이렇게 구성한 데에는 이유가 있습니다. 사건 발생 시점 전후 몇 년만 살펴서는 유신 쿠데타라는 거대한 사건을 깊이 있게 이해할 수 없고, 거슬러 올라가 그 뿌리까지 파헤쳐야만 박정희와 유신 쿠데타의 본모습을 마주할 수 있기 때문입니다.

연재에 관심을 보여준 언론 협동조합 프레시안 박인규 이사장, 그리고 작업 공간을 제공해주는 등 물심양면으로 지원해준 인문 기획 집단 문사철의 강응천 주간께 감사 인사를 전합니다.

2017년 9월
김덕련

서중석의 현대사 이야기 ❿

초판 1쇄 펴낸날	2017년 10월 2일
초판 2쇄 펴낸날	2024년 2월 1일
지은이	서중석·김덕련
펴낸이	박재영
편집	이정신·임세현·한의영
마케팅	신연경
디자인	조하늘
제작	제이오
펴낸곳	도서출판 오월의봄
주소	경기도 파주시 회동길 363-15 201호
등록	제406-2010-000111호
전화	070-7704-2131
팩스	0505-300-0518
이메일	maybook05@naver.com
트위터	@oohbom
블로그	blog.naver.com/maybook05
페이스북	facebook.com/maybook05
인스타그램	instagram.com/maybooks_05
ISBN	978-89-87373-27-8 04900
	978-89-97889-56-3 (세트)

만든 사람들

책임편집	박재영
디자인	조하늘